Nicholas Blake

*Mein
Verbrechen*

*Kriminalroman
Aus dem Englischen von
Eberhard Gauhe*

Diogenes

Titel der 1938 bei Collins, London, erschienenen
Originalausgabe: ›The Beast Must Die‹
Copyright © 1938 The Estate of C. D. Lewis
Die deutsche Erstausgabe erschien 1953
im Nest-Verlag, Nürnberg
Verwendung der Übersetzung mit freundlicher
Genehmigung von Peter Gauhe
Umschlagillustration: Edward Hopper,
›Yawl Riding a Swell‹, 1935
(Ausschnitt)

Veröffentlicht als Diogenes Taschenbuch, 1997
Alle deutschen Rechte vorbehalten
Copyright © 1995
Diogenes Verlag AG Zürich
100/97/24/1
ISBN 3 257 22931 3

Diogenes Taschenbuch 22931

I

Felix Lanes Tagebuch

20. Juni 1937

Ich will einen Menschen töten. Ich weiß nicht, wie er heißt, ich weiß nicht, wo er wohnt, ich habe keine Ahnung, wie er aussieht. Aber ich werde ihn finden und ihn töten...

Du mußt mir diese melodramatische Einleitung verzeihen, lieber Leser. Sie klingt ganz wie der Anfang eines Kriminalromans von mir, nicht wahr? Nur, daß diese Geschichte nie veröffentlicht werden wird und daß der »liebe Leser« eine altertümlich-höfliche Floskel ist. Oder nein, eine bloße Floskel vielleicht doch nicht. Ich habe vor, das zu begehen, was die Welt »ein Verbrechen« nennt; jeder Verbrecher, der keinen Mittäter hat, braucht jemanden, dem er sich anvertrauen kann: die Einsamkeit, die schreckliche Isolierung und Anspannung bei einem Verbrechen sind zu stark, als daß einer sie allein ertragen könnte. Früher oder später, in einem unbesonnenen Augenblick, wird er alles ausplaudern. Oder wenn sein Wille standhaft bleibt, verrät ihn sein Über-Ich – jener strenge Richter im Innern, der mit dem Schlauen und Selbstsicheren genauso Katz und Maus spielt wie mit dem Ängstlichen und der den Verbrecher zwingt, sich zu verplappern; der ihn zur Vertrauensseligkeit verlockt, der heimlich für Schuldbeweise sorgt und sich zum Polizeispitzel macht. Gegen einen Menschen ohne jegliches Gewissen wären alle Gesetzes- und Ordnungskräfte machtlos. Aber tief im Innern liegt bei uns allen jener Zwang zur Sühne – das Schuldgefühl, das der Verräter innerhalb der eigenen Reihen ist. Wir verraten uns durch das, was in unserem Innern nicht stimmt. Wenn der Mund auch schweigt, so legen wir durch Zwangshandlungen doch Geständnisse ab. Das ist der Grund, warum der Verbrecher zum Tatort zurückkehrt. Und das ist auch der Grund, warum ich dieses Tagebuch schreibe. Du, mein imaginärer Leser, *hypocrite lecteur, mon semblable, mon frère*, du sollst mein Beichtvater sein. Ich werde dir nichts verschweigen. Und du wirst mich, wenn es überhaupt jemand kann, vor dem Galgen bewahren.

Es ist ganz natürlich, daß man auf Mordgedanken kommt, wenn man hier in dem kleinen Landhaus sitzt, das James mir zur Verfügung gestellt hat, damit ich mich von meinem Nervenzusammenbruch erholen kann. (Nein, lieber Leser, ich bin nicht geistesgestört. Den Gedanken kannst du dir von vornherein aus dem Kopf schlagen. Ich war nie klarer bei Verstand als jetzt. Ich bin schuldig, aber wahnsinnig bin ich nicht.) Es ist, wie gesagt, ganz natürlich, daß man auf Mordgedanken kommt, wenn man aus dem Fenster blickt und auf die in der Abendsonne schimmernde Klippe sieht, auf die gekräuselten, wie Silber glitzernden Wellen in der Bucht und auf den gewundenen Flußlauf, auf dem dreißig Meter unter mir die kleinen Segelboote schaukeln. Denn alle diese Dinge erinnern mich an Martie, verstehst du? Wenn Martie nicht getötet worden wäre, würden er und ich zu Picknicks zu den Klippen segeln; er würde im Wasser planschen, in dem leuchtendroten Badeanzug, auf den er

so stolz war; und heute wäre sein siebter Geburtstag gewesen, und ich hatte ihm versprochen, ich würde ihm das
Segeln beibringen, wenn er sieben Jahre wäre.

Martie war mein Sohn. Eines Abends, vor einem halben
Jahr, überquerte er die Straße vor unserem Haus. Er war
ins Dorf gegangen, um sich Bonbons zu kaufen. Für ihn
kann es nur ein plötzliches Aufleuchten von blendenden
Scheinwerfern an der Kurve gewesen sein, ein blitzartiger,
lähmender Schreck und dann der Stoß, der alles für immer
in Dunkelheit verwandelte. Sein Körper wurde in die
Gosse geschleudert. Er war sofort tot, mehrere Minuten
bevor ich zu ihm hinkam. Die Bonbons aus der Tüte
waren über die Straße verstreut. Ich erinnere mich noch,
daß ich anfing, sie aufzulesen – sonst gab es ohnehin
nichts mehr, was man hätte tun können –, bis ich an einem
von ihnen sein Blut fand. Danach war ich ziemlich lange
krank: Hirnhautentzündung, Nervenzusammenbruch
oder etwas Ähnliches, sagten sie. Im Grunde war es natürlich so, daß ich nicht mehr leben wollte. Martie war
alles, was ich besaß – Tessa starb bei seiner Geburt.

Der Autofahrer, der Martie tötete, hielt nicht an. Der
Polizei ist es nicht gelungen, ihn aufzuspüren. Sie sagen,
um einen Körper derart beiseite zu schleudern und zu
verletzen, müsse er mit achtzig Kilometern durch diese
unübersichtliche Kurve gefahren sein. Das ist also der
Mann, den ich finden und töten muß.

Mehr kann ich heute, glaube ich, nicht schreiben.

21. Juni

Ich hatte versprochen, dir nichts zu verschweigen, lieber Leser, und schon habe ich mein Wort gebrochen. Aber es handelt sich um eine Frage, die ich auch mir selbst verschweigen mußte, bis es mir wieder gut genug ging, um ihr ins Gesicht zu sehen. *War es meine Schuld?* Durfte ich Martie allein ins Dorf gehen lassen?

So. Gott sei Dank, es ist heraus. Die Qual, es hinzuschreiben, hat fast die Feder durchs Papier getrieben. Mir ist ganz schwach, wie wenn eine Pfeilspitze aus einer eiternden Wunde herausgezogen worden wäre; aber der Schmerz selbst ist eine Art Erleichterung. Ich will mir den Widerhaken des Pfeiles, der mich langsam tötet, ansehen.

Hätte ich Martie die zwei Pennies nicht gegeben oder wäre ich mitgegangen oder hätte ich Mrs. Baker geschickt, dann wäre Martie jetzt noch am Leben. Dann segelten wir jetzt auf der Bucht oder fischten an der Mündung des Flusses oder kletterten den Abhang hinunter, wo der Erdrutsch war, zwischen diesen großen gelben Blumen – wie heißen sie doch? Martie wollte immer den Namen von allem wissen, aber jetzt, da ich allein bin, hat es ja keinen Zweck mehr, danach zu forschen.

Ich wollte, daß er selbständig würde. Ich wußte, nach Tessas Tod bestand die Gefahr, daß ich ihn mit meiner Liebe erdrückte. Deshalb versuchte ich, ihn dazu zu erziehen, Dinge von sich aus und für sich selbst zu tun, auch wenn sie mit Gefahren verbunden waren. Und er war schon zigmal allein ins Dorf gegangen; er spielte, wenn ich arbeitete, meist den ganzen Vormittag mit den Kindern dort. Er war immer vorsichtig, wenn er die Fahrbahn überquerte, und außerdem ist der Verkehr auf unserer Straße sehr gering. Wer konnte wissen, daß plötzlich dieser Kerl um die Ecke rasen würde? – vermutlich weil er irgendeinem verfluchten Frauenzimmer, das er bei sich hatte, imponieren wollte; oder weil er betrunken war. Und dann, als das Unglück passiert war, hatte er natürlich nicht den Mut, zu halten und die Suppe auszulöffeln.

Liebste Tessa, war ich schuld? Du hättest nicht gewollt, daß ich ihn in Watte packte, nicht wahr? Du hattest es ja selber auch nicht gern, daß man auf dich aufpaßte oder dich verhätschelte: du warst sehr für Selbständigkeit. Nein. Mein Verstand sagt mir, daß ich richtig gehandelt habe. Und doch kann ich die Hand, die die zerrissene Papiertüte umklammerte, nicht ganz vergessen; sie klagt mich nicht an, aber sie läßt mich auch nicht zur Ruhe kommen – es ist wie ein sanftes, aber hartnäckiges Gespenst. Meine Rache wird nur mir selbst Genugtuung sein.

Ich möchte wissen, ob der Coroner wohl irgendwelche tadelnde Bemerkungen über meine »Fahrlässigkeit« gemacht hat. Man hat mir die Zeitung in der Klinik nicht gezeigt. Das einzige, was ich weiß, ist, daß ein auf fahrlässige Tötung lautendes Urteil gegen eine oder mehrere unbekannte Personen gesprochen worden ist. Fahrlässige Tötung? Kindermord! Aber auch wenn sie den Betreffenden gefaßt hätten, so hätte er doch nur eine Gefängnisstrafe bekommen, und dann wäre er wieder frei gewesen und hätte von neuem wie ein Amokläufer herumrasen können – es sei denn, sie hätten ihm den Führerschein auf

Lebenszeit entzogen; aber kommt das jemals vor? Ich muß diesen Kerl finden und unschädlich machen. Wer ihn ermordet, müßte als Wohltäter der Menschheit mit Blumen bekränzt werden (wo habe ich so etwas gelesen?). Nein, ich will mir nichts vormachen. Was ich beabsichtige, hat nichts mit höherer Gerechtigkeit zu tun.

Aber ich möchte wissen, was der Coroner damals gesagt hat. Vielleicht ist das der Grund, warum ich trotz wiederhergestellter Gesundheit noch immer hier bin und ängstlich herumhorche, was die Nachbarn wohl reden. »Da geht der Mann, dessen Kind überfahren worden ist; er ist schuld daran, hat der Coroner gesagt.« Ach was, sie sollen mir allesamt gestohlen bleiben. Bald werden sie einen richtigen Grund haben, mich als Mörder zu bezeichnen, was soll ich mich also um ihr Gerede kümmern?

Übermorgen werde ich nach Hause fahren. Das steht fest. Heute abend schreibe ich an Mrs. Baker und sage ihr, sie soll in meinem Haus alles herrichten. Das Schlimmste habe ich jetzt überstanden; ich glaube ehrlich, daß ich mir nichts vorzuwerfen habe. Die Genesung ist abgeschlossen. Ich kann mich jetzt mit ganzer Seele der einzigen Sache widmen, die mir noch zu tun bleibt.

22. Juni

Heute nachmittag machte mir James einen kurzen Besuch, »nur um mal zu sehen, wie es dir jetzt geht«. Nett von ihm. Er war erstaunt, daß ich so viel besser aussähe.

Das käme alles von der gesunden Lage seines Hauses, sagte ich; ich konnte ihm ja schlecht erzählen, daß ich einen neuen Lebenszweck gefunden hatte – das hätte zu peinlichen Fragen führen können. Zum mindesten *eine* peinliche Frage konnte ich selber nicht beantworten. »Wann hast du den Entschluß gefaßt, X. zu ermorden?« Das ist die Art von Fragen, bei denen eine ganze Abhandlung nötig ist, wenn man sie angemessen beantworten will (ungefähr wie »Wann hast du dich in mich verliebt?«). Und angehende Mörder sind im Gegensatz zu Verliebten nicht so erpicht darauf, von sich selbst zu reden – obwohl dieses Tagebuch eigentlich das Gegenteil beweist: erst nach der Tat reden sie – und zwar meistens allzuviel, die armen Teufel!

Ich glaube, es ist jetzt an der Zeit, mein imaginärer Beichtvater, daß ich einige nähere Angaben über meine eigene Person mache – Herkunft, Alter, Größe, Gewicht, Augenfarbe, Eignung als Mörder und dergleichen. Ich bin fünfunddreißig Jahre alt, ein Meter dreiundsiebzig, Augen braun; Gesichtsausdruck für gewöhnlich melancholisch-wohlwollend, wie eine Schleiereule – jedenfalls behauptete Tessa das immer. Meine Haare sind infolge einer sonderbaren Laune der Natur noch nicht ergraut. Mein Name ist Frank Cairnes. Ich hatte früher eine Beschäftigung (ich will nicht sagen »Tätigkeit«) im Arbeitsministerium; aber eine Erbschaft und meine eigene Faulheit veranlaßten mich vor fünf Jahren, meinen Abschied einzureichen und mich in das kleine Haus auf dem Lande zurückzuziehen, wo Tessa und ich schon immer hatten leben wollen. Nur in meinem Garten und an meinem

Segelboot herumzuwerkeln war selbst bei meinem Talent zum Müßiggang zu viel des Guten, deshalb fing ich an, Kriminalromane zu schreiben – unter dem Namen Felix Lane. Sie sind überraschenderweise gar nicht schlecht und bringen mir erstaunlich viel Geld ein. »Felix Lane« ist mein streng gewahrtes Pseudonym. Mein Verleger ist vertraglich verpflichtet, niemandem zu verraten, wer sich hinter diesem Pseudonym verbirgt; erst war er entsetzt darüber, daß ein Autor nicht mit dem Stuß, den er produziert, in Zusammenhang gebracht zu werden wünschte, aber dann fand er es selbst ganz schön, ein Mysterium daraus zu machen. »Gute Reklame, diese Geheimnistuerei«, dachte er mit der naiven Leichtgläubigkeit dieser Leute und begann, die Sache groß aufzuziehen. Dabei möchte ich nur wissen, wer denn innerhalb meines »schnell wachsenden Publikums« (wie der Verleger sagt) sich auch nur die Bohne dafür interessiert, wer »Felix Lane« in Wahrheit ist.

Trotzdem, nichts gegen »Felix Lane«: er wird sich in der nächsten Zeit als sehr nützlich erweisen. Ich möchte noch hinzufügen, daß ich den Nachbarn, wenn sie sich erkundigen, was ich den ganzen Tag aufs Papier kritzle, erzähle, ich arbeite an einer Biographie über Wordsworth; in Wirklichkeit weiß ich zwar tatsächlich eine ganze Menge über ihn, aber ich würde eher einen Zentner Tischlerleim herunterwürgen als eine Biographie über ihn schreiben.

Meine Befähigung zum Mörder ist, gelinde ausgedrückt, dürftig. Als »Felix Lane« habe ich mir oberflächliche Kenntnisse auf dem Gebiet der Gerichtsmedizin, des Strafrechts und des Ermittlungsverfahrens angeeignet.

Ich habe noch nie einen Revolver abgefeuert oder jemanden vergiftet, nicht mal eine Ratte. Auf Grund meiner forensischen Studien möchte ich annehmen, daß nur Generäle, Fachärzte und Bergwerksbesitzer straflos morden können. Aber vielleicht tue ich den nichtprofessionellen Mördern hiermit unrecht.

Was meinen Charakter betrifft, so kann man ihn am besten an Hand dieses Tagebuchs erkennen. Ich rede mir immer gerne ein, ich selber fände ihn ziemlich minderwertig, aber das ist wahrscheinlich nur die Pose des Intellektuellen ...

Morgen fahre ich nach Hause. Hoffentlich hat Mrs. Baker seine ganzen Spielsachen weggegeben. Ich hatte es ihr gesagt.

23. Juni

Das Haus sieht genau wie früher aus. Warum sollte es sich auch verändert haben? Hatte ich erwartet, daß die Mauern weinen würden? Es ist typisch für die menschliche Überheblichkeit – diese armselige, irrige Erwartung anzunehmen, daß das ganze Antlitz der Natur durch den eigenen kleinen Seelenschmerz verändert werde. Selbstverständlich ist das Haus wie vorher. Nur das Leben ist daraus entwichen. Wie ich sehe, haben sie an der Kurve ein Warnschild angebracht; zu spät, wie gewöhnlich.

Mrs. Baker ist sehr still. Es scheint ihr recht nahegegangen zu sein; oder sie meint vielleicht, ihre sanfte Trauermiene würde mir guttun.

Beim Durchlesen dieses Satzes stelle ich fest, daß er besonders eklig ist – ich bin anscheinend eifersüchtig, weil ein anderer Mensch Martie gern gehabt und Anteil an seinem Leben genommen hat. Großer Gott, war ich etwa auf dem Wege, einer von diesen egoistischen Vätern zu werden, die ihr Kind nur für sich allein haben wollen? Dann bin ich wohl wirklich zu nichts anderem mehr nutze als zum Morden.

...Gerade als ich dieses schrieb, kam Mrs. Baker herein; auf ihrem riesigen roten Gesicht war ein reumütiger, aber trotzdem entschlossener Ausdruck – sie sah aus wie ein schüchterner Mensch, der sich mühsam zu dem Entschluß durchgerungen hat, eine Beschwerde vorzubringen, oder wie ein Kommunikant, der gerade vom Abendmahl zurückkommt. »Ich konnte es nicht, Sir«, sagte sie, »ich habe es einfach nicht übers Herz gebracht« – und dann fing sie zu meinem Schrecken an zu heulen.

»Was konnten Sie nicht?« fragte ich.

»Alles weggeben«, schluchzte sie, legte einen Schlüssel auf den Tisch und stürzte aus dem Zimmer. Es war der Schlüssel von Marties Spielzeugschrank.

Ich ging hinauf ins Kinderzimmer und öffnete den Schrank. Ich mußte es sofort tun, sonst hätte ich es nie mehr fertiggebracht. Ich starrte lange auf die Sachen, unfähig, einen Gedanken zu fassen: die kleine Garage, die Lokomotive, der alte Teddybär mit nur einem Auge; seine drei Lieblingssachen. Coventry Patmores Verse sind mir in den Sinn gekommen –

Er hatte sich zurechtgelegt

Ein Kästchen Spielgeld, einen Stein mit roten Adern,

Ein Stückchen Glas, vom Meere glattgeschliffen,
Und ein paar Muscheln.
Einen Topf mit blauen Glockenblumen,
Zwei alte Kupfermünzen,
Kunstvoll und sorgsam angeordnet alles,
Als Trost für sein betrübtes Herz.

Es war richtig von Mrs. Baker. Ich brauche dies. Es muß etwas dasein, was die Wunde offenhält: diese Spielsachen sind ein besseres Mahnmal als der Grabstein auf dem Dorffriedhof, sie werden mich nicht schlafen lassen, sie werden jemandes Tod bedeuten.

24. Juni

Hatte heute morgen eine Unterhaltung mit Sergeant Elder. Zwei Zentner Fleisch und Knochen und vielleicht ein Milligramm Gehirn, wie mein alter Lehrer sagen würde. Die ausdruckslosen, arroganten Augen eines dummen Menschen, der mit Amtsgewalt ausgestattet ist. Woher kommt es nur, daß man bei Begegnungen mit Polizisten immer von einer Art geistiger Lähmung befallen wird, als wenn man sich auf einem kleinen Beiboot befände, das im Begriff ist, von einem Kriegsschiff gerammt zu werden? Wahrscheinlich nur daher, daß Angst ansteckend ist: der Polizist ist immer in der Defensive – gegen die oberen Gesellschaftsklassen, weil sie ihm verdammt viel Unannehmlichkeiten machen können, wenn er etwas Falsches tut, gegen die unteren Klassen, weil er der Repräsentant von »Gesetz und Ordnung« ist, in denen sie mit gutem

Recht ihren natürlichen Feind sehen. Nun, wie dem auch sei.

Elder legte die übliche wichtigtuerische Zurückhaltung des Beamten an den Tag. Er hat die Angewohnheit, sich am rechten Ohrläppchen zu kratzen und dabei die Wand anzustarren, ungefähr fünfzehn Zentimeter über dem Kopf seines Gesprächspartners, was ich ungeheuer irritierend finde. Die Ermittlungen würden weiter fortgesetzt, sagte er; jede Möglichkeit der Nachforschung werde ausgenützt; eine Menge von Aussagen sei sorgfältig geprüft worden, aber eine eigentliche Spur hätten sie bis jetzt noch nicht. Das heißt natürlich, daß sie am toten Punkt angelangt sind und dies nicht zugeben wollen. Dadurch habe ich jetzt freie Bahn. Ein offener Kampf. Ich bin froh darüber.

Ich lud Elder zu einem Bier ein, das ihm ein wenig die Zunge löste. Es gelang mir, einige Einzelheiten über die »Ermittlungen« aus ihm herauszubekommen. Gründlich ist sie ja, die Polizei. Abgesehen von der Aufforderung durch den Rundfunk an alle eventuellen Augenzeugen, sich zu melden, hat man anscheinend fast sämtliche Autowerkstätten in der ganzen Grafschaft besucht und hat sich erkundigt nach verbogenen Kotflügeln oder Stoßstangen, beschädigten Kühlern und so weiter, die zur Reparatur gebracht worden sind; innerhalb eines weiten Umkreises ist bei allen Autobesitzern nachgeforscht worden, um herauszufinden, ob sie für ihre Wagen ein Alibi für die Zeit des Unfalls hatten. Dann wurden Nachforschungen angestellt entlang der wahrscheinlichen Fahrtroute des Mannes in der Nähe des Dorfes: die Besitzer der an der

Straße gelegenen Tankstellen und die Leute vom Automobilclub wurden befragt; und so weiter. Anscheinend hat an jenem Abend eine Autorallye stattgefunden, und die Polizei dachte, der Mann sei vielleicht einer der Teilnehmer gewesen, der sich verfahren hatte – bestimmt hat er ja ein Tempo gehabt wie jemand, der verlorene Zeit aufholen will; aber bei keinem der Wagen ist bei der Ankunft an der nächsten Kontrollstelle eine Beschädigung bemerkt worden. An Hand der Angaben, die die Leute an diesem und dem vorhergehenden Kontrollpunkt über die Fahrzeiten machten, wurde außerdem errechnet, daß keiner der Fahrer einen so großen Umweg hätte machen können, daß er durch unser Dorf gekommen wäre. Es könnte zwar sein, daß hier etwas nicht ganz stimmt; aber ich möchte sagen, wenn dies der Fall wäre, hätte die Polizei es gemerkt.

Hoffentlich habe ich alle diese Einzelheiten auf eine Art und Weise aus ihm herausgelockt, die keinen allzu herzlosen und neugierigen Eindruck gemacht hat. Würde man von einem gramgebeugten Vater annehmen, daß er all dies wissen möchte? Nun, ich glaube nicht, daß Elder sehr versessen darauf ist, sich mit überfeinerten psychologischen Gedankengängen zu befassen. Aber es ist eine schrecklich schwierige Aufgabe. Kann *ich* Erfolg haben, wenn die Polizei mit ihrem ganzen Apparat gescheitert ist? Wie wenn man eine Stecknadel im Heuhaufen suchen sollte!

Halt! Wenn ich eine Stecknadel verstecken wollte, würde ich es nicht in einem Heuhaufen tun: ich würde sie in einem Haufen anderer Nadeln verstecken. Also: Elder war ziemlich überzeugt, daß der Anprall bei dem Zusammenstoß irgendeine Beschädigung vorn am Wagen verursacht haben müsse, selbst wenn Martie nur ein Fliegengewicht gewesen sei. Das beste Mittel, eine Beschädigung zu verdecken, ist, den betreffenden Teil noch mehr zu beschädigen. Wenn ich zum Beispiel ein Kind umgefahren und einen Kotflügel beschädigt hätte und dies verdecken wollte, würde ich einen Unfall inszenieren – den Wagen gegen einen Torpfosten, einen Baum oder irgend etwas fahren. Dadurch würden alle Spuren des vorhergegangenen Zusammenstoßes verwischt werden.

Man müßte also feststellen, ob irgendwelche Wagen in jener Nacht auf diese Art und Weise beschädigt worden sind. Ich werde Elder morgen anrufen und ihn fragen.

25. Juni

Reinfall. Die Polizei hatte schon selber daran gedacht. Elders Rücksicht auf die Gefühle von trauernden Hinterbliebenen wurde auf eine harte Probe gestellt, nach seinem Ton am Telefon zu urteilen; er gab mir höflich, aber deutlich zu verstehen, daß die Polizei nicht von einem Laien über ihre Angelegenheiten belehrt zu werden brauche. Alle Unfälle in der näheren Umgebung seien untersucht worden, um ihre »bona fides« festzustellen, wie er sich ausdrückte – der aufgeblasene Idiot.

Es ist verwirrend, zum Wahnsinnigwerden. Ich weiß nicht, wo ich anfangen soll. Wie konnte ich bloß annehmen, ich brauchte nur die Hand auszustrecken, um den

Gesuchten am Kragen zu packen? Es ist wohl das erste Stadium von Mördergrößenwahn.

Nach dem Telefongespräch mit Elder heute morgen war ich reizbar und entmutigt. Nichts, was man tun kann, nur im Garten herumtrödeln, wo alles mich an Martie erinnert, nicht zuletzt die dumme Sache mit den Rosen.

Als Martie noch ein Kleinkind war, lief er immer hinter mir her, wenn ich im Garten Blumen für den Eßtisch holte. Eines Tages stellte ich fest, daß er zwei Dutzend Rosenblüten abgeschnitten hatte, die ich für die Prämierung auf der Ausstellung aufheben wollte – es war die prachtvolle, glühend dunkelrote Sorte »Nacht«. Ich war wütend auf ihn, obwohl ich von Anfang an wußte, daß er mir hatte helfen wollen. Ich führte eine scheußliche Szene auf; Martie war erst nach Stunden wieder zu beruhigen. So zerstört man Vertrauen und Unschuld. Jetzt ist er tot, und es macht wohl nichts mehr aus; aber ich wünschte, ich wäre damals nicht so heftig geworden – es muß für ihn so gewesen sein, als wenn die Welt unterginge. Zum Teufel, jetzt werde ich auch noch rührselig. Nächstens fange ich noch an, eine Liste seiner kindlichen Aussprüche zu machen. Ja, warum nicht? Warum nicht? Da ich den Rasen draußen sehe, fällt mir wieder ein, daß er eines Tages beobachtete, wie die beiden Hälften eines Wurmes, der vom Rasenmäher mittendurch geschnitten worden war, sich aufeinander zu schlängelten, worauf er sagte: »Sieh mal, Papi, da ist ein Wurm, der rangiert.« Ich fand das recht treffend. Vielleicht wäre er ein Dichter geworden, bei dieser Begabung für bildliche Ausdrücke.

Was diese sentimentale Gedankenfolge ausgelöst hat, ist

die Tatsache, daß ich heute morgen, als ich in den Garten ging, feststellte, daß an den Rosenbüschen sämtliche Blütenköpfe abgeschnitten waren. Mein Herzschlag stockte (wie es in einem Schauerroman heißt). Einen Augenblick lang glaubte ich, das ganze letzte halbe Jahr müsse nur ein böser Traum gewesen sein und Martie sei noch am Leben. Sicher irgendein Dorfkind, das Unfug machen wollte. Aber die Sache hat mich deprimiert, ich hatte das Gefühl, als wenn alles gegen mich wäre. Die gerechte und barmherzige Vorsehung hätte mir wenigstens die paar Rosen lassen können. Wahrscheinlich müßte ich Elder diesen »Vandalismus« melden, aber ich kann mich einfach nicht dazu aufraffen.

Das eigene Schluchzen klingt unerträglich theatralisch. Hoffentlich hat Mrs. Baker nichts gehört.

Morgen abend werde ich einen Rundgang durch die Wirtshäuser machen und sehen, ob man irgend etwas aufschnappen kann. Ich kann ja nicht die ganze Zeit hier im Haus herumsitzen und Trübsal blasen. Ich glaube, ich gehe noch rasch zu Peters einen Whiskey trinken, bevor ich mich schlafen lege.

26. Juni

Es hat etwas ungeheuer Aufregendes, wenn man sich verstellt oder etwas Wichtiges verheimlicht; man kommt sich vor wie jener Mann aus irgendeiner Geschichte, der in der Brusttasche eine Sprengladung bei sich trug und in der Hosentasche einen Zünder hatte, bei dem er nur auf einen

Knopf zu drücken brauchte, um sich und alle anderen im Umkreis von zwanzig Metern ins Jenseits zu befördern. Dieses Gefühl, eine gefährlich-wundervolle Dynamitladung bei mir zu tragen, hatte ich zum Beispiel, als ich heimlich mit Tessa verlobt war; und etwas Ähnliches empfand ich, als ich mich gestern mit Peters unterhielt. Er ist ein guter Kerl, aber mit Sensationellerem als Kindsgeburt, Keuchhusten oder Grippe hat er sich, glaube ich, noch nie auseinanderzusetzen brauchen. Ich mußte immer daran denken, was er wohl sagen würde, wenn er wüßte, daß ein angehender Mörder bei ihm im Zimmer saß und seinen Whisky trank. Einmal wurde der Zwang, plötzlich alles auszuplaudern, fast überwältigend. Ich werde wirklich sehr, sehr vorsichtig sein müssen. Es ist kein Spiel. Nicht daß er mir geglaubt hätte; aber ich möchte nicht, daß er mich wieder in diese Klinik schickt – oder gar zur »Beobachtung«.

Ich war froh, von Peters zu erfahren – als ich mich dazu durchgerungen hatte, ihn zu fragen –, daß bei der gerichtlichen Leichenschau nichts davon gesagt worden ist, ich sei für Marties Tod verantwortlich zu machen. Trotzdem nagt es noch immer ein wenig an mir. Ich sehe den Leuten im Dorf ins Gesicht und frage mich, was sie in Wirklichkeit wohl von mir denken. Mrs. Anderson zum Beispiel, die Witwe unseres verstorbenen Organisten – warum ging sie heute morgen absichtlich auf die andere Straßenseite? Um mir auszuweichen? Sie hatte Martie immer so gerne; sie verwöhnte ihn richtig mit ihren Erdbeeren mit Schlagsahne, den komischen gelatineartigen Bonbons und ihren heimlichen Zärtlichkeiten, wenn sie glaubte, ich sähe es nicht – die letzteren schätzte er genausowenig wie ich selber. Nun ja, die Arme hat ja nie ein Kind gehabt, und seit dem Tod ihres Mannes ist sie ein gebrochener Mensch. Es ist mir viel lieber, wenn sie mich völlig ignoriert, als wenn sie zu mir käme und mich mit Mitgefühl überschüttete.

Wie viele Menschen, die ziemlich abgesondert leben – seelisch abgesondert, meine ich –, bin ich ungewöhnlich empfindlich in bezug auf die Meinung anderer. Die Vorstellung, ich gehörte zu dem Typus der überall Beliebten und Vertrauten, ist mir schrecklich, und doch erfüllt mich der Gedanke, ich könnte unbeliebt sein, mit tiefem Mißbehagen. Kein sehr sympathischer Zug, wenn man sowohl das eine als auch das andere haben will, nämlich bei seinen Nachbarn gern gesehen sein und sich trotzdem innerlich von ihnen fernhalten möchte, aber wie gesagt, ich bilde mir nicht ein, daß ich besonders nett wäre.

Ich werde jetzt geradewegs ins »Schwarze Roß« gehen und der öffentlichen Meinung in der Höhle des Löwen entgegentreten. Vielleicht bekomme ich dort auch einen Fingerzeig; ich vermute allerdings, daß Elder die Leute schon ausgehorcht hat.

Später

Ich habe in den beiden letzten Stunden ungefähr zehn Glas Bier getrunken, bin aber trotzdem noch immer völlig nüchtern. Es gibt anscheinend manche Wunden, die zu tief für örtliche Betäubungsmittel sind. Alle sehr freundlich. Jedenfalls bin ich nicht der Bösewicht des Stückes.

»'ne verdammte Schande«, meinten sie. »Aufhängen is'
noch viel zu milde für so Kerle.«

»Wir vermissen ihn wirklich, den kleinen Kerl – war
so'n netter, aufgeweckter Bursche«, sagte Barnett, der alte
Schäfer. »Diese Autos sind 'ne Landplage – wenn ich was
zu sagen hätte, ich würde sie verbieten.«

Der dicke Bert Cozzens, der Besserwisser, sagte: »Der
Preis des Fortschritts ist das. Der Preis des Fortschritts.
Tja. Natürliche Auslese, wenn Sie wissen, was ich meine.
Die Stärksten bleiben übrig. Soll aber keine Unhöflichkeit
sein, Sir, wir haben alle tiefes Mitgefühl für Ihren schwe-
ren Verlust.«

»Die Stärksten bleiben übrig?« mischte sich der junge
Joe ein. »Wieso bist du dann noch hier, Bert? Die Fette-
sten, meinst du wahrscheinlich.«

Die anderen fanden, daß das hart an der Grenze war,
keiner ging darauf ein.

Es sind anständige Kerle – weder blasiert noch gefühllos,
noch sentimental dem Tod gegenüber. Sie haben die richtige, sachliche Einstellung dazu. Ihre eigenen Kinder werden
auch nicht in Watte gepackt – Kinderschwester, Brutkä-
sten, luxuriöse Nährpräparate und so weiter können solche Leute sich nicht leisten, deshalb würde es ihnen nie in
den Sinn kommen, mir einen Vorwurf daraus zu machen,
daß ich Martie das gleiche selbständige, natürliche Leben
führen ließ, das ihre eigenen Kinder auch führen. Eigentlich hätte ich mir das vorher denken können. Aber im
übrigen haben sie mir auch nicht weitergeholfen, fürchte
ich. Wie Ted Barnett zusammenfassend sagte: »Wir täten ja
alle die rechte Hand hergeben, wenn der Saukerl gefunden

würde, der das getan hat. Wir haben 'n paar Wagen durchkommen sehen nach dem Unfall, aber natürlich ha'm wir nicht groß drauf geachtet, wir wußten ja nich', daß was passiert war, und von den Lampen is' man so geblendet, da können Sie keine Nummer sehn und gar nix. Wär ja Sache von der Polizei, von Rechts wegen, aber dieser Elder, der Kerl tut ja ...«, und dann kamen verleumderische Betrachtungen über die – angeblich größtenteils erotische – Freizeitbetätigung von unserem ehrenwerten Sergeant.

Im »Löwen«, im »Lamm« und in der »Krone«, überall das gleiche. Viel guter Wille, aber nichts zu erfahren. Auf diese Weise komme ich nicht weiter. Muß eine ganz andere Methode versuchen. Aber was für eine? Zu müde, um heute abend noch darüber nachzudenken.

27. Juni

Heute langer Spaziergang in Richtung Cirencester. Ging über den Hügelrücken, wo Martie und ich diese kleinen Segelflieger steigen ließen; er war ganz begeistert von ihnen. Wäre wahrscheinlich eines Tages mit einem Flugzeug abgestürzt, wenn das Auto nicht vorher gekommen wäre. Ich werde nie vergessen, wie er da stand und die Flieger beobachtete, mit ungeheuer ernstem und gespanntem Ausdruck, als wenn er sie durch seinen Willen dazu bringen könnte, immer weiter durch die Luft zu segeln. Die ganze Gegend ist ein Mahnmal. Solange ich hierbleibe, wird die Wunde offenbleiben – und das ist das, was ich will.

Irgend jemand will mich allerdings hier wegekeln, wie

es scheint. Sämtliche Madonnenlilien und Tabakpflanzen auf dem Beet vor meinem Fenster sind nämlich diese Nacht herausgerissen und auf den Weg geworfen worden. Oder vielmehr irgendwann ganz früh am Morgen: um Mitternacht war noch alles in Ordnung. Ein Dorfkind würde so etwas nicht zum zweitenmal tun. Hier steckt eine Böswilligkeit dahinter, die mich etwas beunruhigt. Aber ich werde mich nicht einschüchtern lassen.

Eben ist mir ein seltsamer Gedanke gekommen. Sollte ich vielleicht einen Feind haben, der Martie absichtlich getötet hat und jetzt auch alles andere zerstört, was ich liebe? Hirngespinst. Es zeigt aber, wie leicht jemand, der zuviel allein ist, überschnappen kann. Wenn das so weitergeht, werde ich nächstens Angst haben, morgens aus dem Fenster zu sehen.

Ich bin heute ziemlich rasch marschiert, so daß mein Gehirn nicht mit mir Schritt halten konnte und ich für ein paar Stunden von den ständig quälenden Gedanken erlöst war. Ich fühle mich erfrischt und will daher anfangen, schriftlich nachzudenken. Welches ist der neue Weg, den ich einschlagen muß? Vielleicht ist es am besten, wenn ich meine Gedanken in einer Reihe von Feststellungen und Schlußfolgerungen niederschreibe. Alsdann:

1. Es ist zwecklos, wenn ich versuche, die Methoden der Polizei anzuwenden, für deren Durchführung diese viel bessere Mittel in der Hand hat und die trotzdem allem Anschein nach versagt haben.

Daraus folgt, daß ich meine eigenen Stärken nutzen muß – nämlich als Kriminalschriftsteller meine Fähigkeit, mich in die Seele des Verbrechers hineinzudenken.

2. Wenn ich ein Kind umgefahren und meinen Wagen beschädigt hätte, würde ich Hauptstraßen, wo die Beschädigung vielleicht bemerkt würde, instinktiv meiden und so schnell wie möglich einen Ort aufsuchen, wo sie repariert werden könnte. Aber laut Aussage der Polizei ist in allen Werkstätten nachgeforscht worden, und es hat sich herausgestellt, daß alle Beschädigungen, die in den Tagen nach dem Unfall repariert wurden, eine harmlose Ursache gehabt hatten. Natürlich könnte die betreffende Reparaturwerkstätte hierbei getäuscht worden sein, auf diese oder jene Weise. Aber wenn dies der Fall gewesen ist, könnte ich es unmöglich herausfinden.

Was folgt hieraus? Entweder a) ist der Wagen trotz allem unbeschädigt gewesen – die Aussagen der Fachleute deuten jedoch darauf hin, daß dies äußerst unwahrscheinlich ist. Oder b) der Verbrecher hat den Wagen auf kürzestem Wege in eine Privatgarage gefahren und seither dort stehengelassen; möglich, aber höchst unwahrscheinlich. Oder c) der Verbrecher hat die Reparatur heimlich selbst vorgenommen; das ist zweifellos die wahrscheinlichste Erklärung.

3. Angenommen, der Betreffende hat die Reparaturarbeiten selbst gemacht. Sagt mir das irgend etwas über ihn?

Ja. Er muß ein Fachmann sein, dem die nötigen Werkzeuge zur Verfügung stehen. Selbst eine kleine Beule im Kotflügel muß mit dem Hammer bearbeitet werden, und das macht genügend Lärm, um einen Toten aufzuwecken. »Aufwecken!« Ganz richtig. Er hätte die Reparaturarbeiten noch in der gleichen Nacht ausführen müssen, damit am nächsten Morgen keine Spuren des Unfalls mehr zu

sehen waren. Aber Hämmern bei Nacht würde unweiger-
lich Leute aufwecken und Verdacht erregen.

4. Er hat in jener Nacht nicht mit dem Hammer gearbeitet.

Aber ob er seinen Wagen in eine Werkstatt oder eine
Garage gebracht hat, das Hämmern am nächsten Morgen
hätte bestimmt die Aufmerksamkeit auf ihn gelenkt, auch
wenn er es riskieren konnte, die Reparatur bis dahin zu
verschieben.

5. Er hat überhaupt nicht mit dem Hammer gearbeitet.

Aber wir müssen ja annehmen, daß die Reparatur auf
irgendeine Weise ausgeführt worden ist. Ach, ich bin ein
Esel! Selbst um eine kleine Stelle auszubeulen, *muß man
den Kotflügel ja abmontieren.* Wenn nun der Verbrecher –
wie wir schließen müssen – nicht riskieren konnte, beim
Reparieren Lärm zu machen, so folgt daraus, daß er die
beschädigten Teile ausbauen und durch neue ersetzen
mußte.

6. Angenommen, er baute einen neuen Kotflügel ein –
vielleicht auch eine neue Stoßstange oder einen neuen
Scheinwerfer – und schaffte die beschädigten Teile beiseite. Was folgt dann daraus?

Daß er zumindest ein recht tüchtiger Mechaniker sein
muß und an die nötigen Ersatzteile herankommen kann.
Mit anderen Worten, er muß in einer Reparaturwerkstatt
arbeiten. Mehr noch, *er muß der Inhaber sein*; denn nur
der Besitzer der Reparaturwerkstatt könnte die Tatsache
verheimlichen, daß bestimmte Ersatzteile vom Lager verschwunden sind, ohne daß ein Beleg vorhanden ist.

Bei Gott, mir scheint, ich bin endlich doch ein Stück

weitergekommen. Der Mann, hinter dem ich her bin, ist Besitzer einer Reparaturwerkstatt; und zwar muß es eine ziemlich leistungsfähige sein, denn sonst würde sie nicht die nötigen Ersatzteile vorrätig haben; aber keine sehr große, denn in einer größeren Werkstatt würde wahrscheinlich nicht der Besitzer das Ersatzteillager kontrollieren, sondern irgendein Angestellter. Oder vielleicht ist der Verbrecher Lagerverwalter in einer großen Reparaturwerkstatt oder Meister. Dadurch wird der Kreis der Möglichkeiten leider wieder größer.

Kann ich irgendwelche Schlüsse ziehen in bezug auf den Wagen und die Art der Beschädigung? Vom Fahrer aus gesehen, überquerte Martie die Straße von links nach rechts: sein Körper wurde in den linken Straßengraben geschleudert. Das würde darauf hindeuten, daß die Beschädigung an der linken Seite des Wagens sein muß, besonders wenn dieser etwas nach rechts ausgewichen ist. Der linke Kotflügel, das linke Ende der Stoßstange oder der linke Scheinwerfer. Scheinwerfer – das Wort will mir etwas sagen.

Nachdenken. Nachdenken...

Ich weiß! Es lagen keine Glasscherben auf der Straße. Bei welcher Art von Scheinwerfern besteht am ehesten die Möglichkeit, daß sie bei einem Zusammenprall nicht in Trümmer gehen? Bei denen mit Drahtgitter, wie man sie oft bei diesen flachen, schnellen Sportwagen sieht. Und ein flach gebauter, schneller Wagen (mit einem geschickten Fahrer) muß es gewesen sein, sonst hätte er nicht in diesem Tempo um die Kurve fahren können, ohne ins Schleudern zu kommen.

Zusammenfassung. Es sind genügend Wahrscheinlichkeitsbeweise da, um anzunehmen, daß der Verbrecher ein geschickter, rücksichtsloser Fahrer ist, Inhaber oder Meister einer leistungsfähigen Autowerkstatt und Besitzer eines Sportwagens, der Scheinwerfer mit Schutzgitter hat. Es ist wahrscheinlich ein ziemlich neuer Wagen, sonst wäre der Unterschied zwischen dem rechten Kotflügel und dem neu eingebauten linken aufgefallen; obwohl ich annehme, daß er den neuen wahrscheinlich so hergerichtet hat, daß er etwas abgenützt aussieht – Kratzer, Schmutz usw. Ah, noch etwas: Entweder muß seine Werkstatt an einer ziemlich abgelegenen Stelle liegen, oder er hat eine besondere Blendlaterne gehabt; denn sonst wäre es wohl bemerkt worden, daß er nachts Reparaturen machte. Außerdem muß er in der Nacht noch einmal fortgegangen sein, um die abmontierten, beschädigten Teile beiseite zu schaffen; und es muß ein Fluß oder ein Wald in der Nähe sein, wo er sie hinbringen konnte – sie auf den Schrotthaufen der Werkstatt zu werfen wäre zu gefährlich gewesen.

Himmel – es ist schon lange nach Mitternacht. Ich muß zu Bett gehen. Jetzt, da ich einen Anfang gemacht habe, fühle ich mich wie ein anderer Mensch.

28. Juni

Zum Verzweifeln. Wie dünn alles aussieht, bei Tageslicht. Ja, wenn ich jetzt darüber nachdenke, bin ich nicht einmal sicher, ob es Autos mit Schutzgittern an den Lampen überhaupt gibt; am Kühler, ja; aber an den Scheinwerfern?

Allerdings ist das leicht festzustellen. Aber selbst wenn man annimmt, daß ich mit meinen Schlußfolgerungen durch ein Wunder das Richtige getroffen habe, so bin ich dem Mann eigentlich noch genauso fern wie zuvor. Es gibt wahrscheinlich Tausende von Werkstattbesitzern, die einen Sportwagen haben. Das Unglück passierte ungefähr um sechs Uhr zwanzig abends: angenommen, er hätte im Höchstfall drei Stunden gebraucht, um die neuen Teile einzubauen und die alten wegzuschaffen, so wären ihm bis zur Morgendämmerung immer noch zehn Stunden Spielraum geblieben, die er ausnützen konnte; das bedeutet, daß seine Werkstatt in einem Umkreis von vierhundertfünfzig Kilometern liegen kann. Etwas weniger vielleicht, denn mit dem Kainsmal am Wagen wird er wahrscheinlich nicht gewagt haben, an einer Tankstelle zu halten. Aber wenn man bloß an all die Autofirmen denkt, die es schon im Umkreis von hundert Kilometern gibt! Soll ich zu jeder einzelnen hingehen und den Inhaber fragen, ob er einen Sportwagen hat? Und was, wenn er ja sagt? Ein gräßlicher Gedanke. Der Haß auf diesen Mann hat anscheinend den gesunden Menschenverstand bei mir völlig in den Hintergrund gedrängt.

Vielleicht ist dies aber gar nicht der Hauptgrund für meine deprimierte Stimmung. Heute morgen war ein anonymer Brief in meinem Kasten. Durch Boten überbracht, als noch niemand wach war – wahrscheinlich derselbe Kerl, der meine Blumenbeete zerstört hat. Es

geht mir allmählich auf die Nerven. Hier ist der Brief –
billiges Papier, Blockschrift, alles wie üblich.

»Sie haben ihn getötet. Man muß sich wundern, daß Sie
sich nach dem, was am 3. Januar passiert ist, noch im Dorf
zu zeigen wagen. Haben Sie noch immer nicht begriffen?
Wir wollen Sie hier nicht mehr haben, und wir werden
Ihnen das Leben so sauer machen, daß Sie es bereuen
werden, wieder hierhergekommen zu sein. An Ihren
Händen klebt Marties Blut.«

Klingt, als wenn er ein gebildeter Mensch wäre. Oder
gebildete Leute, wenn das »wir« etwas zu bedeuten hat.
Ach, Tessa, was soll ich bloß tun?

29. Juni

Die dunkelste Stunde ist die vor der Morgendämmerung!
Die Jagd geht los! Laßt mich den neuen Tag mit einer Salve
von abgegriffenen Redensarten begrüßen. Heute morgen
holte ich den Wagen heraus; ich war noch immer tief deprimiert, deshalb hatte ich mir überlegt, ich wollte nach
Oxford hinüberfahren und Michael besuchen. Ich fuhr
eine Abkürzung, die die Straße nach Cirencester mit der
nach Oxford verbindet – einen schmalen, über die Hügel
führenden Fahrweg, den ich noch nicht kannte. Nach
dem vorhergegangenen Regen wirkte alles neu belebt und
glitzerte im Sonnenlicht. Ich blickte über das Hügelland
rechts des Weges – man sah ein wunderbares, himbeerrot
blühendes Kleefeld dort –, als ich plötzlich in eine Rie-
senpfütze hineinfuhr.

Der Wagen kroch mühsam auf der anderen Seite wieder heraus, dann blieb er endgültig stehen. Von dem, was unter der Motorhaube vor sich geht, verstehe ich überhaupt nichts; aber wenn mein Wagen stehenbleibt, ist es das beste, ihn eine Zeitlang in Ruhe zu lassen, dann springt er meistens wieder an.

Als ich ausgestiegen war und die Tropfen von den Kleidern schüttelte – ein großer Wasserschwall war aufgespritzt und hatte sich über mich ergossen, als ich durch das Loch fuhr –, sprach mich ein Mann an, der am Zaun eines Bauernhofs lehnte. Wir wechselten einige witzige Bemerkungen über kalte Duschen. Dann sagte der Mann, daß im vergangenen Winter eines Abends an dieser Stelle genau das gleiche geschehen sei. Ohne besonderen Grund, nur um Konversation zu machen, fragte ich ihn, an was für einem Tag dies gewesen sei: die Frage war, wie sich zeigte, eine göttliche Eingebung. Er stellte einige äußerst komplizierte Berechnungen an, bei denen ein Besuch seiner Schwiegermutter, ein krankes Schaf und ein kaputtgegangenes Radio eine Rolle spielten, und sagte dann: »3. Januar. Ja, da war es, am 3. Januar. Ich weiß es genau. Abends nach Dunkelwerden.«

In diesem Augenblick – so wie einem oft ganz alberne und gar nicht zur Sache gehörige Sätze in den Sinn kommen – sah ich im Geiste plötzlich eine Inschrift vor mir: »Im Blut des Lammes reingewaschen« – ich erinnere mich jetzt, daß ich sie auf einem Plakat an der Mauer einer Methodistenkapelle gesehen hatte, an der ich vorbeigekommen war. Das nächste, was geschah, war, daß das Wort »Blut« sich in meinen Gedanken mit dem anonymen

Brief verband, den ich gestern bekommen hatte – »an Ihren Händen klebt Marties Blut«. Und in diesem Augenblick verflog der Nebel, und ich sah klar und lebendig das Bild vor mir, wie Marties Mörder – genau wie ich – in raschem Tempo in das Wasserloch hineinfuhr, aber absichtlich – *um Marties Blut von seinem Wagen abzuwaschen.*

Mein Mund war ganz trocken, als ich den Mann so gleichgültig wie möglich fragte: »Können Sie sich zufällig noch erinnern, wieviel Uhr es war – als dieser andere in die Pfütze fuhr?«

Er ließ sich Zeit. Ich zitterte vor Ungeduld – wie bequem diese alten Klischees doch sind –, dann sagte er: »War noch nicht sieben. Viertel oder zehn vor, würd' ich schätzen. Ja, das müßte stimmen. So um Viertel vor rum.«

Mein Gesicht muß meine Erregung verraten haben. Ich merkte, wie er mich etwas merkwürdig ansah, deshalb rief ich mit großer Begeisterung aus: »Wie, das muß ja dann mein Freund gewesen sein! Er hat mir erzählt, er hätte sich verfahren, als er bei mir gewesen ist, und wäre in den Cotswolds in eine riesige Pfütze geraten«, usw. usw.

Hinter diesem künstlichen Nebel stellte mein Gehirn blitzschnell einige Berechnungen an. Ich hatte etwas über eine halbe Stunde bis hierher gebraucht. Mit einem schnellen Wagen konnte X. die Strecke in der Zeit von sechs Uhr zwanzig, als der Unfall passierte, bis sechs Uhr fünfundvierzig zurückgelegt haben, wenn er die Straßen kannte und nicht anzuhalten brauchte, um auf die Karte zu sehen. Gut siebenundzwanzig Minuten: Durchschnittsgeschwindigkeit fünfundsechzig Kilometer: mit einem Sportwagen leicht zu machen. Ich setzte alles auf eine Karte und stellte eine weitere Frage:

»Ein schneller, flacher Sportwagen, ja? Haben Sie gesehen, welche Marke? Oder was für eine Nummer?«

»Er hat ziemlich Tempo drauf gehabt; mit den Marken kenn' ich mich nich' so richtig aus. War ja auch schon dunkel gewesen. Wenn man von den Scheinwerfern geblendet is', sieht man ja kaum was. Die Nummer weiß ich auch nich' mehr genau. Irgendwas mit CAD am Anfang war es.«

»Stimmt!« sagte ich. (Mit CAD beginnen die Nummern von Gloucestershire. Der Kreis wird enger.)

Ich dachte nach. Mit guten Scheinwerfern würde nur ein Irrer in vollem Tempo in ein Wasserloch hineinfahren – oder einer, der erreichen will, daß das Wasser hochspritzt, sich im Schwall über das Vorderteil seines Wagens ergießt und Blutspuren fortwäscht. Ich selber fuhr nur deshalb mit solcher Heftigkeit in die Pfütze, weil ich mir die Landschaft besehen hatte, was in einer dunklen Nacht niemand tut. Warum hatte ich vorher die Sache mit dem Blut bei meinen Überlegungen nicht berücksichtigt? Wenn X. auf der Rückfahrt irgendwo angehalten worden wäre, so hätten Blutflecken am Wagen natürlich leicht gesehen werden können. Es ist viel schwieriger, eine Erklärung für Blutspuren zu erfinden, als für einen verbeulten Kotflügel. Anzuhalten und das Blut mit einem Lappen abzuwischen hätte ein gewisses Risiko bedeutet, denn Lappen mit Blutflecken loszuwerden ist gar nicht so leicht. Das einfachste war, in raschem Tempo in eine große Pfütze hineinzufahren und alles übrige vom Wasser besorgen zu lassen.

Wahrscheinlich hatte er angehalten, um sich zu vergewissern, ob das Blut auch völlig abgespült war.

Während ich noch nachdachte, hörte ich, wie der Bauer mit einem leisen, kaum merklichen Augenzwinkern zu mir sagte:

»Is' sehr hübsch, Sir, nicht wahr?«

Im ersten Augenblick dachte ich, er meinte den Wagen von X. Dann wurde mir zu meinem Schrecken klar, daß er von ihm selbst sprach – oder vielmehr von ihr selbst. Aus irgendeinem Grunde war ich nie darauf gekommen, daß der Mensch, hinter dem ich her war, auch eine Frau sein konnte.

»Ich wußte gar nicht, daß mein Freund ... jemand bei sich hatte«, stotterte ich, um die Situation zu retten.

»Aber klar!« (Wieder Glück gehabt! Gott sei Dank!) In dem Wagen hatten also ein Mann und eine Frau gesessen. Der Schweinehund hatte vor ihr großtun wollen, genau wie ich es mir gedacht hatte. Ich versuchte, den Bauern dazu zu bringen, »meinen Freund« zu beschreiben, aber es kam nicht viel dabei heraus. »Ein großer, stattlicher Herr war es, sprach sehr gebildet. Die Dame war arg aufgeregt, hatte offenbar einen ordentlichen Schrecken abgekriegt, wie er mit ihr in das Wasserloch gerast war. Sie sagte immer: ›Beeil dich doch, George, wir wollen doch nicht die ganze Nacht hier stehen bleiben.‹ Aber ihm hat es anscheinend nich' pressiert, gar nich'. Stand gemütlich da, wie Sie jetzt, an den Kotflügel gelehnt, und hat sehr freundlich gesprochen.«

»An diesen Kotflügel gelehnt? Hier?« fragte ich, verblüfft über so viel Glück.

»Ja, genau so.«

Ich stand nämlich am vorderen linken Kotflügel meines Wagens – das war der, der meiner Berechnung nach am Wagen von X. beschädigt sein mußte: und X. hatte sich dagegen gelehnt, damit der Mann, mit dem ich hier sprach, die Beschädigung nicht sah. Ich stellte so vorsichtig wie möglich noch einige weitere Fragen, aber es gelang mir nicht, noch etwas über den Fahrer oder den Wagen herauszubekommen. Da ich nichts Richtiges mehr zu sagen wußte, schlug ich einen gräßlich scherzhaften Ton an:

»Da werde ich George ja mal wegen dieser Freundin ins Verhör nehmen müssen. So was geht ja nicht, wie? Wo er doch verheiratet ist. Ich möchte mal wissen, wer es wohl war.«

Der Scherz hatte Erfolg. Der Bauer kratzte sich am Kopf.

»Wo ich drüber nachdenke – den Namen hab' ich doch gewußt, nur im Moment kann ich mich nich' drauf besinnen. Im Kino hab' ich se gesehen, vorige Woche. In Cheltenham. Hat nix wie Unterwäsche angehabt – und davon auch nich' grade viel.«

»In Unterwäsche im Kino?«

»In der Unterwäsche, ja. Mutter hat sich drüber aufgeregt. Aber wie hat se jetzt geheißen? Hallo, Mutter!«

Eine Frau kam aus dem Bauernhaus.

»Wie hat der Film geheißen, Mutter, wo wir vorige Woche drin gewesen sind? Der erste?«

»Der Vorfilm? *Fräulein Dienstmädchen.*«

»Stimmt, *Fräulein Dienstmädchen.* Und diese junge

Dame war Polly, war das Stubenmädchen. Und was die für Unterwäsche anhat – ich sage Ihnen –«

»So'n albernes Zeug, wie das war«, sagte die Frau. »Unser' Cilly is' ja auch in Stellung, aber Spitzenhöschen hat die nich' und auch nich' Zeit, so nackt rumzutanzen wie die Polly da. Würd' ihr auch was erzählen, wenn se so was machte.«

»Sie sagen, das junge Mädchen, das mein Freund damals bei sich hatte, hat im Film die Polly gespielt?«

»Schwören kann ich nich' drauf, Sir. Sie woll'n dem Herrn doch keine Unannehmlichkeiten machen? Die Dame in dem Auto hat nämlich fast die ganze Zeit nach der anderen Seite geguckt. Wollte sicher nich', daß man se erkennt. Wie der Herr das Licht angemacht hat im Wagen, is' se richtig wütend geworden – ›Mach doch das verflixte Licht aus, George‹, sagte se. Da hab' ich ihr Gesicht gesehen. Und wie ich dann die Polly sehe, im Film, sage ich zu Mutter: ›Du, Mutter, das is' doch die junge Dame, die in dem Auto saß, was am Wasserloch gehalten hat!‹ – Stimmt's Mutter?«

»Ja, so haste gesagt.«

Hierauf verließ ich das Paar, nachdem ich vorher noch einige dunkle Andeutungen gemacht hatte, daß es wünschenswert sei, wenn sie dies alles für sich behielten. Aber auch wenn sie darüber reden, haben sie keine Anhaltspunkte, nur die Vorstellung, daß die beiden in unerlaubten Beziehungen zueinander stehen; diesen Gedanken habe ich ihnen, glaube ich, ganz geschickt suggeriert. Da sie sich an den Namen der Schauspielerin, die die Polly gespielt hatte, nicht mehr erinnern konnten, fuhr ich geradewegs nach Cheltenham und stellte ihn fest. *Fräulein Dienstmädchen* ist ein englischer Film: Das Mädchen heißt also Lena Lawson. Der Film läuft diese Woche in Gloucester: ich werde morgen hinfahren und sie mir mal etwas näher ansehen.

Kein Wunder, daß die Polizei diese Leute nicht als Zeugen ermittelt hat. Der Hof liegt sehr einsam an einer Straße, wo selbst am Tage nur wenige Fahrzeuge vorbeifahren. Den Aufruf durch den Rundfunk haben sie nicht gehört, weil ihr Radio damals zufällig nicht funktionierte. Und außerdem, wie hätten sie das Paar in dem Auto mit einem Unfall in Zusammenhang bringen sollen, der in einem Dorf fast dreißig Kilometer von ihrem Hof passiert war?

Die neuesten Daten über X. sind also folgende: Er heißt mit Vornamen George. Sein Wagen hat eine Gloucestershire-Nummer. Da er außerdem das Wasserloch gekannt haben muß (er hat bestimmt nicht die Zeit gehabt, auf der Karte eines zu suchen), kann man mit ziemlicher Sicherheit annehmen, daß er hier in der Gegend wohnt. *Und:* Lena Lawson ist sein schwacher Punkt; wenn ich sage schwach, meine ich das wörtlich – das Mädchen war offensichtlich sehr erschreckt, als der Bauer die beiden am Wasserloch ansprach; sie sagte: »Beeil dich doch« und versuchte ihr Gesicht zu verstecken.

Mein nächster Schritt ist, mit ihr in Verbindung zu treten; wenn man sie etwas unter Druck setzt, wird sie wahrscheinlich weich werden.

30. Juni

Habe Lena Lawson heute abend gesehen. Ganz nettes Ding, muß ich sagen. Ich freue mich darauf, sie kennenzulernen. Aber Gott, was für ein furchtbarer Film! Habe nach dem Frühstück längere Zeit damit verbracht, mir alle Autowerkstattbesitzer in der Grafschaft herauszuschreiben, deren Vornamen mit G. beginnen. Es war ungefähr ein Dutzend. Es ist ein komisches Gefühl, ein Verzeichnis von Namen zu lesen und zu wissen, daß man einen davon auslöschen wird.

Mein Schlachtplan beginnt mich zu beschäftigen. Ich werde ihn erst niederschreiben, wenn er in den Grundzügen festliegt. Ich habe das Gefühl, daß »Felix Lane« sehr nützlich sein wird. Aber all die langweiligen, lächerlichen Kleinigkeiten, mit denen man sich befassen muß, bevor man mit seinem Opfer überhaupt in Berührung kommen kann, vom Töten ganz zu schweigen! – fast, als wenn man eine Besteigung des Mount Everest vorbereitete.

2. Juli

Es ist ein interessantes Beispiel für die Unvollkommenheit des menschlichen Verstandes – selbst eines überdurchschnittlichen –, daß ich mir zwei Tage lang den Kopf zerbrochen habe, um einen für mich ungefährlichen Mordplan zu entwerfen, und erst heute abend gemerkt habe, daß es völlig überflüssig war. Die Sache ist folgende: Da niemand außer mir (und wahrscheinlich Lena Lawson) weiß, daß »George« derjenige gewesen ist, der Martie getötet hat, kann kein Mensch je dahinterkommen, was für ein Motiv ich habe, George zu töten. Natürlich bin ich mir darüber klar, daß juristisch gesehen einem Angeklagten ein Motiv nicht nachgewiesen werden muß, wenn auf Grund von Indizienbeweisen festgestellt wird, daß er schuldig ist. Aber in der Praxis, bei einem Fall, in dem ein Motiv nicht ersichtlich ist, könnte nur das Vorhandensein von unmittelbaren Augenzeugen zu einem Schuldspruch führen.

Wenn George und Lena nicht dahinterkommen, daß ein Zusammenhang zwischen »Felix Lane« und Frank Cairnes, dem Vater des von ihnen überfahrenen Kindes, besteht, kann niemand auf der Welt je ein Bindeglied zwischen mir und George finden. Nun sind in der Presse keine Bilder von mir im Zusammenhang mit Marties Tod erschienen; ich habe mich genau vergewissert; Mrs. Baker hat den Reportern keine Auskunft gegeben. Und der einzige, der weiß, daß Frank Cairnes »Felix Lane« ist, ist mein Verleger, der verpflichtet ist zu schweigen. Wenn ich meine Karten vernünftig ausspiele, ist also das einzige, was ich zu tun habe, daß ich mir eine Einführung bei Lena Lawson verschaffe, und zwar als *Felix Lane*, durch sie an George herankomme und ihn töte. Wenn sie oder George meine Detektivromane gelesen haben sollten und von der Sache mit dem »Rätsel« wissen – von dem Reklamerummel, den mein Verleger aufgezogen hat mit dem »Wer ist Felix Lane?« –, dann werde ich bloß sagen, daß das Ganze nichts als ein Reklametrick ist und daß ich in Wirklichkeit von jeher Felix Lane gewesen sei. Die einzige Gefahr wäre, wenn jemand, den ich kenne, merkte, daß ich bei Lena als Felix Lane auftrete, aber ich glaube, es wird nicht allzu schwer sein, das zu vermeiden. Als erstes werde ich mir einen Bart wachsen lassen, bevor ich mit dem knakkigen Filmsternchen in Verbindung trete.

George wird das Geheimnis von Marties Tod mit ins Grab nehmen (wo er die ganze Ewigkeit hindurch Gelegenheit haben wird, über die Roheit rücksichtsloser Fahrer nachzudenken), und in derselben Gruft wird daher auch mein Motiv für das »Verbrechen« begraben sein. Die einzig mögliche Gefahr kann nur von Lena kommen: Es könnte sich als nötig erweisen, auch sie zu beseitigen, aber wir wollen es nicht hoffen – obwohl ich im Augenblick keinen Grund habe anzunehmen, daß es ein Verlust für die Welt wäre.

Machst du abfällige Bemerkungen darüber, mein geisterhafter Beichtvater, daß ich plötzlich versuche, meine eigene Haut zu retten? Vor einem Monat, als der Gedanke, Marties Mörder zu töten, sich in mein Hirn einzuschleichen begann, hatte ich nicht den Wunsch, noch weiterzuleben. Aber mein Lebenswille erstarkte, als der Wille zu töten in mir aufblühte: sie sind zusammen in mir emporgewachsen, als untrennbare Zwillinge. Ich habe das Gefühl, daß ich es meiner Rache schuldig bin, ungestraft davonzukommen, wenn ich George töte – so wie George fast der Strafe für Marties Tod entgangen wäre.

George. Ich habe schon angefangen, ihn als alten Bekannten zu betrachten. Ich bin fast so ungeduldig wie ein Verliebter und zittere in Gedanken an unser Zusammentreffen vor Erwartung. Dabei habe ich bisher noch keinen wirklichen Beweis dafür, daß er es war, der Martie getötet hat: nur sein seltsames Benehmen am Wasserloch und das sichere Gefühl, daß ich mich nicht irre. Aber wie soll ich das beweisen? Wie werde ich es jemals können? Egal. Vorläufig ist es noch nicht soweit. Was ich mir vor Augen halten muß, ist, daß ich George oder X. oder wer es auch ist, völlig ungestraft ermorden kann – solange ich nicht zu raffiniert werde oder den Kopf verliere. Es muß ein Unfall sein: keine alberne Sache mit schleichenden Giften und komplizierten Alibis; vielleicht ein kleiner Stoß, wenn er mit mir am Rand einer Klippe entlanggeht oder die Straße überquert: etwas in dieser Art. Niemand wird je den Grund wissen, warum ich ihn töten wollte, und deshalb wird auch niemand daran zweifeln, daß es ein echter Unfall war.

In gewisser Weise tut es mir leid, daß es so sein muß. Ich hatte gehofft, ich würde die Genugtuung erleben, seine Todesqualen mit anzusehen – er hat es nicht verdient, eines raschen, leichten Todes zu sterben. Am liebsten würde ich ihn über einem Feuer rösten, langsam, Zoll für Zoll, oder zusehen, wie er bei lebendigem Leibe von Ameisen zerfressen und durchlöchert wird; oder Strychnin, das solche Schmerzen verursacht, daß man sich am Boden windet – bei Gott, ich möchte ihn einen steilen Abhang hinunterrollen bis in die Hölle...

In diesem Moment kam Mrs. Baker herein. »Sie arbeiten an Ihrem Buch?« sagte sie.

»Ja.«

»Es ist ein Glück für Sie, daß Sie etwas haben, was Sie ablenkt...«

»Ja, Mrs. Baker, ein großes Glück«, sagte ich sanft. Sie hat Martie auch gern gehabt, auf ihre Weise. Sie hat es schon lange aufgegeben, die Manuskripte auf meinem Schreibtisch zu lesen: am Anfang ließ ich immer Zettel mit Notizen zu meiner angeblichen Wordsworth-Biographie herumliegen: das hat sie völlig davon abgebracht. »Ich lese gern mal ein Buch, wissen Sie«, sagte sie einmal, »aber nicht Ihr hochgeistiges Zeug. Davon kriege ich Bauchschmerzen, ja wirklich. Mein Alter war ein großer Bücherfreund – Shakespeare, Dante, Marie Corelli: all die Sachen hatte er gelesen. ›Mich laß damit in Ruhe, Baker‹, hab' ich immer zu ihm gesagt, ›ein Bücherwurm im Haus ist genug‹, hab' ich gesagt. ›Von Dante kann man nicht satt werden.‹«

Die Manuskripte meiner Detektivromane habe ich trotzdem immer weggeschlossen, und bei diesem Tagebuch mache ich es auch so. Obwohl jeder Fremde, wenn er es durch Zufall in die Hand bekäme, überzeugt wäre, daß es weiter nichts als ein neuer Kriminalroman von »Felix Lane« ist.

3. Juli

General Shrivenham besuchte mich heute nachmittag. Verwickelte mich in eine lange Diskussion. Ein prachtvoller Mensch. Woher kommt es nur, daß alle Generäle klug, liebenswürdig, nett und gebildet sind, Obersten dagegen immer langweilig und Majore größtenteils unausstehlich? Eine Frage, die man einmal wissenschaftlich untersuchen sollte.

Ich sagte ihm, ich würde ziemlich bald auf einen längeren Urlaub gehen; ich könne es nicht ertragen, daß mich hier alles so an Martie erinnere. Er sah mich sehr aufmerksam mit seinen arglosen, alten, blauen Augen an und sagte: »Sie wollen doch hoffentlich keine Dummheiten machen?«

»Dummheiten?« wiederholte ich verdutzt. Einen Augenblick lang glaubte ich, er müsse mein Geheimnis irgendwie erraten haben. Es klang fast wie eine Beschuldigung.

»Tja«, sagte er. »Sich dem Alkohol ergeben. Weiber. Vergnügungsreisen. Grizzlybären schießen. Alles völliger Unsinn. Arbeit ist das einzige Heilmittel, das können Sie mir glauben.«

Ich war so erleichtert darüber, daß dies alles war, was er gemeint hatte, daß mich plötzlich eine große Zuneigung für den alten Mann überkam – ich wollte ihm irgend etwas anvertrauen, gleichsam als Belohnung dafür, daß er mein Geheimnis nicht herausgefunden hatte – eine interessante Reaktion. So erzählte ich ihm von dem anonymen Brief und den ausgerissenen Blumen.

»Tatsächlich«, sagte er. »Scheußlich. Kann so was nicht leiden. Ich bin ein sanftmütiger Mensch, wissen Sie: finde es greulich, Tiere totzuschießen und dergleichen – bin natürlich auch auf Jagd gegangen, als ich noch Soldat war – Tiger hauptsächlich, aber das ist lange her, in Indien – wundervolle Geschöpfe, graziös, viel zu schade zum Abschießen, habe bald wieder aufgehört. Aber ich meine – diese Art von Kerlen, die es fertigbringen, anonyme Briefe zu schreiben – bei so einem würde ich mir kein

Gewissen draus machen, ihn über den Haufen zu schießen, nicht im geringsten. Haben Sie es Elder schon gemeldet?«

Ich verneinte. Ein böser, kampflüsterner Schimmer blitzte in den Augen des Generals auf. Er bestand darauf, daß ich ihm den anonymen Brief und die Beete mit den ausgerissenen Blumen zeigte, und stellte eine Menge Fragen.

»Der Kerl kommt ganz früh morgens, wie?« sagte er und überschaute wie ein Kommandeur das Gelände. Schließlich blieb sein Blick an einem Apfelbaum hängen, dann sah er mich mit funkelnden, wild entschlossenen Augen an.

»Genau das richtige, wie? Sich da oben ganz gemütlich hinsetzen. Wolldecke, Feldflasche, Büchse. Ihn erwischen, wenn er aus der Deckung rauskommt. Überlassen Sie nur alles mir.«

Nach einiger Zeit merkte ich, daß er die Absicht hatte, sich mit seiner Elefantenbüchse auf den Baum zu setzen und sie in der Richtung des anonymen Briefschreibers abzufeuern.

»Nein, ausgeschlossen, das können Sie nicht machen. Womöglich schießen Sie ihn tot.«

Der General war ziemlich gekränkt. »Mein lieber Freund«, sagte er, »so was liegt mir fern – Sie in Unannehmlichkeiten bringen; will ihn nur erschrecken, weiter nichts. Sind Feiglinge, solche Kerle. Ja, feige. Der würde Sie nicht mehr belästigen, darauf gebe ich Ihnen Brief und Siegel. Spart Ihnen eine Menge Scherereien und Mühe – Sie brauchten die Polizei nicht reinzuziehen.«

Ich mußte in sehr bestimmtem Ton mit ihm reden. Als

er ging, sagte er: »Sie haben vielleicht recht. Könnte eine Frau sein. Auf eine Frau schießen möchte ich ungern – es gibt so viel Zielfläche, man würde treffen, ohne zu zielen, besonders wenn man sie im Profil vor sich hat. Also, Cairnes, Kopf hoch. Wenn ich darüber nachdenke: Was Sie brauchen, ist 'ne Frau. Kein Flittchen. Eine gute, vernünftige Frau. Die für Sie sorgt – während Sie das Gefühl haben, Sie tun es. Jemand, mit dem Sie streiten können – Burschen wie Sie, die allein leben, meinen gern, sie hätten an sich selbst genug, zehren an ihren Nerven – wenn sie niemand anderen zum Streiten haben, fangen sie an, mit sich selbst zu streiten, und was kommt dabei heraus? Selbstmord oder Irrenhaus. Zwei einfache Auswege. Trotzdem nicht so ganz das richtige. Das Gewissen macht uns alle feige, tatsächlich. Machen sich doch hoffentlich nicht selber Vorwürfe wegen Marties Tod, wie? Wäre Unsinn, lieber Freund. Gefährlich, über solche Dinge zu grübeln. Ein einsamer Mensch ist für den Teufel eine leichte Beute. Also, kommen Sie mich bald mal besuchen. Prachtvolle Himbeerernte dieses Jahr. Habe gestern regelrecht gefressen. Auf Wiedersehen.«

Er ist viel raffinierter, als er tut, der alte Knabe. Der abgehackte militärische Ton ist bei ihm bloß Theater; er benutzt ihn wahrscheinlich als Tarnung, damit er seine weniger begabten Kollegen überrumpeln und in die Flucht schlagen kann; oder nur zur Selbstverteidigung.

»Sie fangen an, mit sich selbst zu streiten«; einstweilen jedenfalls noch nicht; ich habe einen anderen Streit auszutragen, ich bin hinter einem größeren Wild her als Tigern oder anonymen Briefschreibern.

5. Juli

Heute morgen wieder ein anonymer Brief. Sehr unangenehm. Es geht nicht, daß meine Aufmerksamkeit durch
diesen Menschen abgelenkt wird, gerade jetzt, wo ich
mich besonders stark auf meine Hauptaufgabe konzentrieren muß. Trotzdem möchte ich die Sache nicht der
Polizei übergeben. Ich glaube, wenn ich wüßte, wer es ist,
würde ich mich über diese dummen kleinen Nadelstiche
nicht mehr beunruhigen. Werde heute abend früh zu Bett
gehen und den Wecker auf vier Uhr morgens stellen; das
müßte früh genug sein. Dann werde ich nach Kemble
fahren, um dort den Frühzug nach London zu erreichen.
Habe mich mit Holt, meinem Verleger, zum Mittagessen
verabredet.

6. Juli

Kein Glück gehabt, heute morgen. Der anonyme Feind
hat sich nicht gezeigt. Ein erfolgreicher Tag in London
jedoch. Ich habe Holt gesagt, mein neuer Detektivroman
solle in einem Filmstudio spielen. Er gab mir einen Empfehlungsbrief an einen Mann namens Callaghan mit, der
irgend etwas bei der Rex-Filmgesellschaft ist, wo Lena
Lawson arbeitet. Holt machte einige scherzhafte Bemerkungen über meinen Bart, der in einem unvorteilhaften
Übergangsstadium ist und vorläufig aus kurzen, unge-
pflegten Stoppeln besteht. Gab Holt die doppelsinnige
Erklärung, der Bart solle eine Maske sein: da ich im Film-

studio als Felix Lane auftreten werde und mich vielleicht ziemlich viel dort aufhalten müsse, um Material zu sammeln, wolle ich nicht Gefahr laufen, als Frank Cairnes erkannt zu werden; ich könne ja zufällig irgendeinem Bekannten aus meiner Oxforder Studienzeit oder aus den Jahren meiner Beamtentätigkeit in die Arme laufen. Holt schluckte alles, wobei er mich mit jener leise besorgten Besitzermiene ansah, mit der die Verleger auf ihre erfolgreichen Autoren blicken – als wenn man ein leicht erregbares dressiertes Tier sei, bei dem sie immer drauf gefaßt sein müßten, daß es plötzlich nicht mehr mitmachen will oder aus ihrem Zirkus auszubrechen versucht.

Ich werde jetzt etwas schlafen. Der Wecker ist wieder auf vier Uhr morgens gestellt. Ich bin gespannt, was ich im Netz finden werde.

8. Juli

Gestern kein Glück gehabt. Aber heute morgen ist die Stechfliege endlich aufgetaucht. Und was für eine Fliege! – grau, schmutzig, verschlafen. Abscheulich. Ich hatte hin und her überlegt, wer diese Briefe geschrieben haben könne: gewöhnlich sind sie von Menschen mit anomal niedrigem Bildungsniveau (was hier offensichtlich nicht der Fall war) oder von angesehenen »ehrbaren« Leuten, die einen heimlichen Klaps haben. Ich habe an den Pfarrer, den Lehrer, die Postmeisterin gedacht – sogar an Peters und an General Shrivenham: das ist die Mentalität von Kriminalschriftstellern – man sucht sich die unwahrscheinlichste Person heraus. In Wirklichkeit war es, wie sich herausstellte, die nächstliegende.

Kurz nach halb fünf heute morgen knackte leise das Schnappschloß des Gartentors. Im dünnen, trüben Dämmerlicht sah ich, wie eine Gestalt den Weg entlangkam: Sie bewegte sich zunächst nur langsam voran, unentschlossen, als wenn sie erst Mut fassen müßte oder fürchtete, gesehen zu werden; dann begann sie auf eine komische, wichtigtuerische Art mit kleinen, raschen Schritten vorwärts zu traben, wie eine junge Katze, die eine Maus davonträgt.

Ich konnte jetzt sehen, daß es eine Frau war; es sah ganz so aus, als wenn es Mrs. Baker wäre.

Ich eilte nach unten. Ich hatte die Haustür nicht abgeschlossen, und als der Brief in den Kasten fiel, riß ich sie auf. Es war keineswegs Mrs. Baker. Es war Mrs. Anderson, natürlich! Ihr Ausweichen damals auf der Straße, ihr einsames Witwendasein, ihr ausgehungerter Muttertrieb, den sie an Martie ausgelebt hatte ... Sie war so ein gutes altes Wesen, nichtssagend, still und harmlos – auf sie wäre ich nie gekommen.

Es gab eine sehr peinliche Szene. Ich wurde leider ziemlich ausfallend. Sie hatte mich um eine Menge Schlaf gebracht, deshalb konnte sie sich eigentlich nicht wundern, daß ich etwas gereizt war. Aber der Stich, den sie mir durch ihre Briefe versetzt hatte, muß tiefer gewesen sein, als ich glaubte. Ich fühlte eine kalte Wut in mir und stach sehr heftig zurück. Sie verbreitete irgendwie eine schmuddelige, muffige Atmosphäre, wie sie in einem Eisenbahncoupé mit lauter Frauen nach einer langen Nachtfahrt herrscht, und dieser innere Mief erfüllte mich mit Zorn und Abscheu. Sie sagte nichts; sie stand nur da und blinzelte mit den Augendeckeln, als wenn sie gerade aus dumpfem Schlaf erwacht wäre. Nach einer Weile begann sie zu weinen – ein dünnes, hoffnungsloses Rinnsal. Man weiß ja, wie sehr solche Dinge einen zum Sadismus reizen – man häuft Grausamkeit auf Grausamkeit, um die hervordrängenden Gewissensbisse und den Abscheu vor sich selbst darunter zu begraben. Ich war unbarmherzig. Ich bin nicht stolz auf mich. Am Schluß drehte sie sich um und schlich wortlos fort. Ich schrie ihr nach, wenn noch irgend etwas vorkäme, würde ich sie der Polizei übergeben. Ich war wohl nicht ganz bei Sinnen. Eine sehr häßliche Szene. Aber das über mich und Martie hätte sie nicht schreiben dürfen. Ach Gott, ich wünschte, ich wäre tot.

9. Juli

Morgen packe ich und verlasse diesen Ort. Frank Cairnes wird verschwinden. Felix Lane wird die möblierte Wohnung beziehen, die ich in Maida Vale gemietet habe. Nichts wird darauf hindeuten (hoffe ich), daß zwischen beiden ein Zusammenhang besteht, nur Marties einäugiger Teddybär, den ich mitnehmen werde – eine sanfte Mahnung. Ich glaube, ich habe alle nötigen Vorkehrungen getroffen. Geld. Adresse, an die Mrs. Baker meine Post nachsenden soll; ich habe ihr gesagt, ich würde wahrscheinlich einige Zeit in London sein oder sonst auf

Reisen; sie wird das Haus versorgen, während ich nicht da bin. Ich frage mich, ob ich je dorthin zurückkehren werde. Wahrscheinlich sollte ich es verkaufen, aber das tue ich nicht gern; ein Ort, wo Martie glücklich war. Aber was mache ich – nachher? Was tut ein Mörder, wenn er keine Beschäftigung mehr hat? Fängt er wieder an, Detektivromane zu schreiben? Das sähe irgendwie nach Abstieg aus. Nun, bis dahin habe ich genügend anderes zu tun.

Ich habe das Gefühl, daß die Dinge mir jetzt aus der Hand genommen worden sind. Für einen schwankenden, sensiblen Menschen wie mich ist dies die einzig mögliche Methode – nämlich die Verhältnisse so einzurichten, daß sie ihn zum Handeln zwingen. Diese Erkenntnis ist sicher auch der Ursprung solcher guten, alten Redewendungen, wie »alle Brücken hinter sich abbrechen« oder »den Rubikon überschreiten«: ich kann mir denken, daß Julius Caesar auch so etwas wie ein Neurotiker war – das Hamlethafte – die meisten großen Tatmenschen hatten es – man denke nur an T. E. Lawrence.

Ich weigere mich einfach, die Möglichkeit ins Auge zu fassen, daß die Kombination mit Lena – George vielleicht eine Sackgasse ist; der Gedanke, ich müßte noch einmal ganz von vorn anfangen, ist mir unerträglich. Einstweilen gibt es reichlich zu tun. Ich muß mir genau die Gestalt Felix Lanes ausdenken – seine Eltern, seine Charaktereigenschaften, seine Lebensgeschichte. Ich muß Felix Lane *sein*; sonst könnte Lena oder George etwas merken. Bis Felix Lane seine Rolle ganz beherrscht, wird mein Bart wohl das Alter der Reife erreicht haben. Dann werde ich meinen ersten Besuch bei der Rex-Filmgesellschaft machen. Keine weiteren Eintragungen in diesem Tagebuch bis dahin. Ich glaube, die Grundsätze, die ich für mein Verhalten Lena gegenüber ausgearbeitet habe, sind richtig. Ich bin gespannt, ob sie auf meinen Bart fliegt – eine von Huxleys Romanfiguren preist die erotische Wirkung von Bärten – ich will sehen, ob es stimmt.

20. Juli

Was für ein Tag! Ging zum erstenmal zum Filmstudio. Ich würde lieber in der Hölle oder selbst in einem Irrenhaus arbeiten als in einem Filmstudio. Die Hitze, das gespenstische Durcheinander; die phantastische Unnatürlichkeit: das Ganze ist wie ein zweidimensionaler Alptraum – die Menschen selbst genauso künstlich und unecht wie die Kulissen. Und man stolpert dauernd über irgendwelche Dinge: wenn es nicht ein elektrisches Kabel ist, sind es die Beine eines der unzähligen Statisten, die scharenweise überall herumsitzen und den ganzen Tag nur Daumen drehen – wie die unglücklichen Kreaturen in Dantes Vorhölle.

Aber ich will lieber mit dem Anfang beginnen. Empfangen wurde ich von Callaghan, dem Mann, für den ich den Empfehlungsbrief von Holt hatte – sehr blasses, mageres, fast ausgemergeltes Gesicht, mit seltsam fanatisch glänzenden Augen. Hornbrille, grauer Rollkragenpullover, ungebügelte Flanellhose; alles sehr schmutzig, unordentlich und überspannt – wie die Bühnenkarikatur eines Filmmanagers. Offenbar tüchtig bis in die Fingerspitzen (die leuchtend gelb waren – er dreht sich seine Zigaretten selber, und während er die eine raucht, fängt er schon an, die nächste zu drehen – die unruhigsten Hände, die ich je gesehen habe).

»Nun, alter Freund«, sagte er, »gibt es irgend etwas Besonderes, was Sie sehen möchten, oder sollen wir einen Rundgang durch die ganze Ramschbude machen?«

Ich deutete an, daß ich für den Rundgang durch die ganze Ramschbude wäre. Naiv, wie ich war. Es kam mir endlos vor. Callaghan schwatzte die ganze Zeit ohne Unterbrechung über technische Einzelheiten, bis mein Inneres wie das Löschpapier auf dem Schreibpult in einem Postamt war; ich hoffe nur, daß mein Bart mein restloses Unverständnis verdeckt hat; wenn ich tot bin, wird man Worte wie »Aufnahmewinkel« und ähnliche Jargonausdrücke in meinem Hirn finden. Callaghan ist bestimmt außerordentlich gründlich. Meine von vornherein schon sehr geringe Aufnahmefähigkeit war bald erschöpft, nachdem wir eine halbe Stunde lang über elektrische Kabel gestiegen, von Jupiterlampen geblendet und ständig von hin und her laufenden Arbeitern über den Haufen gerannt zu werden drohten – nebenbei gesagt: Die Ausdrücke, die dort fallen, sind so, daß ein Hafenarbeiter oder Feldwebel dagegen wie ein Vertreter des »Vereins gegen Schund und Schmutz« wirken würde. Ich sah mich die ganze Zeit um, ob ich Lena Lawson nicht entdecken könnte, und es schien mir immer schwieriger, ihren Namen auf harmlose, beiläufige Weise zu erwähnen.

Schließlich jedoch gab mir Callaghan eine Gelegenheit dazu, als wir eine Pause machten, um etwas zu essen.

Wir sprachen über Kriminalromane und darüber, daß die besten unmöglich zu verfilmen seien; er hatte zwei von meinen gelesen, war aber in bezug auf den Autor völlig gleichgültig – ich hatte gefürchtet, ich würde einige unangenehme Fragen abwehren müssen, Callaghan jedoch interessierte sich lediglich für technische Dinge. Holt hatte ihm natürlich gesagt, daß ich mich wegen des Hintergrundes für einen neuen Kriminalroman umsehen wolle.

Nach einer Weile fragte er, wieso ich gerade auf die Rex verfallen sei, um meine Studien zu machen; ich begriff, daß dies eine günstige Gelegenheit war, und sagte, der letzte englische Film, den ich gesehen hätte, sei ein Rex-Film gewesen, *Fräulein Dienstmädchen.*

»Ach, der«, sagte er. »Ich hätte gedacht, Sie würden vor einer Filmgesellschaft, die solchen Kitsch produziert, schleunigst Reißaus nehmen.«

»Wo bleibt Ihr Solidaritätsgefühl?« sagte ich.

»Bei solchem Mist? Unterwäsche! Humor für Handlungsreisende. Es war nicht mal mittelmäßiger Kintopp.«

»Dieses Mädchen – wie hieß sie doch? – Lawson: ich fand sie nicht schlecht. Eine ganze Menge Schwung.«

»O ja, Weinberg ist dabei, sie aufzubauen«, sagte Callaghan düster. »Von den Beinen an aufwärts, wissen Sie. Immer weiter aufwärts. Als Kleiderbügel zum Aufhängen von Damenunterwäsche ist sie ganz gut. Hält sich selber natürlich für eine zweite Marlene Dietrich; das tun sie alle.«

»Voll Temperament?«

»Nein, bloß dumm.«

»Ich dachte, diese Filmstars bekämen dauernd Zustände«, sagte ich und warf ihm damit einen – wie ich mir schmeichle – besonders schmackhaften Köder hin.

»Na und ob! O ja, die Lawson konnte früher auch recht schöne Szenen machen. Aber in der letzten Zeit hat sie sich außerordentlich gemäßigt. Richtig zahm und gefügig ist sie jetzt geworden.«

»Woher kommt das?«

»Weiß nicht. Vielleicht ist die große Liebe in ihr Leben eingetreten. Sie hatte eine Art von Nervenzusammenbruch – wann war es? – im Januar. Hielt den Film, den wir drehten, fast vierzehn Tage auf. Ich kann Ihnen sagen, wenn die Hauptdarstellerin anfängt, in den Ecken herumzusitzen und einfach leise vor sich hin zu weinen, das ist eine verteufelte Situation.«

»So schlimm war es?« sagte ich, wobei ich versuchte, in normalem Tonfall zu sprechen. Januar. Eine Art von Nervenzusammenbruch! Ein weiterer Indizienbeweis! Callaghan starrte mich an mit seinen fiebrigen, glänzenden Augen, die ihm das Aussehen eines kleineren Propheten verleihen, der sich gerade zu einer gigantischen Anklage aufschwingen will – in Wirklichkeit ist der Fieberglanz nur eines der charakteristischen Merkmale des ständig unter Hochdruck stehenden, hundertprozentigen Leistungsfanatikers.

»Das kann ich Ihnen sagen«, erwiderte er. »Wir waren alle aus dem Häuschen. Weinberg sagte ihr schließlich, sie solle sich acht Tage freinehmen. Jetzt ist sie natürlich drüber weg.«

»Ist sie heute da?«

»Nein. Macht Außenaufnahmen irgendwo. Sie wollen

sich wohl an sie heranschlängeln, alter Freund, wie?« Callaghan warf mir einen wohlwollend-boshaften Seitenblick zu. Ich sagte ihm, meine Absichten seien verhältnismäßig ehrbar: ich wolle eine typische Filmschauspielerin für meinen neuen Kriminalroman studieren; außerdem plante ich, ihn so anzulegen, daß man eventuell einen Film daraus machen könnte – in der Art der Hitchcock-Filme –, und vielleicht sei Lena Lawson die geeignete Persönlichkeit für die Hauptrolle. Ich weiß nicht, ob dies Callaghan sehr überzeugte: er sah mich etwas skeptisch an; aber es spielt keine große Rolle, ob er glaubt, daß meine Motive beruflicher oder erotischer Natur sind. Ich gehe morgen wieder ins Filmstudio, er will mich dann dem Mädchen vorstellen. Ich werde lächerlich nervös, wenn ich daran denke – bisher habe ich noch nie mit Menschen ihrer Art zu tun gehabt.

21. Juli

So, das wäre überstanden. Gott, war das anstrengend! Ich wußte erst gar nicht, was ich sagen sollte. Es war allerdings auch gar nicht nötig, daß ich etwas sagte. Sie gab mir mechanisch die Hand, warf einen kurzen, ziemlich gleichgültigen Blick auf meinen Bart – als wenn sie ihr Urteil noch zurückhalten wollte – und fing im gleichen Augenblick an, Callaghan und mich mit einem langen Geschwätz über jemanden namens Platanow zu überschütten. »Platanow, dieser Satan«, sagte sie. »Wissen Sie, er hat mich diese Nacht sogar viermal angerufen. Nun, ich frage Sie, was soll ein junges Mädchen machen; ich habe selbstverständlich nichts dagegen, wenn jemand einem etwas den Hof macht, aber wenn es so weit kommt, daß man auf Schritt und Tritt verfolgt und durchs Telefon belästigt wird, nun, ich habe Weinberg schon gesagt, es macht mich völlig wahnsinnig. Der Mann ist ein leibhaftiger Teufel, ihr Lieben; er hat doch tatsächlich die Frechheit gehabt, heute morgen auf dem Bahnhof zu erscheinen. Ich hatte ihm, Gott sei Dank, erzählt, der Zug ginge erst um neun Uhr zehn ab, in Wirklichkeit fährt er fünf Minuten früher, ich sah noch, wie er den Bahnsteig entlangraste mit wahrhaft teuflischer Geschwindigkeit, und ihr wißt ja, wie er aussieht, ihr Lieben, ein absolutes Schreckgespenst, es ist doch begreiflich, daß ich nichts mehr mit ihm zu tun haben will, habe ich nicht recht?«

»Doch, natürlich«, sagte Callaghan besänftigend.

»Ich sage Weinberg dauernd, daß er die Gesandtschaft anrufen und den Mann abschieben lassen muß. England ist nicht groß genug für uns beide, entweder *er* geht oder *ich*.«

Sie redete noch eine ganze Zeitlang immer weiter. Es lag etwas Rührendes darin, daß sie einfach annahm, die ganzen Zusammenhänge seien mir bekannt. Ich habe keine Ahnung – wahrscheinlich werde ich auch nie eine haben –, ob der Satan Platanow ein Mädchenhändler, ein Regisseur auf der Suche nach Talenten, ein GPU-Agent oder bloß ein liebeskranker Anbeter ist. Es ist überall das gleiche in dieser völlig unwirklichen Welt – man weiß nie, wo der Film aufhört und das wirkliche Leben anfängt. Lenas Monolog hat mir jedoch Gelegenheit gegeben, sie ziemlich eingehend zu studieren. Sie hat zweifellos eine gar nicht reizlose, ordinäre Lebhaftigkeit. Wenn sie jetzt »ganz zahm und gefügig« ist, wie Callaghan gestern sagte, muß sie vorher eine recht wilde Hummel gewesen sein. Ich war ziemlich überrascht, daß sie äußerlich fast ganz wie die »Polly« in dem Film war; aber sonst hätte sie der Mann am Wasserloch natürlich nicht erkannt. Stupsnase, breiter Mund, sehr dichtes, weißblondes Haar, das sich über der Stirn zu einer Art Woge oder Tiara erhebt; blaue Augen; das Gesicht hat, abgesehen vom Mund, eigentlich ganz fein geschnittene Züge, was in einem seltsamen Gegensatz zu ihrem burschikosen Wesen steht. Aber diese Aufzählung von Details ist nutzlos – ich habe noch nie in einem Buch eine Beschreibung des Äußeren eines Menschen gelesen, die dem Leser ein klares Bild gab. Wenn man sie so ansieht, würde man nie glauben, daß sie etwas auf dem Gewissen hat. Vielleicht hat sie das auch nicht. Nein, ich weigere mich, diese Möglichkeit zuzulassen.

Ich starrte sie an, während sie redete, und dachte dabei: Das ist einer der beiden Menschen, die Martie als letzte gesehen haben. Ich empfand weder Abscheu vor ihr noch Haß – nur eine brennende Neugier und das ungeduldige Verlangen, mehr zu wissen, alles herauszufinden. Nach einer Weile wandte sie sich an mich und sagte: »Jetzt müssen Sie mir alles von sich erzählen, Mr. Vane.«

»Lane«, sagte Callaghan.

»Sie sind Schriftsteller, nicht wahr? Ich liebe Schriftsteller sehr. Kennen Sie Hugh Walpole? Ein wundervoller Autor, finde ich. Aber Sie sind, äußerlich natürlich, viel mehr das, was ich mir unter einem Schriftsteller vorstelle, als er.«

»Nun, ja und nein«, sagte ich, durch diesen Frontal-angriff ziemlich überwältigt. Ich mußte immer ihren Mund ansehen: sie öffnet ihn begierig, wenn man zu spre-chen anfängt, als wenn sie erraten wollte, was man sagen wird. Eine Angewohnheit, die ganz nett ist. Ich kann mir wirklich nicht denken, was Callaghan gemeint hat, als er sie »dumm« nannte: oberflächlich zweifelsohne, aber dumm nicht.

Ich mühte mich ab und versuchte, etwas zu dem von ihr angeschnittenen Thema zu sagen, als jemand laut ihren Namen rief. Sie mußte wieder zur Aufnahme. Pech. Ich sah schon, wie mir alles wieder aus der Hand glitt. Das bewirkte, daß ich meinen ganzen Mut zusammennahm und sie fragte, ob sie in der nächsten Zeit nicht mal mit mir zum Essen gehen wolle; vielleicht ins »Carlton«, fügte ich hinzu, da ich ihren Geschmack für erstklassige Restau-rants erriet. Es wirkte wie eine Zauberformel. Sie sah mich zum erstenmal so an, als wenn ich wirklich existierte und nicht nur eine Ausgeburt ihres eigenen phantasievol-len kleinen Ichs wäre, und sagte: »Ja, schrecklich gern, wie wäre es mit Samstag?«

Es war ganz einfach. Callaghan sah mich mit einem zweideutigen Blick an, dann trennten wir uns. Das Eis – obwohl das bei Lena kaum das richtige Wort sein dürfte – ist gebrochen: aber wie, in des Himmels Namen, soll ich weiterkommen? Soll ich etwa das Gespräch auf Autos und fahrlässige Tötung bringen?

24. Juli

Man kann sagen, was man will – die Kosten dieses Mordes werden sehr hoch sein. Zu dem Aufwand an Geist und dem Verschleiß des Schamgefühls, die damit verbunden sind, wenn man Lena einlädt, kommen die eigentlichen Rechnungen. Das Mädchen ißt mit erstaunlicher Hingabe – das kleine Mißgeschick im Januar scheint ihren Appetit nicht lange beeinträchtigt zu haben. Natürlich werde ich eine gewisse Summe einsparen, weil sich die Anschaffung von Munition oder Gift erübrigt; ich habe nicht die Absicht, solche groben und gefährlichen Methoden gegen George anzuwenden; aber der Weg zu ihm, das sehe ich schon jetzt, wird mit Fünf-Pfund-Noten gepflastert sein.

Sie erschien heute bei unserer Verabredung in einem raffinierten Kleid, Schwarz mit ganz wenig Weiß, und mit einem dieser hübschen kleinen Augenschleier, fest entschlossen, ebensoviel zu essen wie Bewunderung zu absorbieren. Ich glaube, ich schmierte ihr recht geschickt Honig um den Mund: nein, wir wollen ehrlich sein, in Wahrheit machte es mir keine Schwierigkeit, ihr zu schmeicheln, weil sie in ihrer Art eigentlich eine sehr reizende Person ist, und es wird für mich offensichtlich von Gewinn sein, wenn ich das Angenehme mit dem Nützlichen verbinde – solange ich nicht schwach werde. Sie zeigte mir zwei bekannte Schauspielerinnen, die dort aßen, und fragte, ob ich nicht fände, daß es göttlich schöne Wesen seien, und ich sagte, ja, gar nicht übel, wobei ich mit einem Blick zu verstehen gab, daß sie Lena Lawson nicht das Wasser reichen könnten. Dann zeigte ich ihr einen

Schriftsteller, dessen Romane Bestseller waren, und sie sagte, sie sei überzeugt, daß meine Bücher viel besser seien als die seinen. Wir waren also wieder quitt, und alles ging glänzend.

Nach einer Weile merkte ich, daß ich schon dabei war, ihr alles von mir zu erzählen – das heißt alles von Felix Lane. Von den schweren Jahren am Anfang, von meinen Reisen, von der Erbschaft und dem dicken Einkommen aus meinen Büchern (ein wichtiger Bestandteil der Saga, das letztere: es schadet gar nichts, wenn sie die Höhe meines Bankguthabens weiß. Wenn mein Bart versagt, wirkt vielleicht mein Geld). Ich hielt mich bei der Erzählung natürlich möglichst eng an meinen tatsächlichen Lebenslauf. Es hat keinen Zweck, überflüssige Ausschmückungen zu machen. Während ich munter drauflosplauderte – der Einsiedler, der endlich einen Zuhörer hat, ein ganz angenehmes Gefühl – und keinen dringenden Wunsch verspürte, Resultate zu erzielen, sah ich plötzlich eine günstige Gelegenheit und ergriff sie. Lena fragte mich, ob ich lange in London gewohnt hätte. Ich sagte: »Ja, ab und an. Ich finde, daß man hier besser arbeiten kann, aber im Grunde lebe ich lieber auf dem Lande – das kommt wahrscheinlich daher, daß ich auf dem Lande aufgewachsen bin. Ich bin in Gloucestershire geboren.«

»In Gloucestershire?« sagte sie, fast flüsternd. »Ah, ja.«

Ich beobachtete ihre Hände. Sie verraten mehr als das Gesicht, besonders bei einer Schauspielerin. Ich sah, wie die Nägel – sie waren rot lackiert – sich ins Fleisch der Handflächen gruben. Aber das war nicht das einzige. Das wichtigste war, daß sie in diesem Augenblick sonst nichts sagte. Es besteht wohl kein Zweifel, daß sie kurz nach dem »Unfall« in der Nähe unseres Dorfes gesehen worden ist, und man kann als ziemlich sicher annehmen, daß »George« irgendwo in Gloucestershire lebt. Ist es klar, was ich meine? Wenn sie nicht etwas zu verbergen hätte, wäre es das Natürliche gewesen, daß sie gesagt hätte: »Oh, und in welcher Gegend von Gloucestershire? Ich habe einen Freund, der dort wohnt.« Es könnte natürlich auch sein, daß sie nur ein etwaiges Verhältnis mit George verheimlichen will; aber ich bezweifle das: Mädchen ihrer Art haben heutzutage keine Schuldgefühle und werden nicht verlegen wegen solcher Dinge. Sie muß mit im Auto gesessen haben, als Martie getötet wurde. Warum hätte sie sonst bei der Erwähnung von Gloucestershire so plötzlich verstummen sollen?

»Ja«, fuhr ich fort, »in einem kleinen Dorf bei Cirencester. Ich habe immer vor, dorthin zurückzugehen, aber aus irgendwelchen Gründen ist es mir bisher nie gelungen.«

Ich wagte nicht, den Namen des Dorfes zu erwähnen. Dann wäre sie vielleicht ganz und gar zurückgeschreckt. Ich beobachtete einen Augenblick ihre eingekniffenen Nasenflügel und den unnatürlichen, erloschenen Ausdruck ihrer Augen. Dann fing ich an, von etwas anderem zu reden.

Sofort begann sie, eifriger als je draufloszuschwatzen. Erleichterung löst jedem die Zunge. Ich hatte merkwürdigerweise ein Gefühl von Wohlwollen und Dankbarkeit ihr gegenüber wegen dieses einen Augenblicks der Selbstenthüllung, und ich bemühte mich, ihr zu gefallen. Auch in meinen kühnsten Träumen hatte ich mir nie vorgestellt, daß ich mit einer Filmschauspielerin kichern und scheue Blicke tauschen würde. Wir tranken beide eine ganze Menge. Nachdem dies eine Zeitlang so weitergegangen war, fragte sie, wie mein Vorname sei.

»Felix«, sagte ich.

»Felix?« Sie sah mich an und wackelte mit der Zungenspitze – »schelmisch« dürfte wohl der richtige Ausdruck sein. »Dann werde ich Sie ›Kater‹ nennen, glaube ich.«

»Das tun Sie besser nicht, denn dann würde ich mich weigern, je wieder mit Ihnen zusammenzukommen.«

»Sie wollen mich also wirklich wiedersehen?«

»Sie können mir glauben, ich will Sie so bald nicht aus den Augen verlieren«, sagte ich. Die Gelegenheiten für tragische Ironie mehren sich beängstigend: ich darf mir das nicht angewöhnen. Es wurde noch eine ganze Menge solcher Scherze gemacht, aber ich will mich nicht damit blamieren, sie hier aufzuzeichnen. Am nächsten Dienstag essen wir wieder zusammen.

27. Juli

Lena ist nicht so dumm, wie sie aussieht – oder vielmehr wie man bei Menschen mit solchem Aussehen annimmt. Jedenfalls hat sie mir heute abend einen furchtbaren Schreck eingejagt. Es war nach dem Theater. Sie hatte mich aufgefordert, ein Glas mit ihr zu trinken – ich hatte sie nach Hause begleitet. Sie stand am Kamin, ziemlich nachdenklich; plötzlich drehte sie sich zu mir um und sagte unverblümt: »Was soll das Ganze eigentlich?«

»Wie?«

»Daß Sie mit mir ausgehen und mich einladen. Was beabsichtigen Sie damit?«

Ich stammelte irgend etwas von dem Buch, das ich schreiben wolle – von Ideen sammeln – von eventuellen Verfilmungsmöglichkeiten.

»Und wann wollen Sie anfangen?«

»Anfangen?«

»Ja, anfangen. Bisher haben Sie nämlich noch kein Wort von diesem Buch gesagt, nicht wahr? Und welche Rolle spiele ich eigentlich dabei? Soll ich der Federwischer sein? Oder was? Ich glaube nicht an dieses Buch, bevor ich es nicht sehe.«

Einen Augenblick lang war ich wie gelähmt. Ich hatte das Gefühl, sie müsse irgendwie erraten haben, was meine eigentliche Absicht war. Während ich sie anstarrte, glaubte ich, in ihren Augen etwas wie Sorge, Mißtrauen, Furcht zu lesen. Ich war jedoch nicht sicher. Trotzdem, glaube ich, war es reine Angst, was mich veranlaßte zu sagen: »Also ja, es war nicht nur das Buch. Es war nicht das Buch. Ich habe Sie in diesem Film gesehen, ich wollte Sie haben. Das wunderbarste Wesen. Ich hatte nie etwas gesehen...«

Durch den Schreck, den sie mir eingejagt hatte, müssen meine Worte genau wie die eines schüchternen, verwirrten Liebhabers gewirkt haben. Sie hob den Kopf, ihre Nüstern blähten sich, der Gesichtsausdruck war völlig verwandelt.

»Ach so«, sagte sie. »Ich verstehe... Und?«

Ihre Schultern sanken mir entgegen. Ich küßte sie. Hätte ich mir vorkommen müssen wie Judas? Ich kam mir nicht so vor. Warum sollte ich auch? Es ist ja ein Geschäft: Geben und Nehmen; wir haben beide etwas zu gewinnen dabei; ich will George, und Lena will mein Geld. Es ist mir jetzt natürlich klar, daß die Szene mit dem Buch nur ein Manöver war, damit der schüchterne Verehrer sich erklärte. Sie muß die ganze Zeit gespürt haben, daß das Buch nur ein Vorwand von mir war, und sie wollte, daß ich zur eigentlichen Sache kam. Im Irrtum war sie nur in bezug auf das, wofür das Buch ein Vorwand war. Eigentlich hat die Sache einen sehr befriedigenden Ausgang genommen. Ihr den Hof zu machen wirkte anregend auf mein Rachestreben.

Nach einer Weile sagte sie: »Ich glaube, du wirst deinen Bart abrasieren müssen, mein Kater. Ich bin an so was nicht gewöhnt.«

»Du *wirst* dich dran gewöhnen. Ich kann den Bart nicht abschneiden. Er ist meine Maske. Ich bin ja in Wahrheit ein Mörder, der sich vor der Polizei verbirgt.«

Sie lachte charmant.

»Was du für ein Lügner bist! Du kannst doch keiner Fliege was zuleide tun, mein süßes Katerchen.«

»Wenn du mich noch mal so nennst, wirst du sehen, ob ich keiner Fliege was zuleide tun kann.«

»Katerchen!« ...

Später sagte sie: »Eigentlich ist es komisch, daß ich auf dich fliege. Ein Tarzan bist du nämlich nicht gerade, Schätzchen. Es muß wohl die komische Art sein, wie du mich manchmal ansiehst, als wenn ich gar nicht da wäre oder durchsichtig oder irgend etwas.«

Was für eine durchsichtige kleine Heuchlerin sie selbst ist! Aber nett. Als Paar würden wir bei einem Heuchelwettkampf jederzeit den ersten Preis gewinnen.

29. Juli

Gestern war sie zum Abendessen bei mir. Es passierte etwas sehr Unangenehmes. Glücklicherweise ging die Sache am Ende gut aus, und wenn wir nicht gestritten hätten, hätte sie mir vielleicht nicht von George erzählt. Aber es ist mir eine Warnung, daß ich nicht unvorsichtig werden darf. Ich kann es mir nicht leisten, Fehler zu machen bei diesem Spiel.

Ich stand mit dem Rücken zu ihr. Ich suchte im Büfett nach etwas Trinkbarem. Sie wanderte umher und gab einen ihrer Schnellfeuermonologe von sich –

»... daraufhin fing Weinberg an, mich anzuschreien: ›Was glauben Sie denn, was Sie sind, 'ne Schauspielerin oder 'n ausgestopfter Aal? Ich bezahle Sie doch nicht, damit Sie rumlaufen wie 'ne Stange Gerstenzucker, wie? Was ist los mit Ihnen? Verliebt oder so was, Sie dumme Gans?‹ – ›In Sie nicht, Sie alter Opa‹, sagte ich, ›in Sie nicht, deshalb brauchen Sie sich gar nicht so aufzuregen.‹ Sag mal, Katerchen, was für ein bezauberndes kleines Zimmer, du hast es dir wirklich sehr behaglich hier gemacht. Und da drüben, nein, also wenn das kein süßer Teddybär ist...!«

Ich fuhr hoch. Es war viel zu spät. Sie kam aus dem Schlafzimmer mit Marties Teddybären, der seinen Platz

auf dem Kaminsims hat: ich hatte vergessen, ihn wegzu-
räumen. Aus irgendeinem Grunde verlor ich völlig den
Kopf.

»Gib ihn her«, sagte ich und griff hastig danach.

»Artig sein! Nicht grapschen! Also der kleine Felix
spielt mit Puppen. Nun, man lernt immer noch dazu.«
Sie schnitt dem Bären eine Grimasse. »Das ist also mein
Rivale!«

»Sei doch nicht so gräßlich albern. Tu ihn an seinen
Platz zurück!«

»Oh, oh, oh! Er schämt sich, weil er noch mit Stofftie-
ren spielt!«

»Eigentlich hat er einem Neffen von mir gehört. Er ist
gestorben. Ich hatte ihn sehr gern. So, jetzt gib mir endlich...«

»Aha, also das ist es.« Ihr Ausdruck wechselte. Ich
merkte, wie ihr Busen wogte. Sie sah in ihrem Zorn
furchterregend aus – und ganz außerordentlich hübsch.
Ich dachte, sie würde mir das Gesicht zerkratzen. »Das ist
ja allerhand. Ich bin nicht gut genug, um den Teddybären
deines Neffen anzurühren? Du meinst, ich würde ihn ent-
weihen, ja? Du schämst dich meiner, wie? Hier hast du
das verdammte Ding!«

Sie schmiß mir den Teddybären erregt vor die Füße. In
meinem Inneren flammte etwas auf. Ich schlug ihr ins
Gesicht, ziemlich kräftig. Sie ging auf mich los, und wir
begannen zu ringen: sie war außer sich vor Wut, wie ein Tier
in der Falle. Das Kleid wurde ihr dabei von den Schultern
gerissen: ich war viel zu zornig, um irgendwelchen Wi-
derwillen wegen dieser eigenartigen Szene zu empfinden.

Nach einer Weile wurde ihr Körper schlaff, und sie stöhnte: »Oh, du bringst mich um«, und im gleichen Augenblick küßten wir uns. Ihr Gesicht war gerötet, aber trotzdem konnte ich noch die Spur meiner Hand sehen.

Später sagte sie: »Aber du schämst dich meiner tatsächlich, nicht wahr? Du findest, daß ich eine ordinäre kleine Giftnudel bin.«

»Nun, aufs Raufen verstehst du dich jedenfalls ganz gut.«

»Nein, sag im Ernst. Du würdest mich zum Beispiel nicht deiner Familie vorstellen, nicht wahr? Deine Leute zu Hause würden mich nicht mögen. Ich weiß es.«

»Ich habe gar keine Familie. Und außerdem, du würdest mich ja auch nicht in deine Familie einführen. Was käme auch dabei heraus? Wir sind doch so viel glücklicher.«

»Was für ein vorsichtiger alter Herr du bist! Ich glaube wirklich, du meinst, ich wollte dich zum Traualtar schleppen.« Ihre Augen begannen plötzlich zu funkeln. »Wahrhaftig, das ist eine Idee. Ich möchte bloß Georges Gesicht sehen, wenn...«

»George! Wer ist George?«

»Schon gut, schon gut. Du brauchst nicht gleich auf mich loszugehen in deiner Eifersucht. George ist bloß – nun, er ist mit meiner Schwester verheiratet.«

»Ja, und?«

»Nichts.«

»Sprich weiter. In welcher Beziehung stehst du zu George?«

»Siehst du, du *bist* eifersüchtig. Ein grünäugiger, eifersüchtiger kleiner Kater. Also, wenn du es wissen mußt, George versuchte früher, etwas mit mir anzufangen. Ich –«

»Früher?«

»Ja, früher, sagte ich. Ich habe ihm erklärt, ich glaubte nicht, daß ich mich zur Ehebrecherin eignete; obwohl Violet es geradezu herausfordert.«

»Du hast ihn in letzter Zeit nicht mehr gesehen? Belästigt er dich auch jetzt noch?«

»Nein«, sagte sie mit seltsam ausdrucksloser und gezwungener Stimme. »Ich habe ihn – seit ziemlich langer Zeit nicht mehr gesehen.« Ich konnte spüren, daß ihr Körper neben mir erstarrt war. Dann entspannte er sich wieder, und sie brach in ein keckes, etwas wildes Lachen aus. »Ach, wenn schon! Es würde George zeigen, daß er nicht... Hör zu, wie wäre es, wenn wir dieses Wochenende rüberfahren?«

»Wohin rüberfahren?«

»Nach Severnbridge. Wo sie wohnen. In Gloucestershire.«

»Mein liebes Kind, ich kann doch nicht einfach...«

»Natürlich kannst du. Er frißt dich nicht auf. Er ist ein ehrbarer Familienvater – jedenfalls nach außen hin.«

»Ja, aber wozu?«

Sie starrte mich mit ernstem Blick an. »Felix, liebst du mich? Schon gut, mach nicht so erschreckte Augen, ich will dich nicht aufziehen. Hast du mich so gern, daß du etwas tun kannst, ohne viel zu fragen?«

»Ja, natürlich.«

»Also gut, ich möchte aus bestimmten Gründen wieder

hinfahren, und ich möchte jemand bei mir haben: dich will ich bei mir haben.«

Ihre Stimme klang etwas heiser und unsicher. Ich möchte wissen, wie nahe sie daran war, mir alles zu erzählen; über George und den Unfall – der Gedanke daran muß sie wohl gequält haben. Aber ich konnte nicht hoffen, sie dazu zu bringen, mir umfassende Geständnisse zu machen: es wäre auch in diesem Augenblick ein wenig zu gemein gewesen, selbst für meine derzeitigen Maßstäbe. Im Grunde hätte man wohl gar nicht sehr viel nachzuhelfen brauchen. Ich glaubte, hinter ihren Worten das Verlangen zu spüren, sich offen auseinanderzusetzen, nicht mit George, sondern mit der schrecklichen Erinnerung, vor der sie die ganzen letzten Monate davongelaufen ist. Was habe ich am Anfang dieses Tagebuchs gesagt über den Zwang, der den Mörder an den Ort seines Verbrechens zurücktreibt? Sie hat Martie nicht getötet. Aber sie weiß, wer es war: sie war dabei. Es treibt sie, den quälenden, tödlichen Bann jenes Augenblicks zu durchbrechen, und sie will, daß ich ihr helfe. Ich! Großer Gott, welch grausame Ironie des Schicksals!

Ich sagte: »Gut. Ich werde dich am Samstag rüberfahren.« Ich achtete darauf, daß mein Ton leicht und unbeteiligt blieb. »Was ist George eigentlich? Was tut er?« fragte ich.

»Er hat eine Autowerkstatt – mit einem Teilhaber –, Rattery und Carfax. George Rattery heißt er. Seine Art ist etwas ... Es ist furchtbar nett von dir, daß du mitkommen willst: ich weiß nicht, ob er dir sympathisch sein wird – er ist nicht ganz dein Stil.«

Eine Werkstatt. Sie weiß nicht, ob er mir sympathisch sein wird: George Rattery.

31. Juli

Severnbridge. Ich habe Lena heute nachmittag hierher gefahren. Ich hatte vorher meinen alten Wagen gegen einen neuen eingetauscht: es wäre nicht ratsam, mit einer Gloucestershire-Nummer zu erscheinen. Jetzt bin ich also hier, in der Burg des Feindes, Mann gegen Mann; ich glaube, es besteht keine Gefahr, daß mich jemand hier erkennt – Severnbridge liegt nicht in der Nähe meines Dorfes, sondern ganz am anderen Ende von Gloucestershire, und mein Bart verändert mich enorm. Die Schwierigkeit wird sein, in Ratterys Haus festen Fuß zu fassen und diese Stellung dann zu halten: im Augenblick ist Lena ja noch da, und ich wohne hier im »Angler« – sie hielt es für das beste, wenn sie die Familie Rattery erst schonend auf mich vorbereitete –, vorläufig bin ich nur ein »Bekannter«, der sie freundlicherweise in seinem Wagen hierhergebracht hat. Ich habe sie mit ihrem Koffer vor dem Haus abgesetzt; sie sagte, sie habe ihnen nicht geschrieben, daß sie komme; vielleicht, weil sie fürchtete, George würde sie nicht dahaben wollen? Sehr gut möglich. Vielleicht ist er ängstlich wegen ihres gemeinsamen Geheimnisses und fürchtet, sie könnte hysterisch werden, wenn sie ihn wiedersieht und an die Sache erinnert wird.

Als ich ausgepackt hatte, fragte ich den Hausdiener, welches die beste Autowerkstatt hier sei. »Rattery und Carfax«, sagte er.

»Das ist die, die am Fluß liegt, nicht wahr?« fragte ich.

»Ja, Sir, die Rückseite liegt nach dem Fluß zu; kurz vor der Brücke, wenn man die Hauptstraße hinaufgeht.« Zwei weitere Fakten in der Sache gegen George Rattery. Ich hatte ja bereits bei meinen Überlegungen herausgefunden, daß es eine leistungsfähige Werkstatt sein müßte, weil sie sonst nicht die für die Reparatur benötigten Ersatzteile auf Lager haben würde. Und sie stößt hinten an den Fluß – dort sind die beschädigten Teile verschwunden – ich wußte ja, daß er sie an einem solchen Ort beiseite geschafft hatte.

Eben rief mich Lena an. Sie wollen, daß ich zum Abendessen komme. Ich bin gräßlich nervös. Wenn ich jetzt schon nervös bin, bloß weil ich ihn zum erstenmal sehen werde, in welchem Zustand werde ich dann sein, wenn ich ihn umbringen will? Seelenruhig, wahrscheinlich; denn wen man genau kennt, den kann man verachten – und ich werde George Rattery mit dem kritischen Auge des Hasses studieren; ich werde mir Zeit lassen, ich werde Haß und Verachtung in mir anhäufen und mich von ihnen nähren wie ein Parasit von seinem Wirt. Hoffentlich wird Lena beim Essen nicht zu zärtlich zu mir. Und jetzt ans Werk.

1. August

Ein höchst unangenehmer Mensch. Wirklich, ein sehr, sehr übler Charakter. Ich bin froh. Ich hatte ziemliche Angst gehabt – das kommt mir jetzt erst zum Bewußtsein –, es könnte sich herausstellen, daß George ein netter Mensch wäre. Aber deswegen kann ich unbesorgt sein, er ist es nicht; ich werde nicht die geringsten Gewissensbisse haben, ihm das Lebenslicht auszublasen.

Ich wußte es in dem Moment, als ich ins Zimmer kam, noch bevor er ein Wort gesagt hatte. Er stand am Kamin und rauchte eine Zigarette: er hatte sie zwischen Daumen und Zeigefinger, streckte den Ellenbogen seitlich von sich und hielt den Unterarm waagrecht – eine unsympathische, wichtigtuerische Pose – die Haltung eines Menschen, der jedem zu verstehen geben will, daß er Herr im Hause ist. Er stand da wie der Hahn auf dem Misthaufen und musterte mich geringschätzig, bevor er auf mich zukam.

Nachdem ich seiner Frau und seiner Mutter vorgestellt worden war und einen besonders scheußlichen Cocktail bekommen hatte, redete er sofort wieder von dem, wovon er vor meiner Ankunft gesprochen hatte: bezeichnend für seine flegelhafte, taktlose Art, für seine von Natur aus schlechten Manieren; aber wenigstens hatte ich so Gelegenheit, ihn genau zu beobachten: ich schätzte ihn ab wie der Henker den Verurteilten, wenn er die nötige Fallhöhe berechnet. Hier würde keine lange Fallstrecke nötig sein, weil er so schwer ist: ein starker, fleischiger Körper. Der Hinterkopf springt nach oben hin zurück, und die Schädeldecke senkt sich auf eine niedrige Stirn herab; er trägt einen deplaciert wirkenden Kavalleristenschnurrbart, der jedoch seinen arroganten Mund mit den aufgeworfenen Lippen nicht zu verdecken vermag. Ich schätze ihn auf Mitte Vierzig.

Ich sehe, die Beschreibung wirkt wie eine Karikatur. Wahrscheinlich werden manche Frauen – seine eigene zum Beispiel – finden, daß er eine elegante, stattliche Erscheinung ist. Ich gebe zu, mein Blick ist voreingenommen. Aber trotzdem, er hat eine grobe, anmaßende Art an sich, bei der sich jedem sensiblen Menschen der Magen umdrehen muß.

Nachdem er seinen Monolog beendet hatte, sah er ostentativ auf die Uhr.

»Schon wieder unpünktlich«, sagte er.

Keiner machte eine Bemerkung dazu.

»Hast du mit dem Personal gesprochen, Violet? Sie verspäten sich jeden Tag mehr mit dem Essen.«

»Ja, George«, sagte seine Frau.

Violet Rattery ist ein farbloser Abklatsch von Lena, ängstlich, immer rührend bemüht, andere zufriedenzustellen.

»Sie scheinen nicht sehr beeindruckt zu sein. Ich werde wohl selber mit ihnen sprechen müssen.«

»Ach, bitte tu das nicht, mein Lieber«, sagte seine Frau mit aufgeregter Stimme – sie errötete und lächelte schüchtern. »Wir wollen doch nicht, daß sie kündigen.« Sie fing meinen Blick auf und errötete von neuem. Es war peinlich.

Natürlich, sie fordert es geradezu heraus. George gehört zu der Sorte Menschen, deren ekelhaftes Wesen durch die Unterwürfigkeit der anderen noch gefördert wird. Er ist eigentlich ein Anachronismus; zur Zeit des Affenmenschen war dieser dickhäutige, brutale Typ das Natürliche (in der elisabethanischen Zeit ebenfalls: er hätte einen guten Kapitän oder Sklavenaufseher abgegeben), aber in einer Zivilisation, die für solche Eigenschaften keine Entfaltungsmöglichkeiten bietet, außer einem gelegentlichen Krieg, muß diese Art von roher Kraft sich darauf beschränken, die eigene Familie zu tyrannisieren, und wird durch den Mangel eines größeren Wirkungsfeldes bösartig.

Es ist erstaunlich, wie sehr der Haß den Blick schärft. Ich habe das Gefühl, daß ich von George schon mehr weiß als von anderen Leuten, die ich seit Jahren kenne. Ich sah ihn höflich an; ich dachte: Da sitzt der Mensch, der Martie getötet hat, der ihn überfuhr und ihm keine Chance ließ, der ein Leben zerstörte, das zehnmal soviel wert war wie seines – das einzige, was mir noch geblieben war zum Lieben. Tröste dich, Martie: auch seine Stunde kommt, und zwar bald.

Beim Essen saß ich neben Violet Rattery, Lena mir gegenüber und die alte Mrs. Rattery links von mir. George, merkte ich, blickte immer abwechselnd mich und Lena an – er versuchte, die Lage zu durchschauen: ich glaube nicht, daß er eifersüchtig war, denn er ist viel zu eingebildet, um sich vorzustellen, eine Frau könnte einen anderen ihm vorziehen: aber er zerbrach sich offenbar den Kopf darüber, was Lena von einem wunderlichen Kauz wie Felix Lane erwartete. Er hat ihr gegenüber eine ungenierte, leicht besitzergreifende Art, als wenn er ein älterer Bruder wäre. »George versuchte früher immer, etwas mit mir anzufangen«, sagte Lena damals an dem Abend, als sie bei mir war. Ich möchte wissen, ob sie damit nur die halbe Wahrheit sagte: gerade die Ungezwungenheit seines Benehmens ihr gegenüber könnte auf intime Beziehungen hindeuten. Einmal sagte er: »Du hast dir also auch Pudellocken zugelegt, Lena?«

Er beugte sich zu ihr hinüber und zauste ihr die Locken im Nacken, wobei er mir einen herausfordernden Blick zuwarf und sagte: »Sie sind Sklaven der Mode, die Frauen – nicht wahr, Lane? Wenn irgend so ein Schnösel in Paris ihnen einredete, der letzte Schrei der Mode seien Glatzköpfe, würden sich doch alle prompt die Haare abrasieren, wie?«

Die alte Mrs. Rattery, die neben mir saß, umgeben von einem Fluidum von tadelnder Kritik und Mottenkugeln, sagte: »Zu meiner Zeit galt das Haar einer Frau als die höchste ihrer Zierden. Ich bin froh, daß dieser ganze Unfug mit dem Herrenschnitt vorbei ist.«

»Du verteidigst die junge Generation, Mutter? Das ist ja ein Wunder«, sagte George.

»Die junge Generation kann sich selbst verteidigen, meine ich – manche von ihnen wenigstens.« Mrs. Rattery blickte gradeaus, aber ich hatte das Gefühl, daß der letzte Teil ihrer Bemerkung auf Violet gemünzt war. Sie ist, glaube ich, der Ansicht, daß George unter seinem Stand geheiratet hat: sie behandelt Violet und Lena mit der Nachsicht und Duldsamkeit einer *grande dame*. Keine sehr nette alte Dame.

Nach dem Essen ließen die Frauenzimmer (wie George wahrscheinlich sagen würde) uns zwei mit unserem Portwein allein. George war offensichtlich befangen – er wußte nicht, was er von mir halten sollte. Er begann das Gespräch mit dem üblichen Thema. »Kennen Sie den

Witz mit der Frau aus Yorkshire und dem Organisten?«
fragte er und rückte mit seinem Stuhl vertraulich näher.
Ich hörte mir den Witz an und lachte so überzeugend wie
möglich. Es folgten noch verschiedene von derselben Sorte. Nachdem er so in seiner schlauen, trampeligen Art das
Eis gebrochen hatte, ging er dazu über, mich auszufragen,
um Näheres über mich zu hören. Die Felix-Lane-Saga
kann ich jetzt auswendig, die Sache machte deshalb keine
Schwierigkeiten.

»Lena sagte mir, Sie schreiben Bücher?« fragte er.

»Ja. Detektivgeschichten.«

Er sah ein wenig erleichtert aus. »Ach so, Kriminalromane. Ich will Ihnen sagen, als Lena mir erzählte, sie
brächte einen Schriftsteller mit, bin ich leicht erschrok-
ken. Ich dachte, Sie wären einer von diesen hochgeistigen
Bloomsbury-Intellektuellen. Kann selber wenig damit
anfangen. Verdienen Sie wenigstens etwas damit – mit der
Schreiberei?«

»Ja, ich stehe mich ganz gut dabei. Natürlich habe ich
auch sonst etwas Geld. Aber ich verdiene doch an jedem
Buch drei- bis fünfhundert Pfund, denke ich.«

»Donnerwetter, das ist allerhand!« Er sah mich fast
achtungsvoll an. »Autor von Bestsellern, wie?«

»Das noch nicht ganz. Bloß ein leidlich erfolgreicher
Romanlieferant.«

Seine Augen scheuten etwas vor mir zurück. Er nahm
einen großen Schluck Portwein und sagte mit betonter
Gleichgültigkeit: »Sie kennen Lena schon lange?«

»Nein. Erst seit acht Tagen oder so. Ich will etwas für
den Film schreiben.«

»Nettes Mädel. Kolossales Temperament.«

»O ja, tolle Mieze.« Ich sagte es ganz gedankenlos. George machte ein entsetztes und ungläubiges Gesicht, als wenn er plötzlich eine Natter an seinem Busen entdeckt hätte. Schmutzige Geschichten zu erzählen ist für ihn anscheinend etwas anderes, als leichtfertige Bemerkungen über die eigenen »Frauenzimmer« zu machen. Er wurde ziemlich kühl und förmlich und schlug vor, wir sollten zu den Damen hinübergehen.

Kann jetzt nichts mehr schreiben. Will mit meinem zukünftigen Opfer und seiner Familie eine kleine Spazierfahrt machen.

2. August

Als wir gestern nachmittag zur Haustür hinausgingen – Lena, George, sein Sohn Phil, ein Schuljunge von ungefähr zwölf Jahren, und ich –, hätte ich schwören können, daß Lena plötzlich einen Augenblick erschrocken stehenblieb. Ich habe mir die Szene immer wieder ins Gedächtnis zurückgerufen und versucht, sie mir möglichst klar zu vergegenwärtigen: es ging alles so schnell, daß ich im Moment keine Zeit hatte, die möglichen Zusammenhänge zu ergründen. Äußerlich gesehen war es gar nichts. Lena blieb nur einen winzigen Augenblick stehen und sagte: »Derselbe Wagen?«, und George, der etwas hinter ihr ging, fragte dann: »Was meinst du damit?« War in seiner Stimme tatsächlich ein Unterton von Angst, von Drohung, oder habe ich mir das bloß eingebildet? Lena erwiderte, eine Spur verwirrt, fand ich: »Du hast noch immer denselben alten Wagen?«

»Alt? Er hat noch keine zehntausend auf dem Tacho. Wofür hältst du mich – für einen Millionär?«

Die ganze Sache ließe sich natürlich auch auf eine völlig harmlose Weise erklären, das ist das Dumme. Wir stiegen ein; George und Lena saßen vorn, Phil und ich auf den Hintersitzen. Phil schlug die Tür zu, und George drehte sich herum und sagte ärgerlich: »Wie oft habe ich dir schon gesagt, daß man diese Türen nicht zuzuschlagen braucht? Kannst du sie nicht leise zumachen?«

»Entschuldige, Vater«, sagte Phil; er sah gekränkt und verärgert aus. Es *kann* natürlich sein, daß George schon vor unserem Aufbruch schlechter Laune war: ich nehme aber an, daß er aufgebracht war durch das, was Lena gesagt hatte – oder vielmehr nicht gesagt hatte –, und seine Wut daraufhin an Phil ausließ.

George ist zweifellos ein energischer Fahrer. Ich kann zwar nicht sagen, daß er gestern nachmittag rücksichtslos gefahren ist: aber er drängte sich durch den Sonntagsverkehr, als wenn er eine Art von Vorfahrtsrecht hätte, wie die Feuerwehr. Es waren viele Radfahrer unterwegs, die oft zu dreien nebeneinander fuhren; er beschimpfte sie nicht, wie ich eigentlich erwartet hatte, fegte aber haarscharf an ihnen vorbei und fuhr dann unmittelbar vor ihnen wieder an die Seite – offensichtlich wollte er ihnen einen Schrecken einjagen oder sie zwingen, sich gegenseitig ins Rad zu fahren. Einmal sagte er zu mir, über die Schulter hinweg: »Kennen Sie diese Gegend, Lane?«

»Nein«, sagte ich; »aber ich habe immer vorgehabt, mal

hierherzufahren. Ich bin ja in Sawyer's Cross geboren, Sie wissen ja, am anderen Ende von Gloucestershire.«

»Wirklich? Netter kleiner Ort. Bin ein paarmal durchgekommen.«

Er hat unverschämte Nerven. Ich beobachtete sein Gesicht von der Seite: nicht einmal die Wangenmuskeln spannten sich, als ich den Namen des Dorfes erwähnte, wo er Martie getötet hatte. Ob ich ihn jemals so weit bringen werde, daß er sich verrät? Lena blickte starr geradeaus und saß unbeweglich da, die Hände auf dem Schoß gefaltet. Es war natürlich gefährlich, das Wort »Sawyer's Cross« auszusprechen: wenn er nun mißtrauisch wird oder aus reiner Neugier Erkundigungen einzieht? Dann würde er herausfinden, daß es in den letzten fünfzig Jahren in Sawyer's Cross eine Familie Lane nicht gegeben hat. Als wir aus dem Auto stiegen, schien Lena meinen Blick zu meiden; sie hatte während der ganzen letzten Viertelstunde nichts gesagt – seit ich von Sawyer's Cross gesprochen hatte –, und das ist etwas recht Ungewöhnliches bei ihr; aber kein unumstößlicher Beweis für irgend etwas.

Wir stiegen also aus, und ich bat George, mir die Besonderheiten des Wagens zu zeigen. Es war natürlich ein Vorwand, um ihn genau besehen zu können. Er hat tatsächlich Schutzgitter an den Scheinwerfern, aber es deutete nichts darauf hin – für mein Laienauge wenigstens –, daß ein Kotflügel oder eine Stoßstange ausgewechselt worden war. Allerdings, nach einem halben Jahr würde man das sowieso nicht mehr sehen; die Spur ist kalt (um einen Ausdruck zu gebrauchen, den ich in meinen Detektivgeschichten tunlichst zu vermeiden suche). Die einzigen Anhaltspunkte, die noch übrigblieben, sind in den Köpfen von George und Lena; oder nur in Lenas Kopf – George hat den ganzen Zwischenfall wahrscheinlich schon völlig vergessen – ich kann mir nicht denken, daß ein gelegentlicher kleiner Mord ihn lange beunruhigt.

Die Frage ist: Wie soll ich es herausbekommen? Und – im Augenblick noch wichtiger – welchen glaubhaften Grund kann ich dafür anführen, daß ich noch weiter hier bleibe? Lena fährt morgen nach London zurück. Vielleicht finde ich heute nachmittag eine Lösung: wir sollen alle bei Ratterys Tennis spielen.

3. August

Das wäre geregelt. Ich bleibe vier Wochen hier – auf Georges Einladung hin, mehr oder weniger; das müßte reichen. Am besten fange ich von vorn an.

Als ich hinkam, war noch keiner von den eingeladenen Gästen da; George schlug vor, wir beide sollten mit Phil und Lena Bälle schlagen. Wir warteten eine Zeitlang auf dem Platz, und dann begann George, laut nach seinem Sohn zu rufen, der irgendwo im Haus war. Daraufhin kam Violet gelaufen: sie versuchte, George beiseite zu ziehen, und ich hörte, wie sie etwas flüsterte von »... will nicht spielen«.

»Was hat er denn?« rief George. »Ich weiß nicht, was in der letzten Zeit mit dem Jungen los ist. Er will nicht mitspielen? Sag ihm, er *hat* einfach mitzuspielen, verdammt noch mal. Oben rumsitzen und bocken! Ich habe noch nie...«

»Er ist etwas durcheinander, George. Du weißt ja, du warst ziemlich unfreundlich zu ihm heute morgen wegen seines Zeugnisses.«

»Mein liebes Kind, rede doch kein dummes Zeug. Der Junge hat gefaulenzt in der letzten Zeit. Carruthers sagt, er hat Begabung genug, aber wenn er sich nicht auf die Hinterbeine setzt, ist es ausgeschlossen, daß er nächstes Jahr in Rugby aufgenommen wird. Willst du nicht, daß er ein Stipendium bekommt?«

»Natürlich, mein Lieber. Aber...«

»Na also, man muß ihm eben sagen, daß er sich zusammenreißen muß. Ich will nicht, daß er in der Schule bummelt und mein Geld verschwendet; er wird völlig verdorben, wenn du...«

»Du hast eine Wespe auf dem Rücken«, unterbrach Lena und sah ihn mit scheinbarer Besorgnis an.

»Misch du dich nicht auch noch ein, Lena«, sagte George drohend. Ich fand, daß ich von dieser widerlichen Szene wirklich genug hatte; außerdem hätte Phil mir leid getan, wenn sein Vater ihn in dieser Stimmung auf den Tennisplatz gezerrt hätte. Ich erklärte deshalb, ich würde zu ihm gehen und ihm sagen, wir brauchten ihn zum Spielen. George war ausgesprochen überrascht, aber er konnte mir nicht gut verbieten hinzugehen.

Ich fand Phil in seinem Schlafzimmer, wohin er sich verkrochen hatte. Zuerst war er sehr widerspenstig. Aber wir unterhielten uns ein wenig – er ist im Grunde gar nicht uneben –, und nach einer Weile kam es dann heraus:

Er hatte nicht gefaulenzt in der letzten Zeit, aber in der Schule war ein Junge, der ihn immer schikanierte, und das setzte ihm so zu (wie gut ich das kenne), daß er sich nicht mehr auf seine Arbeit konzentrieren konnte. Er begann zu weinen, als er es erzählt hatte. Aus irgendeinem Grunde mußte ich daran denken, wie ich damals wegen der ruinierten Rosenbüsche Martie abgekanzelt hatte; ich fragte ihn, ganz impulsiv, ob er wolle, daß ich ihm in den Ferien ein paar Stunden gäbe – ein bis zwei am Tag vielleicht, damit er das Versäumte nachholen könne.

Erst als Phil in stammelnd hervorgebrachte und äußerst peinliche Dankbarkeitsbezeugungen ausgebrochen war, fiel mir ein, daß sich hier ein ausgezeichneter Vorwand bot, noch länger hier zu bleiben. Ein schönes Beispiel dafür, daß eine gute Tat zu einer bösen führen kann – falls man die Beseitigung von George eine böse Tat nennen will. Ich wartete, bis George in guter Stimmung war, siegestrunken wegen eines gewonnenen Spiels, und dann brachte ich das Gespräch auf die neue Idee; ich sagte ihm, ich fände Severnbridge so reizend, ich dächte daran, ein paar Wochen hier zu bleiben und in der ländlichen Stille mein neues Buch anzufangen, und deutete dann an, daß ich, wenn er wolle, gern bereit sei, Phil ein paar Nachhilfestunden zu geben. George zögerte zuerst ein wenig, stimmte dann aber bald dem Vorschlag zu und ging sogar so weit, mich einzuladen, bei ihm zu wohnen. Ich lehnte höflich ab – zu seiner Erleichterung, glaube ich. Um keinen Preis möchte ich vier Wochen lang in diesem Haus leben; nicht, daß ich dächte, das Leben eines Mannes, dessen Brot man ißt, sei heilig; aber ich könnte einfach das

Gefühl nicht ertragen, ständig auf einen neuen Familien-
zank gefaßt sein zu müssen. Und außerdem möchte ich
nicht riskieren, daß George umherschnüffelt und dieses
Tagebuch findet. Wenn ich Phil jeden Tag Stunden gebe,
genügt das völlig, um festen Fuß zu fassen.

Nachdem das geregelt war, sah ich eine Zeitlang beim
Tennis zu. Georges Teilhaber, Harrison Carfax, spielte mit
Violet gegen George und Mrs. Carfax. Mrs. Carfax ist groß
und dunkelhaarig, ein sinnlicher Zigeunertyp. Ich hatte
das Gefühl, als wenn sie mit der Grund dafür wäre, daß sich
Georges Laune wieder aufheiterte: ich sah deutlich, wie er
einmal, als er ihr die Bälle zum Aufschlagen gab, ihre Hände länger berührte als nötig, und sie warf ihm mehrmals
recht feurige Blicke zu. Es ist auch eigentlich kein Wunder:
ihr Mann ist ein kleiner, vertrockneter Bursche, so farblos
und langweilig, wie ich kaum jemanden kenne.

Lena kam und setzte sich neben mich – wir saßen etwas
abseits von den anderen. Sie sieht im Tenniskleid außerordentlich hübsch aus; es paßt zu ihren geschmeidigen
Bewegungen, und sie versteht es, sich mit einer zwar
künstlichen, aber reizvollen Schulmädchenhaftigkeit zu
umgeben, die ebenfalls dazu paßt.

»Du siehst entzückend aus«, sagte ich.

»So was solltest du der Carfax sagen«, erwiderte sie; ich
konnte jedoch sehen, daß sie erfreut war.

»Oh, das werde ich George überlassen.«

»George? Sei nicht so albern.« Ihr Ton war ziemlich
gereizt. Dann beruhigte sie sich wieder und sagte: »Ich
habe fast gar nichts von dir gesehen, seit wir hier sind. Du
bist immer mit so einem abwesenden und verträumten

Blick herumgelaufen, als wenn du das Gedächtnis verloren oder Magenbeschwerden oder so etwas hättest.«

»Das ist meine Künstlernatur, die da zum Vorschein kommt.«

»Nun, du könntest ab und zu aus ihr heraussteigen und jemandem einen Kuß geben. Das ist ja wohl das mindeste.« Sie beugte sich herüber und flüsterte mir ins Ohr: »Weißt du, es ist gar nicht nötig, zu warten, bis wir wieder in London sind, mein Kater.«

Niemand kann bestreiten, daß ich ein zielbewußter Mörder bin: ich hatte mich so sehr auf meine Pläne mit George konzentriert, daß ich meine Liaison mit Lena ganz vergessen hatte. Ich versuchte, ihr zu erklären, warum ich weiter hier bliebe. Ich hatte Angst gehabt, sie würde einen Temperamentsausbruch bekommen; der Umstand, daß sich alles direkt vor den Augen anderer Leute abspielte, hätte sie eher angespornt als zurückgehalten. Seltsamerweise jedoch nahm sie es ganz ruhig hin. Zu ruhig, wie ich bald merken sollte.

Als ich aufstand, um auch einen Satz zu spielen, zuckte ein spöttisches, herausforderndes Lächeln um ihre Mundwinkel, und während des Spiels sah ich, daß sie in eine lange Unterhaltung mit Violet vertieft war. Als wir vom Tennisplatz zurückkamen, hörte ich, wie sie zu George sagte (und offenbar sollte ich es hören): »Lieber George, wie fändest du es, wenn deine zauberhafte Schwägerin noch eine Zeitlang hierbliebe? Die Dreharbeiten für den Film sind ja zu Ende, deshalb dachte ich, ich könnte mich für ein paar Wochen hier vergraben und das einfache Landleben noch etwas genießen. Einverstanden?«

»Das kommt ja ziemlich plötzlich«, sagte er und sah sie mit einem seiner berechnenden Sklavenhändlerblicke an. »Ich vermute, wenn Vi nichts dagegen hat, können wir dich noch auf uns nehmen. Woher kommt diese plötzliche Sinnesänderung?«

»Ich kann mich nicht von meinem Kater trennen, weißt du. Aber sag es niemand weiter.«

»Kater?«

»Mr. Felix Lane. Felix, der Kater. Compris?«

George gab ein sehr lautes, gezwungenes und dummes Lachen von sich. »Verdammt noch mal! Kater! Paßt wirklich gar nicht schlecht zu ihm. Wie er die Bälle immer übers Netz schubst! Nein, aber wirklich, Lena…« Er hatte keine Ahnung, daß ich alles hörte. Es ist vielleicht ganz gut, daß er mein Gesicht in diesem Augenblick nicht gesehen hat. Ich werde seine Bemerkungen nicht vergessen. Aber was hat Lena vor? Kann es sein, daß sie mich jetzt gegen George ausspielen will? Oder habe ich mich von Anfang an in ihr getäuscht?

5. August

Morgens mit Phil gearbeitet, wie gewöhnlich. Er ist ein recht aufgeweckter Bursche – weiß der Himmel, woher er die Intelligenz hat –, aber er war heute nicht sehr gut in Form. Aus bestimmten Anzeichen – aus dem häufigen Abschweifen seiner Aufmerksamkeit und Violets rötlichen Augen, die ich bemerkt habe, als sie mal schnell durchs Zimmer ging – schloß ich, daß es eine Szene bei

Ratterys gegeben hatte. Mitten in einer Lateinübersetzung fragte Phil mich plötzlich, ob ich verheiratet sei. »Nein. Warum?« sagte ich. Ich schämte mich irgendwie, daß ich Phil anlog, obwohl ich doch der übrigen Familie die größten Lügen erzähle, ohne mit der Wimper zu zukken.

»Glauben Sie, es ist etwas Gutes?« fragte er mit dünner, gepreßter und mühsam beherrschter, aber klarer Kinderstimme. Er ist in dem, was er sagt, seinen Jahren voraus, wie die meisten Einzelkinder.

»Ja. Ich glaube, ja. Es kann jedenfalls etwas Gutes sein«, sagte ich.

»Ja, wahrscheinlich; für die richtigen Menschen. Ich werde nicht heiraten, nie. Es macht die Menschen so unglücklich. Ich hätte Angst...«

»Liebe macht die Menschen tatsächlich manchmal unglücklich: es klingt ganz verkehrt, aber es ist trotzdem so.«

»Ach, Liebe...«, sagte er. Er hielt einen Augenblick inne, holte tief Atem und stieß dann in einem plötzlichen Ausbruch von Empörung hervor: »Vater schlägt Mutti manchmal.«

Ich wußte nicht, was ich sagen sollte. Ich sah, daß es dringend nötig war, ihn zu beruhigen. Wie jedes sensible Kind wird er durch diese Zänkereien zwischen seinen Eltern furchtbar aufgewühlt – es ist für ihn, als wenn er am Rande eines Vulkans lebte; keine Sicherheit. Ich sagte mir, daß ich versuchen müsse, ihn zu trösten. Aber dann entschied ich mich um; ich wollte mit dieser ganzen Sache nichts zu tun haben; es hätte mich von meinen eigenen

Dingen abgelenkt. Ich sagte – ziemlich kühl, fürchte ich –, es sei wohl besser, wenn wir mit dem Übersetzen fortführen. In Wahrheit war es eine elende Feigheit: ich sah, wie die Wirkung meines Verrats sich auf Phils Gesicht widerspiegelte.

6. August

Habe mir heute nachmittag die Firma Rattery und Carfax angesehen. Ich sagte George, die Besichtigung würde mir vielleicht nützlich sein bei der Stoffsammlung für ein Buch – *nihil subhumanum a me alienum puto* sei der Wahlspruch des Kriminalschriftstellers, obwohl ich es etwas anders ausdrückte. Stellte eine Reihe idiotischer Fragen, wodurch George die Möglichkeit bekam, mich gönnerhaft zu behandeln, und ich selbst Gelegenheit, festzustellen, daß die Werkstatt alle Ersatzteile der Automarken, für die sie die Vertretung hat, auf Lager hält. Ich wagte nicht, mich speziell nach Kotflügeln und Stoßstangen zu erkundigen, denn dann hätte er vielleicht gedacht, ich sei ein getarnter Polizist. Ich habe auch schon festgestellt, daß er seinen Wagen nachts manchmal dort einstellt, obwohl er eine Garage direkt an seinem Hause hat.

Dann gingen wir hinaus in den hinteren Teil. Dort liegt ein Stück unbebautes Gelände mit einem wüsten Schrott- und Abfallhaufen, und dahinter fließt der Severn. Ich wollte gern einen Blick auf diesen Haufen altes Eisen werfen – obwohl ich es für unwahrscheinlich hielt, daß George so dumm gewesen war, seinen beschädigten Kotflügel dort zu deponieren – deshalb hielt ich ihn ein wenig zurück, indem ich ein Gespräch anfing.

»Sieht ziemlich häßlich aus hier, all das Zeug.«

»Was sollen wir sonst damit machen? Vielleicht ein hübsches kleines Loch ausheben und alles vergraben?« sagte er empört. Für einen so von sich selbst überzeugten Menschen ist er manchmal sehr empfindlich.

Plötzlich entschloß ich mich, etwas zu riskieren.

»Warum werfen Sie das Zeug nicht in den Fluß? Tun Sie das nie? Dann hätten Sie es wenigstens aus den Augen.«

Es entstand eine merkliche Pause, ehe er antwortete. Ich merkte, daß ich heftig zitterte, so daß ich ein Stück weggehen mußte auf den Fluß zu, damit er es nicht sah.

»Was haben Sie für eine Ahnung, Mann. Ich hätte den ganzen Stadtrat auf dem Hals. In den Fluß! Ein Witz, geradezu! Das muß ich Carfax erzählen.« Er stand jetzt neben mir. »Außerdem wäre es viel zu seicht hier am Ufer. Sie brauchen doch nur hinzugucken.«

Ich guckte schon. Ich konnte bis auf den Grund des Wassers sehen. Ich sah aber auch einen alten, herrenlosen Kahn, der zwanzig Meter weiter links am Ufer festgemacht war. Ja, George, am Ufer ist es viel zu seicht, um etwas zu versenken; aber du kannst leicht mit dem Kahn in die Mitte des Flusses gefahren sein und die verräterischen Beweisstücke dort hineingeworfen haben.

»Ich wußte gar nicht, daß der Fluß hier so breit ist«, sagte ich. »Ich würde ganz gerne etwas segeln. Ob ich hier wohl ein Boot mieten könnte?«

»Wahrscheinlich ja«, erwiderte er gleichgültig. »Ziemlich langweilig für meinen Geschmack, dieser Sport – auf dem Hintern zu sitzen mit einer Leine in der Hand.«

»Ich müßte Sie eines Tages mitnehmen, wenn eine ordentliche Brise weht. Dann würden Sie nicht mehr sagen ›langweilig‹.«

Ich hatte alles gesehen, was ich sehen wollte. Das Alteisen auf dem Abfallhaufen war wirklich sehr altes Eisen. Ein ekelhafter Anblick. Ich glaubte auch gesehen zu haben, wie eine Ratte daraus hervorschlüpfte; durch den Abfallhaufen und den Fluß muß dort ein wahres Paradies für Ratten sein. Als wir wieder in die Werkstatt gingen, begegneten wir Carfax. Ich erwähnte zufällig, daß ich gerne etwas segeln würde, und er sagte, sein Sohn besitze ein Boot, das er mir sicher leihen werde, da er es nur am Wochenende benutze. Es wäre eine angenehme Abwechslung für mich nach dem Zusammensein mit George, ab und zu mal auf den Fluß hinauszufahren. Könnte Phil vielleicht das Segeln beibringen.

7. August

Beinahe hätte ich George Rattery heute nachmittag getötet. Um ein Haar. Ich bin völlig erledigt. Ich empfinde nichts. Statt der Empfindungen ist nur ein schmerzhaftes Gefühl von plötzlicher Leere da – als wenn nicht er, sondern ich begnadigt worden wäre. Aber er ist gar nicht begnadigt, die Hinrichtung ist nur verschoben worden: mehr ist es nicht.

Es war auch alles lächerlich einfach – sowohl die Gelegenheit, die sich mir bot, als auch sein Entrinnen. Werde ich eine solche Gelegenheit noch einmal bekommen? Es ist lange nach Mitternacht, ich muß immer wieder von neuem über das Geschehene nachdenken; vielleicht gelingt es mir, wenn ich alles niederschreibe, es für eine Zeitlang zu vergessen, und vielleicht kann ich dann ein wenig schlafen.

Wir fünf – Lena, Violet, Phil, George und ich – machten heute nachmittag eine Fahrt in die Cotswolds. Wir wollten uns die Gegend von Bibury ein wenig ansehen und dann draußen picknicken. George zeigte mir die Sehenswürdigkeiten von Bibury, als wenn das Städtchen ihm gehörte, während ich versuchte, mich so zu benehmen, als wenn ich nicht schon hundertmal dort gewesen wäre. Wir lehnten uns über das Brückengeländer und besahen die Forellen, die genauso fleischig und anmaßend aussahen wie George. Dann fuhren wir in das Bergland hinauf. Lena saß hinten, neben mir und Phil: sie war sehr zärtlich, und als wir aus dem Wagen stiegen, nahm sie meinen Arm und schmiegte sich beim Gehen an mich. Ich weiß nicht, ob es das war, was George ärgerte. Irgend etwas jedenfalls ärgerte ihn, denn als wir an einem Waldrain die Decken ausgebreitet hatten und Violet vorschlug, wir sollten ein Feuer anmachen, um die Mücken zu vertreiben, kam es zu einer greulichen Szene.

Zunächst war George darüber verärgert, daß er Reisig holen sollte. Lena zog ihn auf und sagte, etwas Bewegung werde vielleicht seinen Körperumfang reduzieren. So etwas hörte er gar nicht gerne. In seiner kaum verhohlenen Wut hackte er auf Phil herum und sagte, da er in der Schule im Pfadfinderzug sei, solle lieber er ihnen zeigen, wie man Feuer mache. Die Zweige waren etwas feucht, und der arme Phil ist mit den Händen ziemlich ungeschickt; jedenfalls hatte er keine Ahnung, wie man Feuer macht. George stand neben ihm, schüchterte ihn ein und verhöhnte ihn, während der arme Junge am Boden mit den Zweigen herumfummelte, Dutzende von Streichhölzern verschwendete und sich die Lunge aus dem Leibe blies, um das Feuer anzukriegen. Sein Gesicht wurde rot und röter, und seine Hände begannen jämmerlich zu zittern. Georges breitspuriges Benehmen war widerwärtig. Nachdem dies eine ganze Weile so weitergegangen war, versuchte Violet zu vermitteln – womit sie sozusagen Öl ins Feuer goß. George fuhr sie an und sagte, daß doch sie das Feuer hätte haben wollen – warum zum Teufel sie sich jetzt also einmische; nur solche Halbidioten wie Phil seien so dumm, daß sie kein Feuer anmachen könnten. Das war zu viel für Phil – dieser unsinnige Angriff auf seine Mutter: er sprang auf und fragte George geradeheraus: »Warum machst du es dann nicht an, wenn du dich so gut darauf verstehst?«

Die aufsässige kleine Rede endete mit einem undeutlichen Murmeln – Phils Mut reichte nicht, um bis zum Schluß durchzuhalten. George hatte ihn jedoch sehr wohl verstanden. Er gab ihm eine Ohrfeige, daß er zu Boden taumelte. Das Ganze war unbeschreiblich scheußlich – wie er dieses Kind zuerst zur Auflehnung anstachelte und es dann zu Boden streckte. Ich weiß, daß ich wütend auf mich war, weil ich nicht den Mut gehabt hatte, vorher einzugreifen. Ich sprang auf: wahrscheinlich hätte ich

George genau gesagt, was ich von ihm dachte (womit ich zweifellos alles verdorben hätte, einschließlich meiner Zukunftspläne für George). Jedenfalls, Lena war schneller als ich und sagte völlig kühl, als wenn nichts geschehen wäre: »Ihr beide geht jetzt und beseht euch die Aussicht. Der Tee ist in fünf Minuten fertig. Los, George.« Sie warf ihm einen ihrer süßesten und schmachtendsten Blicke zu, und George zog brav mit mir ab.

Ja, wir gingen und besahen uns die Aussicht; sie war prachtvoll: so ziemlich das erste, was ich sah, als wir um das Wäldchen gingen, wo die anderen uns nicht mehr sehen konnten, war ein steilwandiger, dreißig Meter tiefer Abgrund, ein alter Steinbruch. Es dauert lange, wenn man es schildert – in Wirklichkeit muß sich die Sache in dreißig Sekunden abgespielt haben. Ich hatte mich ein Stück von George entfernt – ich wollte mir eine wilde Orchidee ansehen, die dort wuchs: als ich hinkam, merkte ich, daß ich direkt am Rande des Steinbruchs stand. Vor mir war die Orchidee, der steile Abgrund, ringsum die sanftgeschwungenen Hügel, herrlich anzusehen mit ihren welligen Weiden, den Klee- und Senffeldern; und dort war George, dessen dicke Lippen unter dem Schnurrbart hervortraten – und der dem armen kleinen Phil und Violet den Sommernachmittag vergiftete; der Mensch, der Martie getötet hatte. Ich sah dies alles vor mir – und gleichzeitig sah ich das Kaninchenloch am Rande des Abgrunds. Ich wußte genau, wie ich George töten würde.

Ich rief ihm zu, er solle herkommen, ich müsse ihm etwas zeigen. Ich wollte seine Aufmerksamkeit auf die Brechmaschine im Steinbruch unter uns lenken. Er würde am äußersten Rande des Abhangs stehen. Dann wollte ich vortreten. Aber beim ersten Schritt würde ich mit dem Fuß in das Kaninchenloch geraten und heftig gegen Georges Beine fallen, und er würde in den Abgrund stürzen; dessen Tiefe und Georges Gewicht würden dann den Rest von selbst besorgen. Es war der vollkommene Mord. Es machte nichts, wenn jemand uns beobachtete: ich wollte sowieso nachher zugeben, daß ich gestolpert und gegen George getorkelt war. Da ja keiner wußte, daß ich einen Grund hatte, ihn zu töten, konnte niemand daran zweifeln, daß es sich um einen Unfall handelte.

George war jetzt nur noch fünf Meter von mir entfernt. »Was gibt es?« fragte er, noch immer langsam auf mich zukommend. Dann machte ich einen verhängnisvollen Fehler – wenn ich auch in diesem Augenblick keine Ahnung hatte, daß es einer war. Eine Art von Prahlsucht überkam mich, und ich sagte – fast als wollte ich ihn herausfordern, weiter vorzugehen: »Da unten ist ein riesiger Steinbruch. Ein toller Abgrund. Schauen Sie mal her.«

Er blieb plötzlich stehen und sagte: »Nichts für mich, alter Freund, vielen Dank. Steile Felswände habe ich nie leiden können – das ist nichts für mich. Ich bin nicht schwindelfrei...«

Jetzt mußte ich also wieder ganz von vorn anfangen.

10. August

Gestern abend Einladung bei Ratterys. Zwei kleine Zwischenfälle, die Enthüllungen in bezug auf George brachten – soweit man bei einem so offenkundigen Charakter von »Enthüllungen« reden kann.

Nach dem Essen gab Lena ein bißchen was zum besten. Dann wurde ein merkwürdiges Spiel mit erotischem Einschlag veranstaltet, das »Sardinen« heißt. Einer muß sich verstecken, am besten irgendwo, wo es möglichst eng ist; jeder, der ihn findet, kauert sich neben ihn; und so fort, bis man am Schluß ein Mittelding zwischen dem »Schwarzen Loch« von Kalkutta und einer babylonischen Orgie hat. Beim erstenmal war Rhoda Carfax der »eine«. Zufällig fand ich sie sehr schnell, in einem Besenschrank.

Es war stockdunkel, und als ich mich neben sie setzte, flüsterte sie: »Daß du mich so schnell gefunden hast, George! Ich muß wohl magnetisch sein.« Ich schloß aus dem ironischen Ton, mit dem sie dies sagte, daß sie ihm vorher erzählt hatte, wo er suchen müsse. Dann nahm sie meinen Arm und legte ihn um ihre Taille, lehnte ihren Kopf an meine Schulter – und entdeckte, daß sie einen schrecklichen Irrtum begangen hatte. Sie überspielte das jedoch recht geschickt und machte keine Anstalten, meinen Arm wieder wegzuschieben. Kurz darauf kam jemand anderer hereingestolpert, trat mir heftig auf die Zehen und quetschte sich auf die andere Seite von Mrs. Carfax. »Hallo, du bist es, Rhoda, nicht wahr?« flüsterte er. – »Ja.« – »Also hat George dich als erster gefunden?« – »Es ist nicht George, es ist Mr. Lane.«

Der Neuankömmling war James Carfax. Es ist interessant, daß er annahm, ich sei George: er muß wohl einer von diesen nachgiebigen Ehemännern sein. George selbst kam als dritter, ich glaube, er war nicht sehr erfreut, daß er andere vorfand. Jedenfalls, nach einem weiteren »Sardinen«-Spiel sagte er, wir wollten etwas anderes spielen (er gehört zu jener Sorte Männer, die immer bestimmen müssen, auch wenn es sich nur um ein Gesellschaftsspiel handelt). Er begann also ein außerordentlich rauhes und lärmendes Spiel zu organisieren, bei dem man in einem Kreis auf dem Boden knien mußte und sich gegenseitig mit einem Kissen bewarf. Er suchte ein extra hartes dafür aus, spielte ziemlich wüst und brüllte vor Lachen. Einmal schleuderte er das Kissen absichtlich mit aller Kraft mir ins Gesicht. Ich kippte zur Seite – er hatte mich ins Auge getroffen, und einen Augenblick lang war ich völlig blind. George stieß wieder sein lautes, törichtes Gelächter aus: »Ist umgeknickt wie ein Strohhalm!« brüllte er.

»Du bist ein richtiger Idiot«, sagte Lena. »Was versprichst du dir davon, anderen die Augen auszuschlagen! Natürlich, der fabelhafte starke Mann, der sich beweisen will!«

George klopfte mir höhnisch besorgt auf die Schulter und sagte: »Armes kleines Katerchen. 'tschuldigung, alter Knabe. Nichts für ungut.«

Ich war wütend, vor allem, weil er mich vor der ganzen Gesellschaft mit diesem albernen Spitznamen anredete. Ich sagte mit falscher Herzlichkeit: »Schon gut. Sie unterschätzen eben Ihre Kräfte. Das ist es doch, nicht wahr?«

George war keineswegs erfreut. Ich werde ihm schon noch beibringen, daß er seine unbesonnenen, ordinären Sprüche für sich behält. Ich komme immer mehr dahin, zu glauben, daß er eifersüchtig ist auf mich und Lena. Ich weiß es nicht. Vielleicht ist er bloß irritiert – weil er nicht dahinterkommen kann, in welcher Beziehung wir zueinander stehen.

11. August

Lena fragte mich heute, warum ich nicht für den Rest des Monats zu Ratterys zöge. Ich sagte ihr, ich glaubte nicht, daß George sehr erpicht darauf wäre.

»Oh, er hätte nichts dagegen.«

»Woher weißt du das?«

»Ich habe ihn gefragt.« Dann sah sie mich eine Weile ernst an und sagte: »Du brauchst dir keine Sorgen wegen George zu machen, Liebling. Es ist nichts mehr zwischen uns.«

»Du willst damit sagen, daß früher etwas zwischen euch gewesen ist?«

»Ja, ja, ja«, rief sie aus. »Ich bin seine Geliebte gewesen. Und jetzt pack zusammen und fahr nach Hause, wenn du willst.«

Sie war den Tränen nahe. Ich mußte versuchen, sie zu trösten. Nach einer Weile sagte sie: »Du kommst also zu uns, ja?«

Ich sagte, wenn George wirklich nichts dagegen habe, würde ich es tun. Ich weiß nicht, ob es eine Dummheit ist:

jedenfalls ist es schwer, Lena zu widerstehen. Ich werde mein Tagebuch sehr gut verstecken müssen, aber andererseits hat es viele Vorteile, wenn man an Ort und Stelle ist: reden kann man leicht von »Unfällen«, aber wenn man versucht, einen genauen Plan auszuarbeiten, ist es verdammt schwer, die richtige Art von »Unfall« für George zu inszenieren. Ich verstehe zum Beispiel nicht genug von Autos, um an seinem Wagen herumpfuschen zu können. Ein Unfall wegen technischen Versagens kommt deshalb bei mir nicht in Frage. Vielleicht habe ich eine Erleuchtung, wenn ich in seinem Hause wohne. Unfälle sollen in den besten und ordentlichsten Familien vorkommen – und niemand könnte behaupten, daß die von George zu diesen gehörte. Außerdem wäre es schön, mit Lena unter einem Dach zu wohnen. Hoffentlich macht sie mich nicht verliebt – für Liebe darf in meinem Herzen jetzt kein Platz sein –, ich bin ganz allein, und ich muß allein bleiben.

12. August

Schöner Nachmittag auf dem Fluß in dem Boot des jungen Carfax. Wie ich bei der vorigen Fahrt schon vermutet hatte – damals war allerdings zu wenig Wind, um es mit Sicherheit festzustellen –, ist das Boot etwas leegierig: bei böigem Wetter wäre es schwer zu handhaben. Ich muß Phil unbedingt bald einmal mitnehmen; er ist offensichtlich ganz versessen darauf; aber ich verschiebe es immer wieder – ich glaube, weil ich in diesem Monat Martie das

Segeln beigebracht hätte, wenn ... Ein Grund mehr, Phil mitzunehmen; ich kann nicht genug Mahner haben.

Ich habe heute abend mit Verwunderung darüber nachgedacht, wie ich es fertigbringe, Tag für Tag mit George zusammenzusein und ihn mit jeder Fiber meines Körpers so tödlich zu hassen, daß ich fast erschrecke über den ruhigen Ausdruck meines Gesichts, wenn ich mich im Spiegel sehe – wie ich es fertigbringe, ihn derart zu hassen und mich trotzdem ihm gegenüber ungezwungen zu benehmen, ohne bewußte Bemühung um Selbstbeherrschung oder Verheimlichung meiner Gedanken und ohne das Verlangen zu spüren, die Sache möglichst schnell hinter mich zu bringen. Es ist nicht so, daß ich Angst vor den Folgen hätte; auch habe ich keineswegs die Hoffnung aufgegeben, daß ich die richtige Methode finden werde. Und trotzdem stimmt es bis zu einem gewissen Grade, daß ich geneigt bin, die Dinge hinauszuzögern.

Ich glaube, die Erklärung ist folgende: Genau wie der Liebende oft zögert, nicht aus Schüchternheit, sondern um das köstliche Vorgefühl der Liebeserfüllung zu verlängern, genauso will der Hassende sein Haßgefühl möglichst lange auskosten und sich voller Schadenfreude an der Ahnungslosigkeit seines Opfers weiden, bevor er zu der Tat schreitet, durch die der Haß seine Erfüllung findet. Das klingt gesucht – so gesucht, daß ich es nur meinem geisterhaften Beichtvater, nämlich diesem Tagebuch, anzuvertrauen wage. Und doch bin ich überzeugt, daß es stimmt; es beweist zwar vielleicht, daß ich ein neurotisches, anormales Wesen, ein richtiggehender Sadist bin; aber es entspricht so genau meinen Empfindungen, wenn ich mit George zusammen bin, daß ich von der Richtigkeit dieser Erklärung fest überzeugt bin.

Erklärt dies nicht auch die lange »Unentschlossenheit« von Hamlet? Ob schon irgendeiner der Gelehrten darauf hingewiesen hat, daß sie auf das Verlangen zurückzuführen ist, das Vorgefühl der Rache auszudehnen, den süßen, gefährlichen und nie übersättigenden Trank des Hasses bis zum letzten Tropfen auszukosten? Nein, ich glaube nicht, daß hierauf schon hingewiesen worden ist. Es wäre eine hübsche Ironie, wenn ich eine kleine Abhandlung über Hamlet schriebe und diese Theorie zur Debatte stellte, sobald ich mit George fertig bin. Bei Gott, ich hätte nicht übel Lust, es tatsächlich zu tun. Hamlet war kein unschlüssiger, zaghafter, schwankender Neurotiker. Er war ein Mensch, der eine geniale Begabung für den Haß hatte – einer, der eine hohe Kunst daraus machte. Die ganze Zeit, während der er angeblich schwankte und zögerte, hat er in Wahrheit seine Feinde bis aufs Blut ausgesaugt. Der Tod des Königs war dann nur noch das Fortwerfen einer leeren Hülle – der Schale einer völlig ausgepreßten Frucht.

14. August

Wenn man von tragischer Ironie spricht! Gestern abend beim Essen kam es zu einem höchst ungewöhnlichen Gespräch. Wie es begann oder wer damit anfing, weiß ich nicht; aber es wurde zu einer Diskussion über das Recht zu töten. Ich glaube, wir sprachen zuerst über die Euthanasie. Soll der Arzt sich bei unheilbaren Fällen »mit allen Mitteln bemühen, den Kranken am Leben zu erhalten«?

»Ha, die Ärzte!« rief die alte Mrs. Rattery mit ihrer bleiern schweren Stimme. »Alles Schwindler, die ganze Sippschaft. Scharlatane. Ich würde ihnen nicht von hier bis dort trauen. Man braucht nur an diesen Inder zu denken – zerstückelt seine Frau und versteckt die einzelnen Teile unter einer Brücke.«

»Buck Ruxton meinst du, Mutter?« sagte George. »Merkwürdiger Fall, das.«

Mrs. Rattery gab ein leises, heiseres Lachen von sich. Ich glaubte zu bemerken, daß sie mit George einen kurzen Blick des Einverständnisses tauschte. Violet errötete. Es war ein peinlicher Augenblick. Sie sagte: »Ich glaube wirklich, wenn ein Mensch unheilbar krank ist, sollte es ihm gestattet sein, seinen Arzt zu bitten, ihn von seinem Elend zu erlösen. Finden Sie nicht auch, Mr. Lane? Schließlich machen wir es bei den Tieren doch auch so.«

»Ärzte? Pfui!« sagte die alte Mrs. Rattery. »Bin in meinem Leben noch nicht krank gewesen, nicht einen einzigen Tag. Fast alles Einbildung.« Ihr Sohn lachte kurz auf. »Laß dir gesagt sein, George, auch du wärst viel gesünder ohne diese Stärkungsmittel, die du immer nimmst. Ein gesundes, starkes Tier wie du zahlt einem Doktor Geld dafür – und was für Summen –, daß er ihm Flaschen mit gefärbtem Wasser gibt! Ich weiß nicht, was über deine Generation gekommen ist. Lauter Hypochonder.«

»Was sind Hypochonder?« fragte Phil plötzlich. Wir hatten, glaube ich, alle vergessen, daß er da war. Er durfte erst seit kurzem beim Abendessen dabeisein. Ich sah, daß

George eine niederschmetternde Antwort auf der Zunge hatte, deshalb erwiderte ich rasch: »Einer, der gern glaubt, er wäre krank, wenn er es in Wahrheit gar nicht ist.«

Phil sah verwirrt aus. Wahrscheinlich konnte er sich nicht vorstellen, daß jemand sich an dem Gedanken erfreute, Bauchweh zu haben. Die Unterhaltung ging eine Weile in dieser planlosen Art weiter: weder George noch seine Mutter hören auf das, was andere sagen; sie folgen nur dem eigenen Gedankengang – wenn Gedanke das richtige Wort dafür ist. Ich ärgerte mich ziemlich über diese unzivilisierte Art, sich zu unterhalten, und sagte aus Spaß, zur Allgemeinheit gewendet, in ruhigem Ton: »Aber wenn man von körperlich oder geistig Unheilbaren absieht – wie steht es mit den unverbesserlichen Quälgeistern der Menschheit, mit denen, die jedem einzelnen in ihrer Umgebung das Leben zur Qual machen? Glauben Sie nicht, daß man berechtigt ist, einen solchen Menschen zu töten?«

Interessanterweise folgte ein Augenblick des Schweigens. Dann begannen mehrere auf einmal zu reden.

»Ich finde wirklich, eure Unterhaltung wird allmählich ziemlich makaber.« (Violet. Atemlos, Gastgeberinnentonfall, Hysterie kurz vor dem Ausbruch.)

»Aber bedenke doch, wie viele ... Ich meine, wo würde man anfangen?« (Lena. Wirft mir einen sehr langen Blick zu, fast, als sähe sie mich zum erstenmal – oder ist das Einbildung von mir gewesen?)

»Unsinn. Abwegige Idee.« (Die alte Mrs. Rattery, schlicht empört: vielleicht die einzige ehrliche Reaktion von allen.)

George blieb ganz gelassen. Er hat bestimmt keine Ahnung, daß mein scheinbar ins Blaue abgeschossener Pfeil *ihm* gegolten hatte.

»Was dein Felix doch für ein blutdürstiger kleiner Bursche ist, Lena, nicht?« sagte er. Es ist bezeichnend für Georges besondere Art von moralischer Feigheit, daß er solche Schläge niemals austeilt, wenn er mit mir allein ist, und auch in Gesellschaft anderer tut er es nur indirekt – er benutzt Lena sozusagen als Deckung, wenn er auf mich schießt.

Lena achtete nicht auf ihn. Sie starrte mich noch immer unsicher und prüfend an, wobei sich der eine ihrer roten Mundwinkel nach oben verzog.

»Aber würdest du es wirklich tun, Felix?« fragte sie dann sachlich.

»Was tun?«

»Einen Quälgeist töten – diese Art von Mensch, von der du sprachst?«

»Typisch Frau!« mischte George sich ein. »Frauen müssen immer alles auf den besonderen Fall beziehen.«

»Ja. Ich täte es. Diese Sorte Mensch hat kein Recht zu leben.« Ich fügte beiläufig hinzu: »Das heißt, ich täte es, wenn ich wüßte, daß ich meinen Hals dadurch nicht dem Henker ausliefere.«

Hier trat Mrs. Rattery in Aktion. »Sie sind also Freidenker, Mr. Lane? Und außerdem wohl noch Atheist?«

Ich sagte besänftigend: »Aber nein, Ma'am. Meine Anschauungen entsprechen ganz der Konvention. Aber finden *Sie*, daß es Umstände gibt, die den Mord rechtfertigen – vom Kriege abgesehen, meine ich?«

»Im Kriege ist es eine Ehrensache. Töten, Mr. Lane, ist nicht Morden, wenn die Ehre auf dem Spiel steht.« Die arme Alte trug diesen gräßlichen Gedankenmüll auf wirklich recht eindrucksvolle Art vor; mit ihren schweren, ernsten Zügen und der dominierenden Nase sah sie einen Augenblick ganz wie eine römische Matrone aus.

»›Wenn die Ehre auf dem Spiel steht‹? Ihre eigene Ehre, meinen Sie, oder die von jemand anderem?«

»Ich glaube, Violet«, sagte Mrs. Rattery mit dröhnender Stimme, »wir wollen die Herren jetzt ihrem Wein überlassen. Phil, mach die Tür auf. Steh nicht da und träume.«

Beim Portwein wurde George vertraulich. Sicher aus Erleichterung darüber, daß er von einem so unangenehmen, überspannten Gesprächsthema erlöst war. »Beachtliche Persönlichkeit, meine alte Dame«, sagte er. »Vergißt nie, daß ihr Vater ein Vetter zehnten oder zwanzigsten Grades vom Grafen von Evershot war. Ich glaube, sie hat sich auch bis heute nicht daran gewöhnt, daß ich Geschäftsmann geworden bin. Aber Not kennt kein Gebot: durch die Wirtschaftskrise hat sie nämlich ihr ganzes Geld verloren – ohne mich säße sie im Armenhaus –, Sie brauchen das nicht weiterzuerzählen. Natürlich, Adelstitel bedeuten heutzutage nichts mehr. Man muß immer mit der Zeit gehen, meine ich, wie? Aber die Art, wie die Arme an ihrem Stolz festhält, ist eigentlich fabelhaft. *Noblesse oblige* und das alles. Dabei fällt mir ein: Kennen Sie den Witz von dem Herzog und dem einäugigen Stubenmädchen?«

»Nein«, sagte ich und versuchte, meinen Ekel zu unterdrücken …

15. August

Nahm vormittags Phil wieder mit zum Segeln. Starker Wind, nachher Regen. Das Boot war nicht leicht zu beherrschen. Phil ist mit den Händen nicht sehr geschickt, lernt jedoch rasch und hat den Mut des sensiblen Menschen – die Gefahr fasziniert ihn, und er gibt sich ihr mit Leidenschaft hin. Außerdem hat er mir verraten, wie ich seinen Vater töten kann.

Nicht bewußt natürlich. Er hatte gerade das Steuer übernommen, und ein besonders bösartiger Windstoß ließ das Dollbord fast ins Wasser tauchen: Phil luvte an, wie ich es ihm gezeigt hatte, dann drehte er sich lachend zu mir um, und seine Augen leuchteten vor Aufregung.

»Herrlich! Das macht Spaß, Felix, nicht wahr?«

»Ja. Das hast du sehr hübsch gemacht. Jetzt müßte dich dein Vater sehen. Paß auf! Sieh über die Schulter. Du kannst die Böen kommen sehen, wenn du nach Luv guckst.«

Phil war offensichtlich sehr zufrieden. George betrachtet ihn als ausgemachten Feigling – oder tut wenigstens so. Es ist erstaunlich, bis zu welchem Grade der Charakter eines Kindes wie Phil von dem Bedürfnis bestimmt wird, sich in den Augen eines gefühllosen Vaters zu rechtfertigen und zu beweisen, daß dieser unrecht hat.

»Ach ja«, sagte er. »Meinen Sie – könnten wir ihn wohl fragen, ob er eines Tages mitkommt?« Er machte ein enttäuschtes Gesicht. »Nein, das hatte ich ja ganz vergessen. Er würde doch nicht mitkommen, glaube ich. Er kann ja nicht schwimmen.«

»Kann nicht schwimmen?« fragte ich. Die Worte wiederholten sich in meinem Geist immer wieder, ertönten immer lauter, scheinbar von einem meilenweit entfernten Ort und trotzdem mitten aus dem geheimsten Innern meines Seins herkommend – wie die Stimmen, die man hört, wenn man unter Betäubungsmitteln steht. Das rasende Pochen meines Herzens verstärkte diesen Eindruck noch, es war wie ein Rachegeist, der an die Wände seines Kerkers hämmert, um freizukommen.

Genug für heute abend. Ich muß alles sorgfältig überlegen. Morgen werde ich meinen Plan niederschreiben. Er wird einfach und tödlich sein. Ich merke, wie er vor meinem inneren Auge schon Form annimmt.

16. August

Ja, ich glaube, ich habe nichts vergessen. Die einzige Schwierigkeit wird sein, wie ich George auf den Fluß hinausbekomme; aber mit einigen geschickt angebrachten, herausfordernden Spötteleien müßte es zu machen sein. Und wenn er erst im Boot sitzt, ist sein Schicksal besiegelt.

Ich werde einen stürmischen Tag abwarten müssen, wie gestern. Wahrscheinlich mit Südwestwind: das ist hier die häufigste Windrichtung. Wir kreuzen stromaufwärts, einen halben Kilometer oder so, wenden dann und lassen das Boot vor dem Wind laufen. Das ist dann der richtige Augenblick für mich. Der Segelbaum liegt nach Backbord. Ich warte eine Bö ab und sorge dafür, daß alle Segel sich umlegen. So leegierig, wie das Boot ist, muß es dann kentern. *Und George kann nicht schwimmen.*

Ich hatte zuerst daran gedacht, das Boot selber zum Kentern zu bringen. Aber meistens stehen an den Ufern Angler: und einer von ihnen könnte zufällig den »Unfall« sehen, könnte zufällig etwas vom Segeln verstehen, und dann würde die unangenehme Frage gestellt werden, wieso ein erfahrener Segler wie ich das Boot kentern lassen konnte. Wieviel überzeugender, wenn George im kritischen Moment die Ruderpinne selbst gehalten hat!

So habe ich es mir ausgedacht. Wenn wir vor dem Wind zu laufen beginnen, werde ich das Ruder George übergeben und die Groß- und Klüverschot selbst bedienen. Sobald ich eine starke Bö kommen sehe, sage ich zu George, er soll mit dem Ruder nach luv gehen; daraufhin wird der Wind das Segel von der anderen Seite packen, und der Baum wird sofort mit furchtbarer Gewalt herumschlagen; die einzige Möglichkeit, ein plötzliches Herumschlagen auszugleichen, ist, mit dem Ruder dann nach Lee zu gehen: aber George weiß das nicht, und ich selbst werde keine Zeit mehr haben, ihm die Ruderpinne aus der Hand zu reißen, bevor das Boot umschlägt. Ich darf nicht vergessen, das Kielschwert hochzuhieven, sobald wir vor dem Wind laufen; das ist das Übliche, und es wird eine weitere Gewähr dafür sein, daß das Boot tatsächlich kentert. George wird ruckzuck über Bord gefegt werden – wenn ich Glück habe, durch den Schlag des Segelbaums betäubt. Er darf keine Möglichkeit haben, wieder an den Bootsrumpf heranzukommen und sich daran festzuklammern. Ich muß es so einrichten, daß ich unter dem Segel hängenbleibe oder mich in einer der Schoten verfange oder etwas Ähnliches, so daß ich mich nicht freimachen kann, um den armen, lieben Kerl zu retten, bis es zu spät ist. Muß außerdem darauf achten, daß wir nicht zu nah an einem der Angler am Ufer sind, wenn wir umschlagen.

Es wird ein fehlerloser Mord sein, ein unbestreitbarer Unfall. Das Schlimmste, was passieren kann, ist, daß ich vielleicht vom Coroner einen Verweis bekomme, weil ich George bei einem so tückischen Wind das Boot habe steuern lassen.

Der Coroner! Mein Gott, durch ihn wird sich eine Schwierigkeit ergeben, an die ich nicht gedacht habe... Mein richtiger Name wird bei der Leichenschau mit ziemlicher Sicherheit ans Tageslicht kommen, und Lena wird wissen, daß ich der Vater des Jungen bin, den George überfahren hat, als sie mit im Wagen saß. Wird sie sich den Rest zusammenreimen und auf den Verdacht kommen, daß der Segelunfall nicht so echt war, wie er aussah? Ich muß sie irgendwie auf meine Seite ziehen. Liebt sie mich genug, daß sie den Mund halten wird? Es ist natürlich eklig, Lena so auszunutzen. Aber warum sollte ich mich daran stören, verdammt noch mal? Ich muß an Martie denken, die arme, schwankende Gestalt mitten auf der Straße, die aufgeplatzte Bonbontüte. Was bedeuten die Gefühle anderer im Vergleich zu Marties Tod?

Ertrinken soll sehr qualvoll sein, wenigstens die Anfangsphase. Das ist gut. Wenn Georges Lungen bersten, wenn sein Kopf vor Schmerz zerspringt, wenn seine Hände sich vergeblich abmühen, die ungeheure Wasserlast von seiner Brust wegzuschieben – dann erinnert er sich hoffentlich an Martie. Ob ich zu ihm hinschwimmen und ihm »Martin Cairnes« ins Ohr schreien soll? Nein, ich glaube, ich kann ihn beim Ertrinken ruhig seinen eigenen Gedanken überlassen: sie werden genügen, um Martie zu rächen.

17. August

Heute mittag beim Essen habe ich meinen Köder für George ausgelegt. Carfax und Frau waren auch da. Die klägliche Art, wie Violet versuchte, so zu tun, als wenn sie das heimliche Spiel zwischen George und Rhoda Carfax nicht bemerkte, stachelte mich gegen George auf. Ich sagte ihm, Phil mache mir den Eindruck, als wenn er ein erstklassiger Segler werden würde. Auf Georges Gesicht sah man einen Kampf zwischen dummem Stolz und unfreundlichem Zweifel. Er sagte, ziemlich widerwillig, er freue sich zu hören, daß es etwas gebe, was der Junge könne; es werde ihn davon abbringen, die ganzen Ferien nur im Garten herumzulungern, und so weiter.

»Sie sollten es eines Tages auch versuchen«, sagte ich.

»In Ihrer Nußschale mitfahren? Dafür ist mir mein Leben doch zu lieb!« Sein Lachen klang etwas forciert.

»Oh, es ist ganz ungefährlich, falls das Ihre Sorge ist. Allerdings«, fuhr ich fort, zur Allgemeinheit gewandt, »es ist komisch, wie viele Leute Angst vor Segelbooten haben: Leute, die nie darüber nachdenken, wie leicht sie überfahren werden können, sooft sie die Straße überqueren.«

George senkte nur ein wenig die Augenlider bei diesem

neuen Hieb; das war das einzige, was er sich anmerken ließ. Violet begann mit piepsiger Stimme: »Oh, Angst hat George nicht, bestimmt nicht. Es handelt sich bloß darum, daß – «

Es war das Allerschlimmste, was sie sagen konnte. George war wütend, weil seine Frau ihn verteidigte; sie hatte sicher sagen wollen, es handle sich nur darum, daß George nicht schwimmen könne; aber er unterbrach sie, wobei er ihre Stimme aufs scheußlichste nachäffte: »Nein, Liebling, George hat wirklich keine Angst. Hat keine Angst vor kleinen Bötchen, o nein.«

»Das ist ja fein«, sagte ich lässig. »Dann kommen Sie also eines Tages mit? Ich bin sicher, daß Sie alles sehr genießen werden.«

Damit war das Thema erledigt. Ich war atemlos vor Aufregung. Alles übrige im Zimmer schien unwirklich und weit entfernt – Lena, die mit Carfax plauderte, Violets unbestimmte, flatternde Bewegungen, Rhoda, die George träge anlächelte, die alte Mrs. Rattery, die in ihrem Fisch herumstocherte, mit einem Ausdruck der Mißbilligung, als wenn sie festgestellt hätte, daß sein Stammbaum fehlte, und die von Zeit zu Zeit unter ihren dachartigen Augenbrauen hervor einen scharfen Blick auf George und Rhoda warf. Ich mußte mich bemühen, still zu sitzen und meine Muskeln zu entspannen, die wie straffgezogener Stahldraht zitterten. Ich starrte zum Fenster hinaus, bis das graue Haus gegenüber und der Baum davor zu einem scheckigen, flimmernden, sich verschiebenden Muster verschwammen wie Flußwasser unter Bäumen, wenn die Sonne scheint.

Eine Stimme, wie aus großer Ferne kommend, riß mich aus diesem Trancezustand in die Wirklichkeit zurück. Es war Rhoda Carfax, die zu mir sagte: »Und was treiben Sie so den ganzen Tag, Mr. Lane?«

Ich hatte mich gerade zusammengerissen, um etwas zu erwidern, als George statt meiner antwortete: »Oh, er sitzt einfach oben in seinem Zimmer und denkt sich seinen Mord aus.«

In meinen Kriminalromanen habe ich oft genug die abgenutzte Redensart verwandt: »Das Blut schien ihm in den Adern zu gefrieren.« Ich hatte nie gewußt, wie richtig dieser Ausdruck ist. Ich starrte George wie gelähmt und mit zitternden Lippen an; es kam mir vor wie eine Ewigkeit. Erst als Rhoda sagte: »Oh, Sie arbeiten an einem neuen Buch?«, merkte ich, daß George einen Mord im Roman gemeint hatte. Oder? Kann es sein, daß er etwas entdeckt hat oder ahnt? Nein, es ist lächerlich, so etwas zu fürchten. Die Erleichterung war bei mir in diesem Augenblick so ungeheuer, daß ich streitsüchtig und reizbar wurde, wütend über George, weil er mir einen solchen Schock versetzt hatte. Ich sagte: »Ja, ich bin dabei, einen sehr hübschen Mord auszuarbeiten – es wird mein Meisterstück, glaube ich.«

»Die Sache geht jedenfalls sehr heimlich vor sich«, bemerkte George. »Verschlossene Türen, verschlossener Mund und so weiter. Natürlich, er *behauptet*, er schreibe einen Kriminalroman; aber wissen wir, ob das stimmt? Ich meine, er sollte uns das Manuskript zeigen, findest du nicht auch, Rhoda? Bloß damit wir beruhigt sind, daß er nicht irgendein getarnter Schwerverbrecher ist, der von der Polizei gesucht wird und sich hier verbirgt oder so etwas.«

»Ich...«

»Ja, wirklich, lies uns nach dem Essen etwas daraus vor, Felix«, sagte Lena. »Wir werden alle um dich rumsitzen und gemeinsam aufschreien, wenn das Messer des Bösewichts sich in das Fleisch des Opfers bohrt.«

Es war furchtbar. Die Idee begann sich auszubreiten wie ein Lauffeuer. »Ach, bitte.« – »Ja, Sie müssen.« – »Komm, sei nett, Felix.«

Bemüht, in bestimmtem Ton zu sprechen, in Wirklichkeit jedoch, fürchte ich, wie ein aufgeregtes Huhn wirkend, sagte ich: »Nein, das kann ich nicht. Tut mir leid. Ich mag nicht, daß jemand ein halbfertiges Manuskript von mir sieht. Darin bin ich eben komisch.«

»Ach, sei doch kein Spielverderber, Felix. Ich mache einen Vorschlag – ich werde es selber vorlesen, wenn der schamhafte Autor zu schüchtern dazu ist: ich lese das erste Kapitel vor, und dann wird gewettet, wer der Mörder ist – jeder einen Schilling Einsatz. Ich denke, daß der Mörder doch schon im ersten Kapitel vorkommt? Ich gehe gleich hinauf und hole es.«

»Du tust nichts dergleichen.« Meine Stimme drohte zu kippen. »Ich verbiete es dir strengstens. Ich will nicht, daß andere Leute in meinen Manuskripten herumschnüffeln.« Georges dummes, grinsendes Gesicht machte mich ganz wütend; ich hatte ihn wahrscheinlich angesehen. »Sie würden es auch nicht gern haben, wenn jemand seine Nase in Ihre Privatkorrespondenz steckte, also lassen Sie die Finger auch von meiner. Hoffentlich haben Sie es jetzt verstanden.«

George natürlich war entzückt, mich auf die Palme gebracht zu haben. »Aha, das also ist es! Privatkorrespondenz. Liebesbriefe. Stellt sein Liebeslicht unter den Scheffel.« Er brüllte vor Lachen über seinen eigenen Witz. »Sie sollten sich vorsehen, sonst wird Lena eifersüchtig. Wenn man sie reizt, ist sie furchtbar in ihrem Zorn, das kann ich Ihnen sagen.«

Ich gab mir verzweifelte Mühe, mich zu beherrschen und in gleichmütigem Ton zu sprechen. »Nein, keine Liebesbriefe, George. Sie müssen Ihre Gedanken nicht immer im altgewohnten Gleis laufen lassen.« Etwas veranlaßte mich, fortzufahren: »Aber ich sollte mein Manuskript wirklich nicht vorlesen. Angenommen, Sie kämen darin vor – es wäre doch ziemlich unangenehm für Sie, nicht wahr?«

Überraschenderweise mischte sich Carfax ins Gespräch: »Ich glaube nicht, daß er sich erkennen würde. Die Leute erkennen sich ja nie, nicht wahr? Außer wenn er der Held wäre, selbstverständlich.«

Eine angenehm bissige Bemerkung. Carfax ist sonst eine so farblose, neutrale Gestalt, daß man so etwas gar nicht von ihm erwartet hätte. Die Spitze gegen George mit seinem dicken Fell war natürlich viel zu fein, als daß er sie gespürt hätte. Wir fingen darüber zu sprechen an, in welchem Maße Schriftsteller tatsächlich existierende Personen für ihre Romanfiguren verwerten, und die kalte Brise ging vorüber. Aber es war unangenehm frostig, solange sie wehte. Ich hoffe, ich habe mich nicht irgendwie verraten, als ich so ausfällig gegen George wurde. Hoffentlich ist mein Versteck für dieses Tagebuch tatsächlich sicher: ich zweifle sehr, ob Schloß und Riegel George fernhalten würden, falls er wirklich neugierig auf das »Manuskript« sein sollte.

18. August

Kannst du dir vorstellen, lieber Leser, daß du in einer Lage wärst, in der du ungestraft einen Mord begehen könntest? Einen Mord, der nach außen hin wie ein Unfall wirken und bei dem nicht der kleinste Schatten eines Verdachts auf dich fallen würde – gleichgültig, ob die versuchte Tötung gelingt oder durch ein unvorhergesehenes Mißgeschick vereitelt wird? Kannst du dir denken, du lebtest Tag für Tag im selben Haus wie dein Opfer, dessen Existenz – auch abgesehen von deinem Wissen um seine besondere Niedertracht – ein Fluch für seine ganze Umgebung ist und eine Beleidigung für seinen Schöpfer? Kannst du dir vorstellen, was es heißt, mit dieser verabscheuenswerten Kreatur zusammenzuleben – wie rasch aus der Vertrautheit mit deinem Opfer Verachtung erwächst? Er sieht dich manchmal vielleicht etwas merkwürdig an: du kommst ihm zerstreut vor; und du gibst ihm als Antwort ein abwesendes, freundliches Lächeln – abwesend, weil du dir in diesem Augenblick die genauen Bewegungen von Wind, Segel und Ruderpinne überlegst, die zu seinem Tod führen werden.

Mal dir das alles aus, wenn du kannst, und dann versuche dir vorzustellen, daß deine Pläne aufgehalten, gestört, durchkreuzt werden durch eine ganz einfache Kleinigkeit. »Die leise Stimme im Innern« vermutest du vielleicht, lieber Leser. Ein edler Gedanke, aber leider nicht richtig. Du kannst mir glauben, ich habe nicht die geringsten Gewissensbisse, George aus dem Wege zu räumen; auch wenn ich keinen anderen Grund hätte – die Art, wie er Phil, dieses reizende Kind, verbiegt und erdrückt, wäre Rechtfertigung genug: *einen* bezaubernden kleinen Jungen hat er schon umgebracht, ich werde nicht zulassen, daß er noch einen zugrunde richtet. Nein, nicht das Gewissen hält mich zurück. Nicht einmal meine angeborene Zaghaftigkeit. Es ist ein noch elementareres Hindernis – nichts mehr und nichts weniger als das Wetter.

Hier sitze ich – und werde ich wer weiß wie viele Tage noch sitzen – und warte vergeblich auf Wind wie der Seemann in den alten Zeiten. Es stimmt zwar nicht ganz, wenn ich sage, ich warte auf Wind: heute *war* Wind, aber unglücklicherweise zuviel – fast Sturm, von Südwesten. Das ist der Haken. Ich muß einen Tag haben, an dem genug Wind weht, um ein schlecht geführtes Boot kentern zu lassen, aber nicht so viel, daß es als grobe Fahrlässigkeit erscheint, einen Anfänger mit hinauszunehmen. Aber wie lange werde ich noch warten müssen auf genau den richtigen Wind? Ich kann nicht ewig hierbleiben. Lena wird schon ungeduldig. Um die Wahrheit zu sagen, sie fängt schon an, mir ein ganz klein wenig auf die Nerven zu gehen. Es ist scheußlich, so etwas zu sagen, sie ist so nett und liebevoll: aber in der letzten Zeit, scheint mir, hat sie viel von ihrem früheren Schwung verloren; sie ist für meine augenblickliche Verfassung eine Spur zu mädchenhaft geworden, zu anlehnungsbedürftig, zu empfindsam. Heute abend sagte sie zu mir: »Felix, können wir nicht zusammen fortgehen? Ich bin all die Leute hier leid. Komm doch mit, ich bitte dich.« Sie war merkwürdig aufgeregt, als sie davon sprach; kein Wunder: es kann kein Vergnügen für sie sein, George jeden Tag zu sehen und an jenen Abend vor sieben Monaten erinnert zu werden, als ihr Wagen ein Kind auf der Straße umfuhr. Ich mußte sie natürlich mit vagen Versprechungen abspeisen. Ich habe Lena gegenüber ein etwas ungutes Gefühl; aber ich wage nicht, mit ihr zu brechen, selbst wenn ich gemein sein wollte, denn ich muß sie unbedingt auf meiner Seite haben, wenn bei der Leichenschau meine wahre Identität herauskommt.

Ich wünschte, sie verwandelte sich wieder in die robuste, schlagfertige, immer unter Hochspannung stehende Person, die sie war, als ich sie kennenlernte. Es wäre viel leichter, jene Lena zu verraten – und früher oder später muß sie ja doch merken, daß sie verraten worden ist, daß ich sie nur benutzt habe als Mittel zum Zweck, auch wenn sie nie dahinterkommt, was für ein Zweck es war.

19. August

Ich wurde heute Zeuge eines Zwischenfalls, der ein seltsames Streiflicht auf die Familie Rattery wirft. Ich ging an der Wohnzimmertür vorüber, die halb offenstand. Von drinnen kam ein unterdrücktes Schluchzen. Ich wollte weitergehen – man gewöhnt sich hier im Haus an solche Laute –, als ich Georges Mutter mit barschem, dringlichem, gebieterischem Unterton sagen hörte: »Also Phil, jetzt hör auf zu heulen. Denk dran, daß du ein Rattery bist. Dein Großvater fiel in Südafrika im Kampf – um ihn herum war ein Kranz von toten Feinden – die haben ihn zerstückelt – er wich nicht zurück. Schämst du dich gar nicht, so zu heulen, wo – «

»Er soll aber nicht... Er... Ich halte es nicht aus...«

»Wenn du groß bist, wirst du so etwas verstehen. Dein Vater ist vielleicht ein bißchen hitzig, aber es kann nur einer Herr im Hause sein.«

»Das ist mir ganz egal. Er ist ein richtiger Tyrann. Er hat kein Recht, Mutti zu behandeln, als wenn sie... Das ist ungerecht. Ich – «

»Hör auf, Junge! Hör sofort auf! Wie kannst du dich unterstehen, deinen Vater zu tadeln?«

»*Du* tust es. Gestern habe ich gehört, wie du dich darüber empört hast, wie er seine Frau behandelt, und du würdest – «

»Jetzt aber Schluß, Phil. Kein Wort mehr davon, weder mir noch jemand anderem gegenüber.« Mrs. Ratterys Stimme war wie die Schneide einer schartigen, verrosteten Rasierklinge; dann wurde sie auf einmal freundlich und geduldig, ein scheußlicher Wechsel, und sie sagte: »Versprich mir, mein Kind, daß du das, was du gestern gehört hast, vergessen wirst. Du bist noch viel zu jung, um dir den Kopf über solche Große-Leute-Sachen zu zerbrechen. Versprich es mir.«

»Ich kann doch nicht versprechen, daß ich es *vergesse*.«

»Keine Ausflüchte, Junge! Du verstehst sehr gut, was ich meine.«

»Meinetwegen, ich verspreche es.«

»Gut. Und nun – siehst du Großvaters Degen dort an der Wand? Hol ihn bitte her.«

»Aber...«

»Tu, was ich sage... So ist es richtig. Jetzt gib ihn mir. Ich möchte, daß du für deine Großmama etwas tust. Ich will, daß du niederkniest und den Degen vor dich hinhältst und bei diesem Degen schwörst, daß du die Ehre der Ratterys, gleichgültig, was passiert, hochhalten und dich des Namens, den du trägst, niemals schämen wirst. Gleichgültig, was passiert. Hast du verstanden?«

Das war mir zuviel. George und diese alte Vettel werden das Kind noch zum Wahnsinn treiben, mit vereinten Kräften. Ich ging rasch hinein und sagte: »Hallo, Phil, was machst *du* denn da, mit diesem gräßlichen Säbel? Laß ihn um Gottes willen nicht hinfallen, sonst schneidest du dir noch die Zehen ab. Oh, Mrs. Rattery! Ich hatte Sie gar nicht gesehen. Ich muß Phil jetzt leider mitnehmen; es ist Zeit, daß wir mit dem Unterricht beginnen.«

Phil blinzelte mich benommen an, wie ein Schlafwandler, der gerade aufgewacht ist; dann blickte er nervös zu seiner Großmutter hinüber.

»Also, komm, Phil«, sagte ich.

Er schrak zusammen und rannte plötzlich an mir vorbei aus dem Zimmer. Die alte Mrs. Rattery saß da mit dem Degen auf dem Schoß, schweigend, starr wie eine Statue. Als ich hinausging, spürte ich im Rücken ihren Blick. Ich hätte mich nicht umdrehen und ihm trotzen können, nie im Leben. Ich wünschte bei Gott, ich könnte sie ebenfalls ertränken, so wie George. Dann wäre wieder Hoffnung für Phil.

20. August

Es ist erstaunlich, wie sehr ich mit dem Gedanken versöhnt bin, daß ich in einigen Tagen (falls das Wetter es gestattet) einen Mord begehen werde. Ich spüre keinerlei Gefühlsregung – höchstens das leise Unbehagen, das ein normaler Mensch empfindet, wenn er zum Zahnarzt geht. Ich vermute, wenn man dicht vor einem Unterfangen wie diesem steht, das seit langer Zeit in voller Sicht vor einem lag, ist die Sensibilität zwangsläufig abgestumpft. Es ist interessant. Ich sage zu mir selbst: »Ich werde in kurzer Zeit ein Mörder sein« – und es klingt in meinen Ohren so natürlich und selbstverständlich, als würde ich sagen: »Ich werde in kurzer Zeit Vater sein.«

Apropos Mörder, ich hatte heute morgen, als ich den Wagen zur Werkstatt brachte, um das Öl wechseln zu lassen, einen langen Schwatz mit Carfax. Er scheint wirklich ein sehr netter, anständiger Kerl zu sein: ich kann nicht verstehen, wie er den gräßlichen George als Teilhaber ertragen kann. Er schwärmt für Detektivromane und überhäufte mich mit Fragen über die Technik des Mordes im Roman. Wir sprachen über die Wissenschaft der Fingerabdrücke und über die jeweiligen Vorzüge von Arsenik, Zyankali und Strychnin, vom Standpunkt des Mörders im Roman gesehen. Ich fürchte, ich war hierin ziemlich unsicher: ich muß unbedingt einen Giftkurs mitmachen, wenn ich meine Schriftstellertätigkeit wiederaufnehme (es ist komisch, mit welcher ruhigen Selbstverständlichkeit ich annehme, daß ich zu meiner alten Betätigung zurückkehren werde, wenn dieses ärgerliche kleine Zwischenspiel mit George vorüber ist. Es ist so, wie wenn Wellington mit Zinnsoldaten gespielt hätte, nachdem er Waterloo gewonnen hatte).

Nachdem wir eine ganze Zeit geplaudert hatten, schlenderte ich zum hinteren Teil der Werkstatt. Ein ziemlich wunderlicher Anblick bot sich meinen Augen. Dort stand George, den riesenhaften Rücken mir zukehrend und das ganze Fenster ausfüllend, in der Haltung eines Mannes, der aus einem belagerten Haus auf die Feinde feuert. Es gab einen leichten, dumpfen Knall. Ich ging zu George hin. Er schoß tatsächlich – mit einem Luftgewehr. »Wieder so ein Biest erledigt«, sagte er, als ich bei ihm stand. »Ah, Sie sind es. Ich mache Jagd auf die Ratten draußen auf dem Schrottplatz. Wir haben alles versucht – Fallen, Gift und Treibjagden –, aber wir können sie nicht kleinkriegen. Heute nacht haben sie hier drinnen einen neuen Autoreifen durchgenagt, die Biester.«

»Eine hübsche, kleine Büchse haben Sie da.«

»Ja. Hab' ich Phil neulich zum Geburtstag geschenkt. Hab' ihm gesagt, er bekäme für jede Ratte, die er schießt, einen Penny. Gestern hat er, glaub' ich, zwei erwischt. Wie ist es, wollen Sie nicht auch mal? Wir setzen fünf Schilling aus als Preis. Wer von uns mit sechs Schüssen die meisten Ratten kriegt.«

Es ergab sich das ergötzliche Schauspiel, daß ein Mörder und sein zukünftiges Opfer, einträchtig nebeneinander stehend, abwechselnd auf einen von Ratten bewohnten Haufen alten Eisens schossen.

Ich empfehle die Szene meinen Kollegen von der Thriller-Zunft: sie ließe sich sehr hübsch zum Anfangskapitel eines Dickson Carr ausbauen; auch Gladys Mitchell würde sie geschickt zu verwenden wissen, oder Anthony Berkeley.

George gewann die fünf Schilling. Jeder von uns erwischte drei Ratten, aber George schwor, ich hätte meine letzte nur am Bein verletzt; es war mir zu unwichtig, als daß ich mich mit ihm herumgestritten hätte: was sind schließlich fünf Schilling unter Freunden?

Der Wind hat heute etwas nachgelassen, es reicht aber immer noch für einige erstklassige Böen. Es wäre nicht das schlechteste, wenn ich George morgen tötete: er nimmt am Samstagnachmittag gewöhnlich frei, und es hat keinen Zweck, daß ich es hinausschiebe. Es ist eine liebenswürdige Ironie des Schicksals, daß meine Beziehungen zu George mit einem Unfall beginnen und auch mit einem Unfall enden werden.

21. August

Ja, heute. George will nachmittags mit mir im Boot hinausfahren. Es ist das Ende meiner langen Reise und der Anfang der seinen. Meine Stimme klang durchaus normal, als ich ihn beim Frühstück fragte, ob er mit zum Segeln kommen würde. Meine Hand, die den Bleistift hält, zittert nicht. Am ganzen Himmel bilden sich weiße Wolken, die Blätter spielen ungestüm mit dem Sonnenlicht. Eigentlich müßte alles klappen.

– Ende von Felix Lanes Tagebuch –

II

*Szene
auf dem Fluß*

George Rattery kam ins Eßzimmer zurück, wo die anderen noch beim Kaffee saßen. Er sprach zu dem Mann mit dem runden, bärtigen Gesicht, der gerade ein Stück Zucker mit dem Löffel in seine Tasse hielt und zusah, wie es unter der Oberfläche der heißen Flüssigkeit zerbröckelte und in sich zusammensank.

»Hören Sie, Felix, ich habe noch einiges zu erledigen. Wollen Sie schon vorgehen und das Boot fertig machen? Ich treffe Sie dann in einer Viertelstunde am Landungssteg.«

»Gut. Es hat keine Eile.«

Lena Lawson sagte: »Hast du schon dein Testament gemacht, George?«

»Das will ich jetzt ja gerade tun. Ich war nur zu höflich, es so offen auszusprechen.«

»Sie werden doch gut auf ihn achten, nicht wahr, Felix?« sagte Violet Rattery.

»Mach nicht so viel Getue, Vi. Ich kann selber auf mich aufpassen. Ich bin ja kein kleines Baby mehr, nicht wahr?«

»Man könnte meinen«, sagte Felix sanft, »wir wollten im Kanu den Atlantischen Ozean überqueren. Nein, George wird am Leben bleiben, bis der Henker ihn holt – solange er genau das tut, was ich ihm sage, und nicht mitten auf dem Fluß zu meutern beginnt.«

George machte ein mürrisches Gesicht; seine Lippen schoben sich unter dem dicken Schnurrbart nach vorn.

Der Gedanke, herumkommandiert zu werden, gefiel ihm nicht.

»Schon gut«, sagte er. »Ich werde mich wie ein braver, kleiner Junge benehmen. Ich habe keineswegs die Absicht zu ertrinken, das kann ich Ihnen sagen. Wasser habe ich nie gemocht, außer um Whisky reinzugießen. Gehen Sie nur vor, und setzen Sie schon Ihre Segelmütze auf, Felix. Ich bin in einer Viertelstunde da.«

Alle standen auf und verließen das Eßzimmer. Zehn Minuten später zog Felix Lane das Boot an die Spitze des Landungsstegs. Mit der peinlichen Genauigkeit des Fachmanns hob er die Bodenbretter hoch, schöpfte das Wasser aus und legte sie dann an ihren Platz zurück; er machte das Steuerruder klar, befestigte den Klüverbaum, holte das Fall etwas ein, um zu sehen, ob es frei beweglich war, ließ das kleine Segel vorn liegen und wandte sich dem Großsegel zu. Er hakte den Segelbaum am Mast ein, befestigte das eine Ende des Falls am Stropp der Rah und hißte, sich windwärts stellend, das Segel. Es schlug hin und her und ächzte im Sturmwind. Zerstreut lächelnd zog er es wieder ein, dann machte er die Riemen und die Dollen klar, ließ das Schwert hinunter und spielte eine Zeitlang mit den Klüverschoten herum. Schließlich zündete er sich eine Zigarette an und setzte sich hin, um auf George Rattery zu warten.

Er hatte alles mit gemächlicher, sorgfältiger Bestimmtheit getan. Es wäre furchtbar, wenn vor dem großen Augenblick, auf den er wartete, irgend etwas schiefginge. Das Wasser strömte glucksend und gurgelnd am Landungssteg vorüber. Stromaufwärts blickend konnte er die Brücke sehen und die Stelle, wo der Schrottplatz der Werkstatt an den Fluß stieß und wo George die belastenden Beweisstücke versenkt haben mußte, damals nach dem Unfall. Bei der Erinnerung an jenen Tag vor fast acht Monaten, dessen Schrecken jetzt aus dem Getriebe der Zwischenzeit, durch das sie manchmal fast ganz überdeckt worden waren, voll wieder auftauchten, preßten seine Lippen sich zusammen, und die Zigarette zwischen seinen Fingern zitterte. Er war jetzt jenseits von Recht und Unrecht: es waren bloße Worte, genauso leer und nutzlos wie die Konservendose und die Eiskremschachtel, die in diesem Augenblick an ihm vorübertrieben. Er hatte um seine wahre Absicht herum ein Gebäude von falschen Behauptungen und vorgetäuschten Tatsachen errichtet: jetzt, wo das Ganze begonnen hatte, sich in Bewegung zu setzen, war es zu spät abzuspringen; er wurde jetzt dem unausweichlichen Endziel zugetrieben, mit der gleichen Bestimmtheit, mit der jene leeren Hüllen draußen auf dem Wasser von der Strömung fortgetrieben wurden. Dem unausweichlichen Ziel zu, so oder so: einen Augenblick lang erwog er die Möglichkeit, daß sein Plan mißlang; er dachte ganz fatalistisch – genau wie der Soldat in der Hauptkampflinie konnte er über die gegenwärtige Stunde nicht hinausblicken; was danach kommen würde, war unwirklich, übertönt von dem heftigen Staccato der augenblicklichen Erregung, den Trommelschlägen, die in seinem Herzen dröhnten, dem Wind, der immer wieder in seinen Ohren brauste.

Seine Träumereien wurden unterbrochen durch das Geräusch von Schritten auf dem Landungssteg. George sah zu ihm hinunter, ein Gebirge von einem Mann, die Arme in die Hüften gestützt.

»O Gott, da soll ich mich reinsetzen? Also los, meinetwegen.«

»Nein, nicht da. Setzen Sie sich auf die mittlere Ducht, und zwar hier auf die windwärts gelegene Seite.«

»Nicht mal sitzen kann ich, wo ich will? Ich hatte mir immer schon gedacht, daß diese Seglerei eine verrückte Idee ist.«

»Es ist sicherer, wenn Sie da sitzen, wo ich Ihnen sage – es hält das Boot mehr im Gleichgewicht.«

»Sicherer? Aha. In Ordnung, Herr Lehrer, stoßen Sie ab.«

Felix Lane hißte erst das Klüver- und dann das Großsegel; er setzte sich auf die Achterbank, zog mit zwei raschen Bewegungen die Klüverschot an und befestigte sie mit einem leichten Knoten. Als er dann die Großschot anzog, begann das Boot den Wind zu spüren und von der Landungsstelle wegzugleiten. Es hatte gute Fahrt, der Wind kam direkt von Steuerbord und strich ungehindert über flache Uferwiesen. George Rattery, die Füße gegen den Schwertkasten stemmend und sich mit den Händen am Schandeck haltend, sah zu, wie die Mühle vorüberglitt; von dieser Seite hatte er sie noch nie gesehen. Malerisches, altes Ding, dachte er, aber sicher arbeiten sie mit Verlust. Hinter dem Boot rauschten und schäumten die Wasserblasen, die Wellen schlugen hurtig gegen die Bugwand. Es war friedlich und angenehm, so dahinzugleiten und zuzusehen, wie die Häuser, als stünden sie auf einem laufenden Band, langsam vorüberzogen. Georges

Befürchtungen begannen sich zu legen: es amüsierte ihn, zu sehen, wie Felix ständig mit der Segelleine und dem Ruder herumhantierte, immer wieder über seine rechte Schulter blickte und so tat, als wenn alles äußerst schwierig wäre. Er sagte: »Bis jetzt habe ich das Segeln immer als eine Art Geheimlehre betrachtet. Ich kann aber nicht finden, daß sehr viel dabei ist.«

»O ja, es sieht sehr einfach aus, aber warten Sie, bis wir ...« Felix setzte neu an: »Haben Sie Lust, es auch mal zu versuchen, wenn wir da vorn an die breite Stelle kommen?«

»Ein blutiger Anfänger wie ich?« George lachte jovial. »Fürchten Sie nicht, ich könnte das Boot zum Kentern bringen?«

»Es wird schon gehen, vorausgesetzt, daß Sie genau das tun, was ich Ihnen sage. Sehen Sie, ›Ruder backbord‹ ist so, ›Ruder steuerbord‹ ist das Entgegengesetzte. Wenn Sie merken, daß das Boot sich auf die Seite legt, müssen Sie das Ruder immer nach Lee drehen, dadurch nehmen Sie den Wind aus den Segeln, und das Boot stellt sich wieder gerade; aber nicht zu heftig drehen, sonst gehen Sie über Stag, und dann verliert es Fahrt, und Sie sind jeder Bö ausgeliefert, die Ihre Breitseite trifft, wenn Sie wieder vom Wind abfallen.«

George grinste; seine Zähne waren groß und weiß; er sah einen Augenblick wie eine ausländische Karikatur eines englischen Staatsmannes aus – ein Ausdruck von gieriger, humorloser Selbstgefälligkeit.

»Scheint ja alles kinderleicht zu sein. Ich verstehe nicht, warum soviel Getue darum gemacht wird.«

Eine plötzliche Woge von Verärgerung überkam Felix. Er hätte diesem höhnischen, eingebildeten Klotz am liebsten ins Gesicht geschlagen. Immer wenn Felix einen bestimmten Grad des Gereiztseins erreichte, reagierte er so, daß er nicht den, der ihn geärgert hatte, direkt angriff, sondern irgendwelche gewagten Dinge machte (ob beim Autofahren oder Segeln), Dinge, die bis hart an die Grenze der Unbesonnenheit gingen und durch die er dem anderen einen tödlichen Schrecken einjagte. Nachdem er jetzt flüchtig über die Schultern geblickt und bemerkt hatte, daß eine Bö über das Wasser auf sie zujagte, zog er die Großschot ein. Das Boot legte sich ganz auf die Seite, als wenn die Hand eines Riesen den Mast herunterdrückte. Dann schob er mit einem Ruck das Steuer herum. Ein Wasserschwall spritzte von Lee über das Schandeck, als das Boot so plötzlich gegen den Wind gedreht wurde und sich wieder gerade stellte, die Bö von sich abschüttelte wie ein nasser Hund das Wasser. Ein erschreckter Fluch war aus Georges Mund gekommen, als er dieses erste plötzliche Sichneigen und Niedertauchen des Bootes spürte. Der Angeber, konstatierte Felix mit grausamer Freude, war jetzt ausgesprochen grün im Gesicht und beäugte ihn mit einem Unbehagen, aus dem er nicht so rasch zur Prahlerei zurückfinden konnte.

»Hören Sie, Lane, es wäre besser, wenn ich...«

Aber Felix, dessen momentaner Ärger verflogen war, sagte mit unschuldigem Lächeln und voll harmloser Freude über das gute Gelingen seines Manövers: »Ach, das ist gar nichts. Kein Grund, sich aufzuregen. Wir werden dauernd solche Sachen machen, wenn wir draußen auf der geraden Strecke sind und zu kreuzen beginnen.«

»Dann steig' ich lieber aus und geh' zu Fuß.« George gab ein kurzes, gezwungenes Lachen von sich. Dieser elende Wurm, dachte er – versucht, mir Angst einzujagen; ich darf mir nicht anmerken lassen, daß ich nervös bin – ich bin es ja auch gar nicht – wer sagt überhaupt, ich sei nervös, zum Teufel! Kein Grund, sich aufzuregen? Ha.

Als sie einige Minuten weitergesegelt waren, kamen sie zur Schleuse. Der Garten am rechten Ufer, vor dem Haus des Schleusenwärters, quoll über von Blumen – Dahlien, Rosen, Malven, roter Lein –, ordentlich in Reih und Glied stehend und sich im Wind neigend, wie ein Heer von Soldaten in prachtvollen, bunten Uniformen. Der Schleusenwärter, eine kurze Tonpfeife im Mund, trat gemächlich vor und langte nach dem großen Holzbalken, mit dem die Tore der Schleuse geöffnet wurden.

»Morgen, Mr. Rattery. Sieht man Sie auch mal hier. Schöner Tag zum Segeln.«

Sie steuerten das Boot in die Schleuse. Die Tore wurden aufgemacht, das Wasser begann herauszubrausen, und das Boot sank immer tiefer, bis nur noch ein fußlanges Stück des Mastes aus der Schleuse herausragte und sie zwischen den grünlich-schleimigen Wänden eingeschlossen waren. Felix Lane versuchte, seine wachsende Ungeduld zu bezähmen: dort draußen, einen halben Kilometer jenseits dieses Holztors, war die Stelle, wo die Schlußrunde stattfinden würde; er wollte rasch dorthin kommen, um es hinter sich zu haben, um zu beweisen, daß seine Berechnungen richtig gewesen waren. Theoretisch schien alles absolut sicher. Aber wenn es darauf ankam? Angenommen etwa, daß George doch schwimmen konnte? Das Wasser schoß dröhnend und tosend durch die Schleuse, wie eine Herde wildes Vieh, das sich seinen Weg durch ein enges Tor bahnt; aber für Felix war es ein langsames, dünnes Tröpfeln – das schwache Rieseln einer Sanduhr. Der Wasserspiegel in der Schleuse mußte jetzt mit dem des Flusses draußen gleich sein; aber George, der verfluchte, schwatzte immer weiter mit dem Schleusenwärter und zog Felix' Todesqual in die Länge – wie um die eigene hinauszuschieben, schien es.

Lieber Gott, wie lange noch? dachte Felix. Auf diese Weise kommen wir hier nie fort: bis wir im offenen Fahrwasser sind, hat der Wind vielleicht längst aufgehört. Er sah verstohlen zum Himmel empor. Oben zogen noch immer die Wolken, vom Horizont heraufsteigend und zum anderen Ende des Himmels dahinfegend. Felix betrachtete George genau: die schwarzen Haare, die auf seinen Handrücken wuchsen, den Leberfleck auf seinem Unterarm, die schräge Stellung seines Unterarms, als er die Zigarette jetzt zum Mund führte. In diesem Augenblick bedeutete George gefühlsmäßig für ihn genausowenig wie eine Leiche für jemanden, der im Begriff ist, sie zu sezieren: George war lediglich ein Körper, mit dem ganz bestimmte Dinge gemacht werden mußten; die aufgestaute Erregung hatte Felix an einen Punkt geführt, der sogar schon jenseits des Hasses lag; in seinem Innern war kein Platz mehr für etwas anderes als Erregung; er hatte das Gefühl, daß die Umwelt ein wild herumwirbelnder Kreis sei, in dessen Zentrum eine unerklärliche, verschlafene Ruhe herrschte.

Das Brausen des Wassers war allmählich zu einem sausenden Glucksen erstorben. Die Tore begannen sich zu öffnen und gaben einen langsam sich verbreiternden Ausblick auf den Fluß und den Himmel frei.

»Sie werden eine hübsche Brise mitbekommen, dort hinter der Biegung«, rief der Schleusenwärter, als das Boot weiter fortzugleiten begann.

»Wir haben schon auf dem Herweg einen tollen Windstoß mitgekriegt. Mr. Lane tat sein möglichstes, mich rauszukippen.«

»Mr. Lane ist in Ordnung, Sir. Versteht mit Segelbooten umzugehen. Mit ihm ist es ganz ungefährlich.«

»Na, es ist schön, das zu wissen«, sagte George und sah Felix mit gleichgültiger Miene an.

Das Boot glitt träge dahin, sanft wie ein Lamm; es war nicht leicht, sich vorzustellen, in was für ein jähzorniges, bösartiges und hartmäuliges Pferd es sich verwandeln würde, wenn es erst den vollen Peitschenhieb des Windes spürte. Hier war es durch das hohe Ufer auf Steuerbord geschützt. George zündete sich eine neue Zigarette an und fluchte ärgerlich, als das erste Streichholz wieder ausging. Er sagte: »Geht ziemlich langsam hier, wie?«

Felix machte sich nicht die Mühe zu antworten. Also auch George hat das Gefühl, daß das Boot sich zu langsam von der Stelle bewegt, ja? Die Erregung stieg in ihm auf und fiel wieder zusammen, wie Fahnen bei böigem Wetter. Die Weiden an der Uferböschung ließen ihr Haar flatternd im Winde wehen, aber unten im Boot umspielte er nur sanft Felix' Stirne. Felix dachte an Tessa und Martie und ohne Furcht an die ungewisse Zukunft. Die Weiden mit den flatternden, aschblonden Blättern erinnerten ihn an Lena; aber Lena schien unendlich weit entfernt zu sein von diesem Boot, das zwei Menschen einem Entscheidungskampf entgegentrug, bei dessen Vorbereitung sie ihre Rolle schon gespielt hatte.

Das Boot näherte sich jetzt der Biegung des Flusses. George hatte seinen Begleiter von Zeit zu Zeit flüchtig angesehen und so getan, als wenn er etwas sagen wollte; aber in Felix' tiefem Versunkensein war etwas, was selbst Georges dickes Fell durchdrang und ihm den Mund verschloß. Felix hatte, während er das Boot dirigierte, eine merkwürdige und ungewohnte Autorität; George konstatierte es mit einem vagen Gefühl von Verdruß; aber die widerstreitenden Empfindungen in seinem Innern wurden bald hinweggeblasen durch die Heftigkeit des Südwestwindes, der sie empfing, als sie um die Biegung segelten und auf die dreiviertel Kilometer lange gerade Strecke kamen. Das Wasser vor ihnen war schwarz und trüb, die Oberfläche war wie von Katzenpfoten gekräuselt und wurde von den Krallen eines heftigeren Windstoßes noch tiefer aufgerissen. Der Wind, der genau die gerade Strecke entlangfegte, kämpfte mit der Strömung und wühlte jähe Wellen hoch, die klatschend gegen den stumpfen Bug des Bootes schlugen. Felix, der aufrecht auf der Bordwand saß und die Füße fest gegen die Kante der gegenüberliegenden Seitenbank stemmte, hielt sich hoch am Wind, nach Steuerbord lavierend. Das Boot mit seiner tückischen Gewohnheit, vom Winde abzufallen, stieß und stampfte unter ihm wie ein nicht zugerittenes Pferd, wenn er es mit Großschot und Ruderpinne in die Böen hineinzwang. Immer wieder über die Schulter blickend, taxierte er die Stärke und die Richtung jeder Bö, die auf sie zukam und deren Krallenspuren auf dem Wasser zu sehen waren. In einer Pause überlegte er voll Hohn, wie bedauerlich es wäre, wenn einer dieser Windstöße das Boot zum Kentern brächte, bevor der Augenblick, auf den er wartete, gekommen war: einstweilen war seine ganze Kraft darauf gerichtet, das Leben dieses Menschen, den er seit so vielen Tagen aufs eifrigste dem Tod entgegenhetzte, noch zu erhalten.

Jetzt legte er das Ruder herum, um zu wenden. Als das Boot sich mühsam herumkämpfte, ließ er die rechte Klüverschot los: der Wind packte das Klüversegel und schüttelte es wild hin und her, wie ein Hund, der einen großen Stoffetzen schüttelt; alles schien in Bewegung zu kommen und zu dröhnen und zu brausen; der herumschwenkende Kiel ließ das Wasser aufzischen, und an die zwei Meter entfernte Uferböschung schlugen kleine Wellen. Als das Boot in Richtung Backbord wieder langsam in Fahrt kam, drückte ein Windstoß es auf das Wasser nieder; aber Felix hatte das Ruder schon kräftig herumgeschwungen und zwang das Boot, sich in den Wind hineinzubohren; es richtete sich wieder auf und folgte mit einem müden Schütteln des Großsegels dem neuen Kurs. George, sich verzweifelt nach der Windseite hinauslehnend, hatte das beängstigende Kippen des Bootes gespürt und das Wasser vorüberzischen sehen, in gleicher Höhe wie das Schandeck auf Lee. Er biß die Zähne aufeinander, fest entschlossen, sich seine Angst nicht noch einmal anmerken zu lassen vor diesem kleinen bärtigen Mann, der, während er mit dem Wind rang, durch die Zähne pfiff und jetzt Herr der Lage war, obwohl er selbst ihm in jedem beliebigen Moment das Genick hätte brechen können, so leicht wie einen dünnen Zweig.

Felix war tatsächlich so sehr damit beschäftigt, das widerspenstige Boot im Zaum zu halten, daß er George kaum beachtete. Er spürte dunkel die köstliche Gewalt, die er über diesen minderwertigen, selbstgefälligen Gewaltmenschen ausübte; er genoß die schlecht verhohlene Angst des anderen, allerdings im Augenblick nur als kleinen, unwesentlichen Teil des altvertrauten Kampfes mit Wind und Woge. Die andere Hälfte seines Geistes registrierte das Fachwerk des Gasthauses auf dem anderen Ufer, den geborstenen, halbzerfallenen Flußkahn, der dort an der Helling lag, und die Angler, die auf ihre Schwimmkorken starrten und deren mystische Versunkenheit keineswegs gestört wurde durch das Drehen und Kreuzen des Segelbootes, das sich im Zickzack, von Ufer zu Ufer pendelnd, vorwärts kämpfte. Wenn ich wollte, könnte ich George jetzt ertränken, dachte Felix.

In diesem Augenblick ertönte ein schmetterndes Signal; sich umblickend sah Felix zwei Motorschiffe, die gerade um die Ecke bogen, auf gleicher Höhe nebeneinander fahrend und beide eine Reihe von Leichtern schleppend. Er schätzte mit dem Auge sorgfältig die Entfernung ab. Sie waren einige hundert Meter hinter ihnen und würden ihn erreichen nach dem dritten Wenden, von jetzt an gerechnet. Wenn sie ihn passierten, konnte er zwischen dem Ufer und dem einen Schleppzug hin und her kreuzen: aber es bestand die Gefahr, daß die Schiffsrümpfe ihm vorübergehend den Wind aus den Segeln nehmen und ihn dadurch der nächsten Bö ausliefern würden, die Gefahr, daß das Kielwasser der Schiffe ihn aus seinem Kurs warf, die Gefahr eines Zusammenstoßes mit dem straffgespannten Schleppseil. Die zweite Möglichkeit bestand darin, zu wenden, an den Schleppzügen vorbeizufahren und wieder zu drehen, wenn sie vorüber waren. Seine Berechnungen wurden von George unterbrochen, der sich räusperte und sagte: »Was machen wir jetzt? Sie kommen ziemlich nahe, nicht?«

»Oh, wir haben reichlich Platz.« Felix fügte boshaft hinzu: »Schiffe mit Kraftantrieb müssen Segelschiffen Platz machen, wissen Sie.«

»Platz machen? Ha, ich sehe nichts von Platzmachen! Verdammt noch mal, glauben die, der verfluchte Fluß gehört ihnen – sie könnten einfach nebeneinander fahren? Das ist ein Skandal. Ich werde mir die Nummern merken und mich bei den Eigentümern beschweren.«

George steuerte offensichtlich auf einen Panikanfall zu; er würde bald völlig außerstande sein, ihn zu unterdrükken. Allerdings, der Anblick der beiden großen Motorschiffe war erschreckend genug, wie sie mit Schnurrbärten aus Gischt rechts und links des Buges auf sie zugefahren kamen. Aber Felix lavierte genauso ruhig wie zuvor und begann, den Fluß zu überqueren, bloß siebzig Meter vor den Schiffen. George wischte sich das Gesicht, rutschte verstohlen näher und starrte Felix an, wobei die weißen Augäpfel unnatürlich groß wurden. Plötzlich brach es aus ihm heraus: »Was haben Sie denn vor? Passen Sie doch auf, sag' ich Ihnen! Sie können nicht...« Aber das, was er sagen wollte, wurde ruckartig abgeschnitten und völlig übertönt durch ein lautes Sirenengeheul, das von einem der beiden Schiffe kam und die wachsende Hysterie in Georges Stimme nachzuäffen schien. Als Felix dieses lächerlich verzerrte Gesicht sah, zuckte blitzartig der Gedanke in ihm auf, daß jetzt eine ideale Gelegenheit wäre, einen improvisierten Unfall zu inszenieren. Georges wilde Angst, so sehr er sie verachtete, reizte ihn sehr, es zu tun. Aber er widerstand der Versuchung, seinen Plan zu ändern. Denn die ursprünglich vorgesehene Methode, das wußte er, war die beste – nämlich auf größte Sicherheit zu gehen. Ja, er mußte sich an den vorgesehenen Ablauf halten, er durfte keine Improvisationen wagen. Dagegen schadete es wohl nichts, wenn er versuchte, George einen weiteren Schrecken einzujagen.

Die Schiffe waren jetzt noch zwanzig Meter entfernt und drängten das Segelboot aufs Ufer zu. Felix hatte wenig Platz zum Manövrieren. Er wendete, und das Boot nahm Kurs auf die Fahrtrichtung des einen Schiffes. Er war sich undeutlich bewußt, daß George sein eines Bein packte und ihm ins Ohr schrie: »Wenn Sie uns gegen dieses Schiff steuern, Sie verdammter Narr, klammere ich mich an Sie, verlassen Sie sich darauf.« Felix warf das Ruder herum und ließ die Großschot los, so daß das Boot herumwirbelte und der Segelbaum nach Backbord hinübersauste; der große Vordersteven des Motorschiffs schoß wie ein Minotauros an ihnen vorüber, in einer Entfernung von nur drei Metern. Als sie unter vollem Wind an dem Schiff vorbeifuhren, sprang George in unbeherrschter Wut wankend auf, fuchtelte mit den Armen in

der Luft herum und schrie dem teilnahmslos drein-
blickenden Mann im Deckhaus Beschimpfungen zu. Ein
halbwüchsiger Bursche, der weiter hinten saß, beobachtete gleichgültig seine Gesten. Dann erreichte die Bug-
welle des Schiffes das Segelboot, George verlor das
Gleichgewicht und stürzte auf die Bodenbretter.

»Ich würde in Zukunft nicht mehr aufspringen«, sagte
Felix sanft. »Beim nächstenmal würden Sie vielleicht
nicht ins Boot fallen.«

»Die verdammten Schweinehunde! Ich werde mich – «

»Ach was, machen Sie doch nicht so ein Theater. Wir
sind keinen Augenblick in Gefahr gewesen, nicht im ent-
ferntesten.« Felix fuhr in ruhigem Gesprächston fort:
»Das gleiche ist neulich passiert, als ich mit Phil heraus-
fuhr. *Er* hat die Nerven nicht verloren.«

Der erste Schleppkahn sauste vorüber, ein langer nied-
riger Eisenkahn, auf dessen Deckplane »Feuergefähr-
lich!« stand. Auch Felix schien darauf aus zu sein, bei
seinem leicht explosiven Fahrgast ein Feuer zu entfachen:
als er das Boot, nach Backbord wendend, wieder in den
Wind holte und es die schwellenden Kielwasserwellen des
Schleppkahns kreuzte, sagte er in kaltem und bestimmtem Ton: »Ich habe noch nie einen erwachsenen Menschen gesehen, der sich so lächerlich gemacht hat.«

Es mußte lange her sein, daß jemand so mit George
geredet hatte. Er sah Felix starr und ungläubig an, als
wenn er nicht wüßte, ob er seinen Ohren trauen sollte;
dann wurde sein Blick drohend. Aber kurz darauf schien
ihm ein anderer Gedanke zu kommen, denn er wandte
sich ab, zuckte mit den Schultern und lächelte in sich

hinein, ein hinterhältiges, verstohlenes Lächeln. Jetzt schien Felix Lane derjenige zu sein, der immer nervöser wurde; er hantierte unnötig am Steuer und an den Leinen herum und sah mit unsicheren Blicken zu seinem Begleiter hinüber. Wogegen George, der mit seiner schweren Masse, sooft das Boot beim Kreuzen wendete, von einer Seite auf die andere wechselte, zu pfeifen begann und dann und wann scherzhafte Bemerkungen machte.

»Ich fange an, es ganz nett zu finden«, sagte er.

»Gut. Wollen Sie jetzt auch mal steuern?« Felix' Stimme war trocken, angespannt, fast keuchend. Von der Antwort auf diese Frage hing so viel ab. Aber George schien nichts Besonderes zu bemerken.

»Wann Sie wollen«, erwiderte er lässig.

Ein Schatten ging über Felix' Gesicht und verschwand wieder, ein Ausdruck, den man als Verstellung oder Verblüffung oder düstere Ironie auffassen konnte. Als er sprach, war seine Stimme nicht viel mehr als ein Flüstern, und doch hatte sie einen drohenden Unterton, der sich nicht verbergen ließ.

»In Ordnung. Wir segeln noch ein kleines Stück weiter, dann drehen wir, und Sie können das Ruder übernehmen.«

Du schiebst es nur hinaus, sagte er zu sich; du bist unentschlossen, du möchtest den entscheidenden Moment hinauszögern, deine letzte Chance. Eine schöne Bescherung, der Angler dort, ich möchte wissen, was für Köder er benutzt, ich habe auch einen Köder an der Angelleine, der Fisch, nach dem ich angle, heißt George Rattery.

142

Die Positionen waren jetzt vertauscht. Felix war in einem jämmerlichen Nervenzustand; er zappelte nicht mehr umher, er fühlte sich so elend, daß sein ganzer Körper starr wurde. George hatte seinen scherzhaften Ton wiedergefunden, seine selbstsichere, anmaßende, brutale Haltung; so wenigstens hätte es einem jener allgegenwärtigen, allwissenden Beobachter, wie sie bei Thomas Hardy vorkommen, geschienen, wenn ein solcher als dritter Mann bei dieser grotesken Fahrt dabeigewesen wäre. Felix konstatierte, daß die Stelle, die er für die Handlung ausersehen hatte – eine Gruppe Ulmen auf dem rechten Ufer –, jetzt hinter ihnen lag. Er biß die Zähne aufeinander; unbewußt noch immer darauf achtend, ob von Backbord Böen kamen, wendete er mit einem großen, raschen Schwung. Das Brausen des Wassers klang wie höhnisches Gelächter. Er konnte Georges Blick nicht erwidern, als er mit abgehackter, atemloser Stimme zu ihm sagte: »Hier, nehmen Sie das Ruder. Lassen Sie die Großschot so, wie sie jetzt steht. Ich gehe nur und hieve das Schwert – das Boot fährt dann besser, weniger Wasserwiderstand.«

Noch während er sprach, hatte er das merkwürdige Gefühl, als wenn der Wind sich plötzlich gelegt habe, alle Geräusche verstummt seien und die ganze Natur den Atem anhalte, um seine entscheidenden Worte desto besser hören zu können und ihre Wirkung abzuwarten. In der absoluten Stille klangen seine Worte wie eine laute Herausforderung, hinausgeschrien von der Spitze eines Wachtturms in einer Wüste. Dann wurde ihm allmählich klar, daß dieses schreckliche Schweigen nicht vom Wind und vom Wasser herkam, sondern wie ein frostiger Nebelhauch von George ausströmte. Das Schwert, dachte er; ich habe gesagt, ich würde vorgehen, um das Schwert hochzuhieven. Aber er saß noch immer auf dem Achtersitz, wie festgenagelt von Georges Blick; er konnte fühlen, wie er sich in ihn hineinbohrte. Er zwang sich, aufzusehen und diesem Blick zu begegnen, Georges ganzer Körper schien auf erschreckende Weise aufgequollen und näher gekommen zu sein, wie ein Ungeheuer in einem bösen Traum: es war natürlich weiter nichts, als daß George stillschweigend ein Stück nach achtern gerückt war und jetzt ziemlich nahe saß. In Georges Augen lag ein Ausdruck von Hinterlist und unverhohlenem Triumph. Er leckte sich die dicken Lippen und sagte in süßlichem Ton:

»Gut, Kleiner. Erhebe dich, ich übernehme das Steuer.« Seine Stimme sank zu einem scharfen Flüstern herab. »Aber ich würde lieber nicht versuchen, einen von diesen dummen Scherzen zu machen, die Sie sich ausgedacht haben.«

»Dumme Scherze?« sagte Felix stumpf. »Was meinen Sie damit?«

Georges Stimme schwoll an, in einem plötzlichen, vernichtenden Wutausbruch: »Sie wissen ganz genau, was ich meine, Sie dreckige, blutdürstige kleine Wanze!« Dann wurde seine Stimme wieder ruhiger: »Ich habe Ihr interessantes Tagebuch heute an meinen Rechtsanwalt geschickt – das war die kleine Angelegenheit, die ich nach dem Mittagessen zu erledigen hatte, als ich Sie vorausschickte, das Boot fertig zu machen. Mein Rechtsanwalt hat Anweisung, im Fall meines Todes das Paket zu öffnen

144

und die nötigen Schritte zu unternehmen. Es wird also ziemlich üble Folgen für Sie haben, wenn Sie mich auf dieser Fahrt ertrinken lassen, nicht wahr? Nicht wahr?«

Felix Lane hielt sein Gesicht abgewandt. Er schluckte mühsam und versuchte zu sprechen, aber kein Wort kam aus seinem Mund. Die Knöchel seiner Hand, die die Ruderpinne hielt, waren weiß wie Schnee.

»Ihre kleine, falsche Zunge ist wohl eingerostet, ja?« fuhr George fort. »Und Ihre Krallen können Sie auch nicht mehr gebrauchen. Ja, die Krallen haben wir unserem Katerchen wohl gründlich ausgerissen. Sie dachten, Sie wären uns so phantastisch überlegen, nicht? So viel schlauer als wir anderen. Tja, Sie sind eben eine Kleinigkeit *zu* schlau gewesen.«

»Müssen Sie unbedingt so theatralisch sein?« sagte Felix.

»Wenn du anfängst, frech zu werden, schlage ich dir die Fresse ein, Kleiner. Ja, am liebsten würde ich es schon jetzt tun.«

»Und das Boot selbst zurücksegeln?«

George starrte ihn haßerfüllt an. Dann grinste er. »Ja, das ist eigentlich wahr. Ich glaube, ich werde selber zurücksegeln. Die Fresse kann ich Ihnen immer noch einschlagen, wenn wir wieder auf festem Land sind, was?«

Er schob Felix beiseite und nahm das Ruder. Das Boot schoß, im Wind laufend, rasch dahin, die Ufer glitten vorüber. Felix behielt die Großschot in der Hand; automatisch beobachtete er noch immer die Wölbung des Segels, dessen plötzliches Erschlaffen das gefährliche Zeichen dafür ist, daß es im nächsten Augenblick herumschwingen wird. Im übrigen schien er in Apathie versunken.

»Na? Müßten Sie nicht bald etwas unternehmen? Wir haben jetzt die Strecke bis zur Schleuse schon zur Hälfte hinter uns. Oder haben Sie sich entschlossen, mich am Ende doch nicht zu ertränken?« Felix zog die eine Schulter hoch, in einer schwachen Geste der Resignation. George fragte höhnisch: »Nein? Das dachte ich mir schon. Die Nerven verloren, was? Sie wollen Ihr jämmerliches, kleines Köpfchen retten. Ich dachte mir gleich, Sie würden jetzt nicht mehr den Mumm haben, die Sache zu Ende zu führen und die Folgen auf sich zu nehmen. Damit habe ich gerechnet. Ich bin ein guter Psychologe, nicht wahr...? Na ja, wenn Sie nicht reden wollen, tue ich es.«

Und er begann zu erklären – unter anderem –, wie Felix' Bemerkungen über den »Detektivroman«, den er schrieb, seine Neugier geweckt hätten: daraufhin sei er in das Zimmer seines Gastes hinaufgegangen, eines Nachmittags, als er nicht dagewesen sei, habe das Versteck gefunden und das Manuskript gelesen. Er habe schon vorher ein unbestimmtes Mißtrauen gegen Felix empfunden, und das Tagebuch beweise, wie begründet sein Verdacht gewesen sei.

»Und jetzt«, sagte er zum Schluß, »haben wir dich also in der Zwickmühle. Von nun an wirst du dich benehmen müssen, Katerchen, und bei allem sehr, sehr vorsichtig sein.«

»Sie können gar nichts unternehmen gegen mich«, sagte Felix trotzig.

»So, ich kann nichts unternehmen! Ich kenne zwar die juristische Lage nicht so genau, aber dieses Tagebuch würde Ihnen eine hübsche, kleine Anklage wegen Mordversuchs einbringen.«

Sooft George das Wort »Tagebuch« aussprach, machte er vorher eine kleine Pause, und dann spuckte er es wütend aus, wie etwas, was einem in der Kehle steckengeblieben ist; die Darstellung seines Charakters in Felix' Tagebuch hatte wohl nicht seinen Beifall gefunden. Felix' dumpfes Schweigen schien seine Wut zu reizen: er fing wieder an, ihn zu beschimpfen, nicht auf die kräftige, markige Art wie vorher, sondern mit einem nörglerischen, beleidigten und schockierten Unterton, ungefähr so, wie wenn er sich über den Radioapparat eines Nachbarn beklagte, der in der Nacht seinen Schlaf störte.

Als George sich in einen neuen Anfall von Raserei und rechtschaffener Entrüstung hineinsteigerte, fiel Felix ihm ins Wort und sagte: »Und was gedenken Sie zu tun?«

»Am liebsten würde ich Ihr Tagebuch direkt der Polizei übergeben. Das ist das, was ich tun *müßte*. Aber es wäre natürlich sehr unangenehm für Lena und... und für alle anderen. Unter Umständen würde ich mich vielleicht entschließen, Ihnen das Tagebuch zu verkaufen. Sie sind doch ganz gut situiert, nicht wahr? Vielleicht machen Sie ein Angebot, wie? – Ein großzügiges natürlich.«

»Reden Sie doch keinen Unsinn«, erwiderte Felix überraschenderweise. George machte eine ruckartige Bewegung. Er starrte Felix ungläubig an.

»W-wieso? Was wollen Sie damit sagen, verdammt noch mal?«

»Ich sagte: ›Reden Sie doch keinen Unsinn.‹ Sie wissen ganz genau, daß Sie das Tagebuch nicht der Polizei übergeben werden…«

George sah ihn mit einem vorsichtig abschätzenden Blick an. Im Heck des Bootes sitzend und den Arm steif auf die Ruderbank gestützt, starrte Felix gespannt zum Großsegel hinauf. George folgte seinem Blick, überzeugt, daß im nächsten Augenblick irgend etwas Unerwartetes von dem geblähten, schwellenden Großsegel über ihn hereinbrechen werde. Felix fuhr fort: »… aus dem einfachen Grunde, weil Sie nicht wegen fahrlässiger Tötung von der Polizei festgenommen werden wollen.«

George wich seinem Blick aus. Sein massiges Gesicht wurde dunkelrot. Es war kaum zu fassen: In der Hitze seines Triumphs über diesen gefährlichen, kleinen Widersacher, in der plötzlichen Erleichterung nach der überstandenen Gefahr, in der hinterhältigen Freude über das, was er mit dem Geld für das Tagebuch alles anfangen konnte, hatte er dessen gefährlichen Inhalt völlig außer acht gelassen: daß Felix Bescheid wußte. Seine Finger zuckten; sie lechzten danach, dem anderen an die Gurgel zu fahren, sich in seine Augen zu bohren und ihn zu zerfleischen, diesen ekelhaften kleinen Schwindler, der sich aus einer scheinbar hoffnungslosen Situation herausgewunden und ihn selbst besiegt hatte.

»Sie können nichts beweisen«, sagte er herausfordernd.

Felix' Stimme war gleichgültig. »Sie haben Martie getötet. Er war mein Sohn. Ich habe nicht die Absicht, das Tagebuch von Ihnen zurückzukaufen. Erpresser soll man nicht unterstützen, finde ich. Übergeben Sie es ruhig der

Polizei, wenn Sie wollen. Auf fahrlässige Tötung stehen ganz hübsche Strafen, wie Sie wissen. Sie können die Tat nicht durch irgendwelchen Bluff wegdiskutieren. Und selbst dann – wenn *Sie* es könnten, Lena würde sehr bald umfallen. Nein, mein Freund, Sie sind in einer Sackgasse.«

Die Adern an Georges Schläfen waren angeschwollen. Seine geballten Fäuste begannen sich aufwärts zu bewegen. Felix sagte rasch: »Ich würde lieber keine dummen Scherze probieren, es könnte sonst sehr leicht zu einem *echten* Unfall kommen. Etwas Selbstbeherrschung wäre ganz angebracht.«

George Rattery brach in einen wilden Schwall von Schimpfworten aus, welcher einen von den Anglern am Ufer aus seinem Trancezustand aufweckte. Der Bursche ist wohl von einer Wespe gestochen worden, dachte der Angler; richtige Plage dieses Jahr, die Wespen; neulich beim Fußballspiel soll's einen von der Kreisauswahl erwischt haben. Der andere scheint sich nicht groß drüber aufzuregen. Komisches Vergnügen, in so 'nem Segelboot den Fluß rauf und runter zu fahren. Wenn's 'n gemütliches Motorboot wäre, mit 'nem Kasten Bier in der Kabine...

»... Sie werden mein Haus verlassen und es nicht mehr betreten«, brüllte George. »Wenn Sie sich jemals wieder blicken lassen, schlage ich Sie zu Brei, Sie Zwerg. Ich –«

»Aber mein Gepäck ...?« sagte Felix sanft. »Ich werde mitkommen müssen und meine Sachen packen.«

»Sie werden die Schwelle meines Hauses nicht mehr überschreiten, haben Sie gehört? Ihre Sachen kann ja Lena packen.« Auf sein Gesicht trat ein schadenfrohes Lächeln.

»Lena. Ich bin gespannt, was sie sagen wird, wenn sie hört, daß Sie nur etwas mit ihr angefangen haben, um an *mich* heranzukommen.«

»Lassen Sie Lena aus dem Spiel.« Felix lächelte bitter; es ärgerte ihn, daß er sich von Georges theatralischem Gehabe anstecken ließ. Er war erschöpft, wie zerschlagen. Gott sei Dank, daß sie in einer Minute an der Schleuse sein würden und er George dort an Land setzen konnte. Er ging mit dem Ruder nach Lee und holte die Großschot ein, als sie die Biegung erreichten; der Segelbaum schwang nach Steuerbord hinüber; Felix warf das Ruder herum, und das Boot kam wieder auf den alten Kurs. Der Teil von ihm, der diese Manöver durchführte, war Wirklichkeit, alles andere war ein Traum. Am Ufer konnte er den dichten, leuchtenden Blumenflor im Garten des Schleusenwärters sehen. Ihm war traurig zumute, er fühlte sich einsam und allein. Lena. Er wagte nicht, an die Zukunft zu denken. Das alles war ihm nun entglitten.

»Ja«, sagte George, »ich werde dafür sorgen, daß Lena erfährt, was für ein hinterhältiges Schwein Sie sind. Das wird der Sache zwischen Ihnen beiden wohl ein Ende machen.«

»Erzählen Sie es ihr nicht zu früh«, antwortete Felix müde, »sonst lehnt sie es vielleicht ab, meine Sachen zu packen. Dann müßten Sie es selber tun, und das wäre doch entsetzlich, nicht wahr? Entronnenes Opfer packt Koffer des gescheiterten Mörders.«

»Daß Sie jetzt noch drüber witzeln können, ist mir ziemlich unbegreiflich. Es ist Ihnen wohl noch nicht klargeworden –«

»Schon gut, schon gut. Wir sind alle beide eine Spur zu schlau gewesen. Dabei wollen wir es belassen. Sie haben Martie getötet, und ich habe es nicht ganz fertiggebracht, Sie zu töten. Sie werden also wahrscheinlich Punktsieger sein.«

»O Gott, hören Sie doch endlich auf, Sie gefühlloses Monstrum. Ich kann Ihr Gesicht nicht mehr sehen. Lassen Sie mich aus diesem verdammten Boot heraus.«

»Gut. Wir sind jetzt an der Schleuse. Sie steigen hier aus. Stehen Sie auf, ich muß das Großsegel niederholen. Meine Sachen können Sie mir in den ›Angler‹ schicken. Wollen Sie übrigens, daß ich mich in Ihr Gästebuch eintrage?«

George öffnete schon den Mund, um die Wut, die plötzlich wieder in ihm hochkochte, herauszulassen, aber Felix deutete auf den herankommenden Schleusenwärter und sagte: »Nicht vor dem Personal, George.«

»Eine gute Fahrt gehabt, meine Herren?« fragte der Schleusenwärter. »Oh, Sie steigen hier aus, Mr. Rattery?«

Aber George war schon aus dem Boot geklettert und wortlos an ihm vorübergestürzt; er stürmte im Eiltempo durch den gepflegten, farbenfreudigen Garten, wobei sein mächtiger Körper sich wie ein rücksichtsloser Panzer über die Blumen hinwegbewegte; in blinder Wut ging er mitten durch die Beete, unbarmherzig den roten Phlox zertretend.

Der Schleusenwärter starrte mit offenem Mund hinter ihm her. Die Tonpfeife fiel zu Boden und zerbrach auf den Steinen der Kaimauer. »Hallo, Sir!« rief er endlich mit gekränkter, unsicherer Stimme. »Geben Sie doch acht auf die Blumen, Sir!« Aber George schenkte ihm keine Beachtung. Felix beobachtete, wie sein breiter Rücken sich in Richtung zur Stadt entfernte, und starrte auf den Pfad, den seine Füße durch die blühende Pracht getreten hatten. Es war das letzte, was er von George Rattery sah.

III

*Der Leib
dieses Todes*

I

Nigel Strangeways saß in einem Sessel in der Wohnung, die
er und Georgia nach ihrer Heirat vor zwei Jahren bezogen
hatten. Draußen vor dem Fenster lag in seiner unberühr-
ten, klassischen Würde und Korrektheit einer der wenigen
Londoner Plätze aus dem 17. Jahrhundert, die noch nicht
den überflüssigen Luxusläden und den scheußlichen
Mietshäusern mit Wohnungen für Millionärsmätressen
ausgeliefert worden sind. Auf Nigels Schoß lag ein unge-
heures scharlachrotes Kissen, und auf dem Kissen ein
aufgeschlagenes Buch; neben seinem Sessel stand das außerordentlich komplizierte und teure Lesepult, das Georgia ihm zu seinem vorigen Geburtstag geschenkt hatte.
Georgia war in den Park gegangen, deshalb konnte Nigel
zu seiner alten Gewohnheit zurückkehren und statt des
Lesepults sein behagliches Kissen benutzen.

Nach einiger Zeit jedoch ließ er Buch und Kissen auf
den Boden rutschen. Er war zu müde, um noch etwas in
sich aufzunehmen. Der eigenartige Fall, den er soeben zu
einem zwar erfolgreichen, aber etwas befremdlichen Ab-
schluß gebracht hatte, der Fall mit der Schmetterlings-
sammlung des Admirals, hatte ihn erschöpft und deprimiert. Er gähnte, stand auf, schlenderte ein wenig im
Zimmer umher und schnitt dem holzgeschnitzten Götzenbild auf dem Kaminsims, das Georgia aus Afrika
mitgebracht hatte, eine Grimasse; dann nahm er Schreib-

155

papier und einen Bleistift von seinem Lesepult und ließ sich wieder in den Sessel sinken.

Als Georgia zwanzig Minuten später ins Zimmer trat, fand sie ihn in seine Arbeit vertieft.

»Was schreibst du da?« fragte sie.

»Ich stelle Fragen zur Prüfung der Allgemeinbildung zusammen. *Favete linguis.*«

»Heißt das, ich soll mucksmäuschenstill sein, bis du fertig bist? Oder möchtest du, daß ich dir dabei über die Schulter sehe?«

»Ersteres wäre mir lieber. Ich habe ein Rendezvous mit meinem Unbewußten. Sehr wohltuend.«

»Hast du etwas dagegen, wenn ich rauche?«

»Aber nein. Fühl dich ganz wie zu Hause.«

Fünf Minuten später reichte Nigel ihr ein Blatt Papier. »Mal sehen, wie viele von diesen Fragen du beantworten kannst«, meinte er. Georgia nahm das Blatt und las laut vor, was darauf stand.

»(1) Wie viele schöne Worte geben keine fette Suppe?

(2) Wer oder was war ›der ungezogene Liebling der Grazien‹?

(3) In welcher Hinsicht waren die Neun Berühmtheiten berühmt?

(4) Was wissen Sie über Mr. Bangelstein? Was wissen Sie nicht über Bion den Borystheniten?

(5) Haben Sie jemals einen Leserbrief zum Thema berstende Binsen geschrieben? Wieso?

(6) Wer ist Sylvia?

(7) Worauf soll man verschieben, was man morgen nicht besorgen kann?

(8) Wie lautet die dritte Person Plural des Plusquamperfekts von Εινστειν

(9) Wie lautet Julius Caesars zweiter Vorname?

(10) Was ist das Leben ohne Liebesglanz?

(11) Nennen Sie die Namen der beiden Männer, die sich als erste mit Donnerbüchsen von Fesselballons aus duellierten.

(12) Nennen Sie Gründe, warum sich folgende Personen nicht mit Donnerbüchsen von Fesselballons aus duellierten: Liddell und Scott, Sodor und Man, Cato der Jüngere und Cato der Ältere, Sie und ich.

(13) Unterscheiden Sie zwischen dem Minister für Landwirtschaft und Fischereiwesen.

(14) Wie viele Leben hat eine neunschwänzige Katze?

(15) Wo bist du, Sonne, geblieben? Illustrieren Sie Ihre Antwort mit einer groben Übersichtskarte.

(16) Soll der Sänger mit dem König gehen?

(17) ›Gedichte werden von Narren wie mir gemacht.‹ Widerlegen Sie diese Aussage, wenn Sie möchten.

(18) Glauben Sie an Elfen?

(19) Von welchen berühmten Sportlern stammen die folgenden Äußerungen?

(a) Ich würde diesen Playboy jederzeit wieder in Streifen schneiden.

(b) Qualis artifex pereo.

(c) Komm mit in den Garten, Maud.

(d) Ich bin noch nie im Leben so beleidigt worden.

(e) Meine Lippen sind versiegelt.

(20) Unterscheiden Sie zwischen einem Mondkalb und dem Gestiefelten Kater.

(21) Was ist Ihnen lieber: Kosmotherapie oder die Trennung von Kirche und Staat?

(22) In wie viele Sprachen ist Zettel übersetzt worden?«

Georgia sah Nigel an und rümpfte die Nase.

»Es muß etwas Furchtbares sein, die Wohltat humanistischer Bildung empfangen zu haben«, sagte sie düster.

»Ja.«

»Du hast dringend Urlaub nötig, nicht wahr?«

»Ja.«

»Vielleicht könnten wir einen Abstecher nach Tibet machen für ein paar Monate.«

»Ich würde lieber nach Brighton gehen. Ich mag keine Yakmilch oder fremde Gegenden oder Lamas.«

»Ich verstehe nicht, wie du sagen kannst, du magst keine Lamas, wo du doch noch nie einem begegnet bist.«

»Wenn ich einem begegnete, würde ich sie noch weniger mögen. Sie haben Ungeziefer, und ihre Pelze werden von Gigolos getragen.«

»Ach, du sprichst von Lamas. Ich meinte Lamas.«

»Das habe ich auch gemeint – Lamas.«

Das Telefon läutete. Georgia ging an den Apparat. Nigel beobachtete ihre Bewegungen: ihr Körper war so leicht und beweglich wie der einer Katze, er entzückte ihn immer von neuem; man brauchte nur im gleichen Zimmer mit ihr zu sein, und schon fühlte man sich körperlich erfrischt; und das traurige, nachdenkliche, kleine Affengesicht kontrastierte so seltsam mit der naturhaften Kraft und Grazie ihres Körpers, den sie fast immer in flammendes Rot, Gelb oder Grün kleidete.

»Hier ist Georgia Strangeways... Ah, du bist es, Michael! Wie geht's? Was macht Oxford...? Ja, er ist hier... Ein Auftrag für ihn? Nein, Michael, er kann nicht... Nein, er ist völlig erschöpft – ein sehr schwieriger Fall... Nein, wirklich, Michael, er dreht schon langsam durch, aber wir fahren irgendwohin in die Ferien, so daß... Eine Sache auf Leben und Tod? Mein lieber Michael, was für merkwürdige Ausdrücke du gebrauchst. Also gut, er wird selber mit dir sprechen.«

Georgia übergab den Hörer, und Nigel führte eine lange Unterhaltung. Als sie zu Ende war, faßte er Georgia um die Taille und schwenkte sie mehrmals im Kreise herum.

»Dieser ganze Überschwang bedeutet wahrscheinlich, daß jemand jemanden ermordet hat und daß du deine Nase hineinstecken wirst«, sagte sie, als er sie in einen Sessel gesetzt hatte.

»Ja«, erwiderte Nigel begeistert. »Eine wirklich sehr seltsame Angelegenheit. Ein Freund von Michael – ein junger Mann namens Frank Cairnes, er scheint dieser Felix Lane zu sein, der die Detektivromane schreibt – hat versucht, jemanden zu töten. Es gelang ihm nicht, aber jetzt ist der andere tatsächlich getötet worden: Strychnin. Und dieser Cairnes möchte, daß ich komme und beweise, daß er es nicht gewesen ist.«

»Davon glaube ich kein Wort. Das Ganze ist bestimmt nur ein dummer Scherz. Ich will dir was sagen – wenn du tatsächlich unbedingt nach Brighton willst: ich komme mit. Du bist jetzt nicht in der Verfassung, einen neuen Auftrag übernehmen zu können.«

»Ich muß es aber tun. Michael sagt, Cairnes sei ein anständiger Kerl; er sei in einer furchtbar heiklen Situation. Außerdem, Gloucestershire wäre doch sehr schön, mal zur Abwechslung.«

»Er kann kein anständiger Kerl sein, wenn er versucht hat, einen zu ermorden. Laß ihn allein mit der Sache fertig werden. Vergiß es.«

»Es liegen mildernde Umstände vor. Der andere hatte Cairnes' kleinen Sohn mit dem Auto überfahren und getötet. Die Polizei konnte ihn nicht aufspüren, deshalb hat sich Cairnes selber drangemacht, ihn zu suchen, und –«

»Das sind doch Hirngespinste. So was gibt es gar nicht. Dieser Cairnes muß verrückt sein. Wozu hat er überhaupt etwas gesagt von der ganzen Sache, wenn der Mann von einem anderen getötet worden ist?«

»Er hat ein Tagebuch geschrieben, wie Michael sagte. Ich erzähle dir alles, wenn wir im Zug sind. Severnbridge. Wo ist das Kursbuch?«

Georgia sah ihn mit einem langen, nachdenklichen Blick an und nagte an der Unterlippe. Dann drehte sie sich um, öffnete eine Schreibtischschublade und begann im Fahrplan zu blättern.

2

Nigels erster Eindruck von dem zartgebauten, bärtigen Mann, der in der Halle des Hotels zum »Angler« auf sie zutrat, war der, daß dieser Mensch durch die unheilvolle Lage, in die er sich gebracht hatte, merkwürdig wenig beunruhigt zu sein schien. Er schüttelte Nigel und Georgia kräftig die Hand, blickte die beiden an und schaute dann mit einem leicht abfälligen Lächeln beiseite; in dem leichten Hochziehen der Brauen lag die Andeutung einer Entschuldigung, als wenn er die beiden stillschweigend um Entschuldigung dafür bitten wollte, daß er sie wegen einer so geringfügigen Angelegenheit diesen weiten Weg habe machen lassen. Sie unterhielten sich eine Weile.

»Es ist furchtbar nett von Ihnen, daß Sie hergekommen sind«, sagte Felix schließlich. »Die Situation ist wirklich – «

»Hören Sie, besprechen wir die Sache lieber nach dem Abendessen. Meine Frau ist etwas abgekämpft durch die Reise. Ich will sie rasch nach oben bringen.«

Georgia, deren zähe Konstitution die Strapazen vieler langer Expeditionen durch Wüste und Dschungel überstanden hatte – sie war tatsächlich eine der bekanntesten Forschungsreisenden der Gegenwart –, zuckte bei Nigels grober Lüge nicht mit der Wimper. Erst als sie in ihrem Zimmer allein waren, drehte sie sich zu ihm um und sagte lächelnd: »Also ›abgekämpft‹ bin ich, ja? Und das aus dem Munde eines gewissen Herrn, der am Rande des körperlichen und geistigen Zusammenbruchs steht – also wirklich köstlich! Warum soviel Besorgtheit um die kleine, zarte Frau?«

Nigel nahm ihr Gesicht, das ihn unter dem hellen seidenen Kopftuch anlächelte, in seine Hände; er rieb ihr sanft die Ohren und gab ihr einen Kuß.

»Cairnes soll nicht den Eindruck haben, daß du ein Dragoner bist. Eine richtige, sanfte Frau mußt du sein,

Liebling: ein nettes, feinfühliges, nachgiebiges Wesen, dem er sich anvertrauen kann.«

»Der große Strangeways schon an der Arbeit!« spottete sie. »Was für ein abscheulicher Opportunist du doch bist! Ich sehe gar nicht ein, warum ich in diese Sache mit hineingezogen werden soll.«

»Wie fandest du ihn eigentlich?« fragte Nigel.

»Ein schlauer Fuchs, würde ich sagen. Sehr gebildet. Sehr nervös. Ist zuviel allein – die Art, wie er an einem vorbeisieht, wenn er spricht, so, als wenn er es eher gewohnt wäre, mit sich selbst zu reden. Ein Mensch mit feinem Geschmack und altjüngferlichem Charakter. Denkt gern, er hätte an sich selbst genug und könnte ohne die anderen Menschen auskommen; ist aber in Wirklichkeit sehr empfindsam sowohl der *vox populi* als auch der Stimme des eigenen Gewissens gegenüber. Er ist im Augenblick natürlich außerordentlich nervös, deshalb ist es schwer, etwas über ihn zu sagen.«

»Nervös, findest du? Mir kam er gerade bemerkenswert beherrscht vor.«

»Nein, nein, nein, mein Lieber. Er zwingt sich mit äußerster Anstrengung zur Ruhe. Hast du seine Augen nicht gesehen, wenn die Unterhaltung stockte und nichts mehr da war, um ihn abzulenken? Ich sage dir, sie waren voll wilder Angst. Ich erinnere mich, daß ich schon einmal diesen Ausdruck bei einem Menschen gesehen habe – wir hatten uns eines Abends zu weit vom Lager entfernt, am Fuße des Mondgebirges, und waren eine Stunde lang im Busch herumgeirrt.«

»Wenn Robert Young einen Bart hätte, würde er ungefähr wie Cairnes aussehen. Ich hoffe, daß er diesen Mord doch nicht begangen hat; er scheint mir ein ganz netter Kerl zu sein, er hat etwas von einem kleinen Eichhörnchen an sich. Willst du dich nicht doch noch etwas hinlegen vor dem Essen?«

»Nein, hör doch endlich auf damit. Und eins kann ich dir sagen, ich werde bei dieser Sache keinen Finger rühren. Ich kenne deine Methoden, und ich mag sie nicht.«

»Ich wette zehn gegen eins, daß du in spätestens zwei Tagen mittendrin stehst: die Anziehungskraft, die sensationelle Dinge auf dich – «

»Die Wette gilt.«

Nach dem Essen ging Nigel, wie sie verabredet hatten, in Felix' Zimmer hinauf. Während Felix seinem Gast Kaffee einschenkte und Zigaretten anbot, betrachtete er ihn genau. Er war ein großer, schlanker junger Mann, Anfang Dreißig, mit etwas eckigen Bewegungen; die Kleidung und das hellblonde Haar waren unordentlich und gaben ihm das Aussehen eines Menschen, der auf einem unbequemen Stuhl in einem Wartesaal geschlafen hat und soeben aufgewacht ist. Sein Gesicht war blaß und etwas schlaff, aber diesen seltsam unausgereiften Zügen widersprach der intelligente Ausdruck seiner Augen, die Felix mit beunruhigender Festigkeit anblickten und die so aussahen, als wenn sie sich ihr Urteil bei allen Dingen vorbehielten. Außerdem war in Nigel Strangeways' Benehmen – höflich, besorgt, fast beschützend – etwas, was Felix einen Augenblick lang sehr sonderbar und unheimlich vorkam. Es hätte vielleicht die Haltung eines Wissenschaftlers gegenüber dem Gegenstand eines Experiments sein können, dachte er; interessiert und sorgsam, aber unter dieser Oberfläche unmenschlich objektiv. Nigel gehörte wohl zu jener seltenen Art von Menschen, die im gegebenen Fall nicht die geringsten Bedenken haben, selber nachzuweisen, daß sie sich geirrt haben.

Felix erschrak ein wenig, als er merkte, wieviel er anscheinend schon über seinen Gast herausgefunden hatte; es war ihm klar, daß die Gefährlichkeit seiner gegenwärtigen Situation alle seine Sinne geschärft haben mußte. Er sagte mit einem halben, schiefen Lächeln: »Wer wird mich erlösen von dem Leibe dieses Todes?«

»Römerbrief, wenn ich mich recht erinnere, nicht wahr? Das beste wäre, wenn Sie mir alles erzählten.«

Felix berichtete ihm also über die wichtigsten Punkte der Geschichte, wie er sie in seinem Tagebuch niedergeschrieben hatte: Marties Tod, seine eigene wachsende Besessenheit von dem Gedanken an Rache, das Zusammenwirken von logischer Überlegung und glücklichem Zufall, durch das er zu George Rattery gelangt war, den Plan, George bei einer Bootsfahrt zu ertränken, und wie sein Opfer dann im letzten Augenblick den Spieß umgedreht hatte. An dieser Stelle unterbrach Nigel, der bis dahin schweigend dagesessen und auf seine Fußspitzen gestarrt hatte, die Erzählung und sagte: »Warum hat er so lange gewartet, bis er Sie mit der Tatsache überfiel, daß er alles über Sie herausgefunden hatte?«

»Das weiß ich eigentlich selber nicht genau«, erwiderte Felix nach einer kleinen Pause. »Teilweise war es bei ihm wohl die Freude am Katz-und-Maus-Spielen, vermute ich; er war ein ausgesprochen sadistischer Mensch; und teilweise lag es vielleicht daran, daß er ganz sicher sein wollte, daß ich meinen Plan auch durchführte – ich meine, er konnte an sich eine Aufdeckung nicht wollen, da er ja gewußt haben muß, daß er dann damit rechnen mußte, wegen Marties Tod vor Gericht zu kommen: aber andererseits versuchte er, mich im Boot zu erpressen – er sagte, er würde mir das Tagebuch gegen Geld zurückgeben; er schien völlig konsterniert, als ich darauf hinwies, daß er niemals wagen würde, das Tagebuch der Polizei zu übergeben.«

»Hm. Und was passierte dann?«

»Ich ging direkt hierher zum ›Angler‹. George sollte mir mein Gepäck hierher schicken: er hatte sich geweigert, mich noch einmal, auch für kurze Zeit, in sein Haus hineinzulassen, was ja begreiflich ist. Alles dies geschah übrigens erst gestern. Gegen halb elf rief Lena an und sagte, George sei tot. Ich bekam einen höllischen Schrekken, wie Sie sich ja vorstellen können. Nach dem Abendessen sei er plötzlich krank geworden; Lena beschrieb mir die Symptome. Für mich hörte es sich ganz nach Strychnin an. Ich ging sofort hin; der Arzt war noch dort; er bestätigte es. Ich saß in der Falle. Mein Tagebuch, das sich in der Hand des Rechtsanwaltes befindet und im Falle seines Todes geöffnet werden sollte, würde die Polizei davon unterrichten, daß ich darauf aus gewesen war, George zu ermorden; und jetzt *war* George ermordet: für die Polizei ein völlig klarer Fall.«

Felix' starre Körperhaltung und seine angsterfüllten Augen standen in krassem Gegensatz zu seinem ruhigen, fast gleichgültigen Ton.

»Ich war verdammt nahe daran, mich selbst in den Fluß zu stürzen«, sagte er. »Alles schien mir so völlig hoffnungslos zu sein. Dann fiel mir ein, daß Michael Evans mir erzählt hatte, wie Sie ihm einmal aus einer ähnlichen Klemme heraushalfen; ich rief ihn an und bat ihn, den Kontakt zu Ihnen herzustellen. So kam die Sache.«

»Sie haben der Polizei bis jetzt noch nichts von Ihrem Tagebuch gesagt?«

»N-nein. Ich wollte warten, bis –«

»Dann muß das jetzt sofort getan werden. Am besten tue ich es selber.«

»Ja, bitte, das wäre sehr freundlich von Ihnen. Ich möchte lieber –«

»Eines muß natürlich klar sein zwischen uns.« Nigel sah Felix prüfend und unpersönlich in die Augen. »Nach dem, was Sie mir erzählt haben, würde ich es für äußerst unwahrscheinlich halten, daß Sie George Rattery getötet haben, und ich werde alles tun, um zu beweisen, daß Sie es nicht gewesen sind. Sollten Sie es aber doch getan haben und sollten meine Untersuchungen mich davon überzeugen, so werde ich natürlich keinerlei Versuche machen, die Tatsache zu vertuschen.«

»Das ist durchaus begreiflich«, sagte Felix mit einem nicht ganz gelungenen Lächeln. »Ich habe so viel über Privatdetektive geschrieben – es wird interessant sein, zu sehen, wie einer wirklich zu Werke geht. Ach Gott, es ist furchtbar«, fuhr er in anderem Ton fort: »Ich muß wohl wahnsinnig gewesen sein dieses letzte halbe Jahr. Kleiner Martie. Ich denke immer wieder, ob ich George tatsächlich in den Fluß gekippt und ertränkt hätte, wenn er nicht ...«

166

»Nicht so wichtig. Sie haben es nicht getan – darauf kommt es an. Was geschehen ist, ist nicht zu ändern.«

Nigels kühler, strenger, aber nicht unfreundlicher Ton war besser geeignet, Felix wieder ins Gleichgewicht zu bringen als irgendwelches Mitgefühl.

»Sie haben recht«, sagte er. »Man brauchte keine Gewissensbisse zu haben, selbst *wenn* man George ermordet hätte: er war durch und durch ein Schwein.«

»Übrigens«, fragte Nigel, »woher wissen Sie, daß es nicht Selbstmord war?«

Felix machte ein überraschtes Gesicht. »Selbstmord? Ich habe nie gedacht – ich meine, ich habe so lange Zeit immer nur im ... im Zusammenhang mit Mord an George gedacht, daß ich nie auf die Idee gekommen bin, es hätte Selbstmord sein können: dafür war er viel zu unempfindlich und zu eingebildet – und außerdem, warum hätte er es tun sollen?«

»Und wer, glauben Sie, könnte ihn getötet haben? Kommt jemand aus der näheren Umgebung in Frage?«

»Mein lieber Strangeways«, sagte Felix verlegen, »Sie können doch nicht den Hauptverdächtigen auffordern, alle und jeden zu verleumden.«

»Sie dürfen mir jetzt nicht mit Ritterlichkeit kommen – dafür steht zu viel auf dem Spiel.«

»Dann würde ich sagen, daß jeder, der mit George zu tun gehabt hat, ihn ermordet haben kann. Er hat seine Frau und seinen Sohn Phil auf unbeschreibliche Weise schikaniert; außerdem hatte er Verhältnisse mit anderen Frauen; der einzige Mensch, den er nicht tyrannisieren und unterkriegen konnte, war seine Mutter, und das ist ein sehr, sehr grimmiger alter Drache. Wollen Sie, daß ich Ihnen Genaueres über diese Leute sage?«

»Nein. Vorläufig jedenfalls noch nicht. Ich möchte lieber vorher sehen, was ich selber für einen Eindruck von ihnen habe. Ja, weiter können wir heute abend wohl nichts tun. Kommen Sie noch ein wenig mit zu meiner Frau hinüber.«

»Ach ja, hören Sie, noch eines. Dieser kleine Phil: er ist ein sehr lieber Junge; er ist erst zwölf: wir müssen ihn aus diesem Haus herausholen, wenn es geht. Er ist ein nervöses Kind, und diese Angelegenheit könnte ihn leicht aus der Bahn werfen. Ich selber möchte nicht gern mit Violet darüber sprechen, in Anbetracht dessen, was sie in kurzer Zeit über mich erfahren wird. Ob Ihre Frau vielleicht...«

»Ich denke schon, daß wir da etwas arrangieren können. Ich muß morgen mit Mrs. Rattery darüber sprechen.«

3

Als Nigel am nächsten Morgen am Haus der Ratterys ankam, stand ein Polizist über das Gartentor gelehnt und sah phlegmatisch einem aufgeregten Autofahrer zu, der versuchte, seinen Wagen aus dem fast leeren Parkplatz auf der anderen Straßenseite herauszumanövrieren.

»Guten Morgen«, sagte Nigel. »Ist das...«

»Es ist zum Heulen. Wirklich zum Heulen, nicht wahr?« sagte der Polizist überraschenderweise. Nigel brauchte mehrere Sekunden, bis er merkte, daß der Polizist nicht von den traurigen Ereignissen in diesem Hause, sondern von den erfolglosen Manövern des Autofahrers sprach. Severnbridge, das für ehrbare, biedere Schwerfälligkeit bekannt war, erwies sich seines Rufes würdig. Der Polizist wies mit dem Daumen auf den Parkplatz. »Murkst schon mindestens fünf Minuten da herum«, meinte er, »wirklich zum Heulen, muß ich sagen.«

Nigel gab zu, daß die Situation zu Tränen reizte. Dann fragte er, ob er hineingehen könne; er wolle Mrs. Rattery sprechen.

»Mrs. Rattery?«

»Ja. Das ist doch ihr Haus hier, nicht wahr?«

»O ja, das stimmt. Tragisches Unglück, nicht wahr? War eine führende Persönlichkeit hier. Denken Sie, noch am Mittwoch begegnete er mir auf der Straße und grüßte mich und –«

»Ja, ein furchtbares Unglück, wie Sie richtig sagten. Und eben deshalb möchte ich Mrs. Rattery besuchen.«

»Ein Freund der Familie?« fragte der Polizist, noch immer seinen massiven Oberkörper auf das Gartentor lehnend.

»Nun, nicht direkt, aber…«

»Einer von diesen Reportern also. Ich dachte es mir schon. Da werden Sie noch eine Weile stehen und warten müssen, lieber Freund«, sagte der Polizist mit plötzlichem Frontwechsel. »Anordnung von Inspektor Blount. Deshalb stehe ich ja –«

»Inspektor Blount? Oh, das ist ein alter Freund von mir.«

»Ach, das sagen alle.« Die Stimme war nachsichtig, aber bekümmert.

»Sagen Sie ihm, Nigel Strangeways – nein, bringen Sie ihm diese Karte hier. Ich wette zehn zu eins, daß er mich sofort empfängt.«

»Ich bin kein Mensch, der wettet. Nicht regelmäßig wenigstens. Bauernfängerei, sage ich. Wissen Sie, ich habe zwar auch schon mein kleines Spielchen gemacht, im Toto; aber was ich meine...«

Nachdem er auf diese Weise noch weitere fünf Minuten passiven Widerstand geleistet hatte, erklärte sich der Polizist bereit, Nigels Visitenkarte zu Inspektor Blount zu bringen. Sie haben es recht eilig gehabt, Scotland Yard hinzuzuziehen, überlegte Nigel, während er wartete: merkwürdig, daß ich hier wieder mit Blount zusammentreffe. Mit gemischten Gefühlen dachte er an seine vorige Begegnung mit dem höflichen, aber eisernen Schotten zurück; Nigel war damals der Perseus gewesen, der Georgia-Andromeda befreite, und Blount hatte mehr oder weniger die Rolle des Seeungeheuers gespielt.

Als ein etwas weniger gesprächiger Polizist Nigel ins Haus führte, saß Blount – genau wie Nigel ihn in Erinnerung hatte – hinter einem Schreibtisch und sah aus wie ein Bankdirektor, der gerade mit einem Kunden wegen seines überzogenen Kontos reden will. Der kahle Kopf, der Kneifer mit Goldrand, das glatte Gesicht, der diskrete dunkle Anzug, alles sprach von Wohlstand, Taktgefühl, Ansehen, Konvention. Es war erstaunlich: man hätte seinem Aussehen nach niemals den unbarmherzigen Verfolger von Verbrechern in ihm vermutet, der er – wie Nigel nur zu gut wußte – in Wirklichkeit war. Glücklicherweise hatte er Humor, allerdings der Marke »Extra trocken«.

»Na, das ist ja mal eine freudige Überraschung, Mr. Strangeways«, sagte er, indem er die Hand hob und sie Nigel wie ein Bischof hinhielt. »Und Ihre sehr verehrte Frau Gemahlin? Geht es ihr gut?«

»Ja, danke. Sie ist übrigens mitgekommen. Die ganze Sippe ist versammelt. Oder besser: die Geier?«

Inspektor Blount erlaubte sich ein sehr reserviertes, kühles Augenzwinkern: »Geier? Sie wollen doch nicht sagen, Mr. Strangeways, daß Sie wieder in die Sphäre des Verbrechens geraten sind?«

»Ich fürchte, doch.«

»Das ist ja ... nein, aber wirklich! Und Sie werden mich mit irgendeiner großen Überraschung überfallen, ich sehe es Ihrem Gesicht an.«

Nigel wollte Blount ein wenig zappeln lassen; er war sich nicht zu gut für ein bißchen Angeberei, und wenn er etwas Sensationelles zu verkünden hatte, leitete er es gern sorgfältig ein, um die Wirkung zu steigern.

»Es liegt also ein Verbrechen vor?« sagte Nigel. »Mord, meine ich; nicht einer von Ihren Nullachtfünfzehn-Selbstmorden.«

»Selbstmörder«, bemerkte Blount in etwas belehrendem Ton, »pflegen im allgemeinen nicht das Gift *und* die Flasche zu verschlucken.«

»Sie meinen, das Gefäß oder wie man es nennen will, ist verschwunden? Das beste wäre, Sie erzählten mir alles, falls Sie das wollen. Ich weiß nämlich noch gar nichts über Ratterys Tod, nur daß jemand, der auch hier im Hause gewohnt hat, Felix Lane – sein eigentlicher Name ist Frank Cairnes, wie Sie sicher wissen, aber alle Leute sind so daran gewöhnt, ihn mit ›Felix‹ anzureden, daß wir ihn in Zukunft am besten Felix Cairnes nennen werden –, jedenfalls dieser Mann hatte vor, George Rattery zu ermorden; das Vorhaben ist jedoch, wie er sagt, mißglückt, deshalb muß wohl jemand anders in die Bresche gesprungen sein.«

Inspektor Blount nahm diesen schweren Schlag mit einer Fassung hin, die eines alten Generals würdig gewesen wäre. Er holte mit einer gemessenen Bewegung seinen Kneifer von der Nase, hauchte auf die Gläser, putzte sie und setzte ihn wieder auf. Dann sagte er: »Felix Cairnes? J-ja, ja. Der kleine Mann mit dem Bart. Er schreibt diese Detektivromane, nicht wahr? Das ist ja sehr interessant.«

Er sah Nigel mit sanfter Nachsicht an.

»Sollen wir losen, wer den ersten Zug hat?«

»Sind Sie... Vertreten Sie in irgendeiner Weise diesen Mr. Cairnes?« Inspektor Blounts Vorgehen war taktvoll, aber sehr entschlossen.

»Ja. Natürlich nur, bis seine Schuld bewiesen ist.«

»A-aah, ich verstehe. Und Sie sind überzeugt, daß er unschuldig ist. Ich finde, Sie sollten als erster Ihre Karten aufdecken.«

Daraufhin erzählte ihm Nigel die Hauptpunkte von Felix' Geständnis. Als er zu Felix' Plan kam, George Rattery ertrinken zu lassen, gelang es Blount ausnahmsweise nicht, seine Erregung völlig zu verbergen.

»Der Rechtsanwalt des Toten hat vorhin hier angerufen. Er sagte, er besitze etwas, was uns interessieren würde. Ich bin überzeugt, es ist dieses Tagebuch, von dem Sie sprachen. Sehr belastend für Ihren... Klienten, Mr. Strangeways.«

»Das kann man nicht wissen, bevor man es gelesen hat. Ich halte es für gar nicht ausgeschlossen, daß gerade das ihn retten wird.«

»Nun, sie schicken es durch Boten her, deshalb werden wir es sehr bald wissen.«

»Ich will diese Frage noch nicht erörtern. Jetzt erzählen *Sie* mir etwas.«

Inspektor Blount nahm ein Lineal vom Schreibtisch, hielt es sich vors Gesicht und visierte mit zusammengekniffenem Auge. Dann setzte er sich plötzlich aufrecht; er sprach in sehr bestimmtem, fast schneidendem Ton.

»George Rattery ist mit Strychnin vergiftet worden; ich kann mich hierüber noch nicht näher auslassen, erst nach der Obduktion – sie werden bis mittags damit fertig sein. Er, seine Frau, Lena Lawson, seine Mutter und sein Sohn Philipp, ein kleiner Junge, aßen gemeinsam zu Abend. Alle das gleiche. Rattery und seine Mutter tranken Whisky bei Tisch, die übrigen Wasser. Keiner der anderen fühlte sich nach dem Essen unwohl. Ungefähr um Viertel nach acht standen sie vom Tisch auf, zuerst die Frauen und der kleine Junge, Rattery ein bis zwei Minuten später. Alle gingen ins Wohnzimmer, außer Philipp. Nach zehn bis fünfzehn Minuten bekam George Rattery heftige Schmerzen. Die armen Frauen waren hilflos; sie gaben ihm ein Brechmittel, aber dadurch wurde sein Zustand nur noch schlimmer; die Symptome sind natürlich sehr erschreckend. Ihr Hausarzt, den sie zuerst anriefen, war wegen eines Verkehrsunfalls nicht zu erreichen; und bis sie einen anderen Arzt aufgetrieben hatten, war es schon zu spät. Dr. Clarkson traf kurz vor zehn ein – er war wegen einer Entbindung unterwegs gewesen – und machte die übliche Behandlung mit Chloroform; aber Rattery war schon zu weit hinüber. Fünf bis zehn Minuten später starb er. Ich will Sie nicht mit Einzelheiten belästigen; jedenfalls habe ich mich vergewissert, daß das Gift nicht durch die bei Tisch genossenen Speisen und Getränke in Ratterys Körper gelangt sein kann. Außerdem treten bei Strychnin die Symptome fast immer nach spätestens einer Stunde auf; die Familie hatte sich um Viertel nach sieben zu Tisch gesetzt; daß Rattery das Gift schon vor dem Essen zu sich genommen hatte, ist daher kaum möglich. Es bleiben also nur die ein bis zwei Minuten zwischen dem Moment, wo die anderen das Eßzimmer verließen, und dem Augenblick, wo Rattery ebenfalls ins Wohnzimmer ging.«

»Kaffee? Portwein? Nein, im Portwein kann es natürlich nicht gewesen sein. Man schüttet ihn nicht auf einen Zug hinunter, und Strychnin schmeckt so bitter, daß jeder es sofort wieder ausspucken würde, wenn er nicht auf den bitteren Geschmack gefaßt ist.«

»Ganz richtig. Und Kaffee wurde Samstag abend nicht getrunken – das Mädchen hatte die Kaffeemaschine kaputtgemacht.«

»Dann sieht die Sache eigentlich doch nach Selbstmord aus, finde ich.«

Inspektor Blounts Gesicht verriet leichte Ungeduld. »Mein lieber Mr. Strangeways«, sagte er, »ein Selbstmörder nimmt nicht Gift und geht dann ins Wohnzimmer, wo die ganze Familie versammelt ist – so daß alle beobachten können, wie das Gift sich auswirkt. Und außerdem hat

174

Colesby nichts gefunden, was darauf hindeutet, *wie* Rattery das Gift zu sich genommen hat.«

»War das Geschirr schon gespült?«

»Die Gläser und das Silber, ja; das Porzellan erst zum Teil. Natürlich kann Colesby – er ist der Mann von der hiesigen Polizei – etwas übersehen haben, ich selber bin erst heute früh hier eingetroffen, aber ...«

»Sie wissen ja, daß Cairnes nicht mehr hierher zurückgekommen ist, nachdem er das Haus am frühen Nachmittag verlassen hatte?«

»Wirklich? Haben Sie Beweise dafür?«

»Nein«, sagte Nigel, leicht überrascht. »Vorläufig nicht. Er hat mir erzählt, Rattery habe sich nach der Auseinandersetzung im Segelboot geweigert, ihn noch einmal hier ins Haus hereinzulassen, auch nicht zum Packen. Das läßt sich ja rasch nachprüfen.«

»Vielleicht«, sagte Blount vorsichtig. Er trommelte mit den Fingern auf die Schreibtischplatte. »Ja, ich glaube ... ich glaube, wir sollten uns im Eßzimmer noch etwas genauer umsehen.«

4

Es war ein düsteres Zimmer, vollgestopft mit altmodischen, schweren Nußbaummöbeln – Tisch, Stühle und ein riesiges Büfett. Die Möbel waren offensichtlich für ein viel größeres Zimmer berechnet. Man dachte unwillkürlich an zu reichliches, zu fettes Essen und an steife, schwerfällige Konversation. Genauso übersättigt wirkten die übrigen Dinge – die dicken braunen Plüschvorhänge, die verblichene, aber noch immer scheußlich dunkelrote Tapete und die Ölbilder an den Wänden; auf dem einen war ein Fuchs, der sich in die Eingeweide eines Hasen hineinfrißt (sehr realistisch), auf dem zweiten die wundersame Ausbeute eines Fischzuges – Hummern, Krabben, Aale, Kabeljau und Lachse auf einer Marmorplatte ausgebreitet – und auf dem dritten ein Familienahne, der sicher an Herzverfettung oder einem Schlaganfall gestorben war.

»Verfressenheit und Saturiertheit«, murmelte Nigel und sah sich unwillkürlich nach einer Flasche Karlsbader Salz um. Inspektor Blount stand am Büfett und rieb nachdenklich mit dem Finger über die gelblichbraune Oberfläche.

»Sehen Sie doch mal her, Mr. Strangeways«, sagte er. Er wies auf einen klebrigen Kreis, der so aussah, als wenn er von einer Medizinflasche herrühren könnte, bei der ein Teil der Flüssigkeit außen heruntergelaufen ist. Blount leckte seinen Finger ab.

»Hm«, sagte er. »Ich möchte wissen...«

Mit einer entschlossenen Bewegung zog er ein weißseidenes Taschentuch heraus, wischte seinen Finger ab und drückte auf den Klingelknopf. Nach kurzer Zeit erschien ein weibliches Wesen – zweifellos das Hausmädchen – mit weißen Manschetten und einem hohen, altmodischen Häubchen; alles an ihr schien gestärkt zu sein.

»Sie haben geläutet, Sir?« fragte sie.

»Ja. Sagen Sie mir, Annie –«

»Merritt.« Wie man an ihren dünnen, zusammengepreßten Lippen sah, fand sie es sehr ungehörig, daß ein Polizist es wagte, eine Hausangestellte mit dem Vornamen anzureden.

»Merritt? Also, Miss Merritt, sagen Sie mir doch, woher stammt der Ring auf dem Büfett hier?«

Ohne aufzublicken, mit züchtig niedergeschlagenen Augen, erwiderte das Mädchen: »Von Mr. Ratterys Medizin.«

»So... Ja. Und wo ist die Flasche hingekommen?«

»Das weiß ich nicht, Sir.«

Durch weitere Fragen brachte Blount heraus, daß Merritt die Flasche zuletzt am Samstag nach dem Mittagessen gesehen hatte. Ob sie nach dem Abendessen beim Abdekken noch dagewesen sei, darauf habe sie nicht geachtet.

»Benutzte er für die Medizin ein Glas oder einen Löffel?«

»Einen Eßlöffel.«

»Und haben Sie den Löffel am Samstag abend nach dem Essen zusammen mit den anderen Sachen gespült?«

Merritt machte ein leicht beleidigtes Gesicht. »Ich *spüle* nicht«, sagte sie kalt und mit Nachdruck, »ich decke ab.«

»Haben Sie den Löffel, mit dem Ihr Herr seine Medizin nahm, abgedeckt?« fragte Blount geduldig.

»Ja, ich habe ihn abgedeckt.«

»Und ist er dann mit abgewaschen worden?«

»Ja, Sir.«

»Das ist schade... Ja, was ich sagen wollte... Würden Sie die gnädige Frau bitten, einen Augenblick hereinzukommen.«

»Mrs. Rattery senior ist unpäßlich, Sir.«

»Ich meinte . . . So, ja, vielleicht ist es besser . . . ja, fragen Sie Miss Lawson, ob sie einen Augenblick Zeit hat.«

»Es ist nicht schwer zu sehen, wer die Herrin im Haus ist«, bemerkte Nigel, als das Mädchen hinausgegangen war.

»Sehr interessant. Das Zeug hier scheint mir so ähnlich zu schmecken wie eine Medizin, die ich früher einmal hatte und die Brechnußöl enthielt.«

»Brechnußöl?« Nigel stieß einen leisen Pfiff aus. »Das würde ja erklären, warum er den bitteren Geschmack nicht bemerkte. Und er war nach dem Essen kurze Zeit hier allein. Mir scheint, Sie sind ein Stück weitergekommen.«

Blount sah ihn mit einem listigen Blick an. »Immer noch so überzeugt, daß es Selbstmord war, Mr. Strangeways?«

»Es sieht nicht danach aus, falls die Flasche tatsächlich als Gefäß für das Gift benutzt worden ist. Aber wie merkwürdig von dem Mörder, sie beiseite zu schaffen. Verbaut sich selber die Chance, es als Selbstmord hinzustellen.«

»Mörder machen oft merkwürdige Sachen, wie Sie zugeben werden.«

»Jedenfalls, Felix Cairnes kommt anscheinend nicht in Frage. Das heißt, wenn . . .«

Nigel brach ab, weil er vor der Tür Schritte hörte. Das junge Mädchen, das eintrat, wirkte überraschend, wenn auch nicht ganz fehl am Platz in dem düsteren Zimmer – wie ein plötzlich einfallender Sonnenstrahl in einer Gefängniszelle. Das aschblonde Haar, das weiße Leinenkostüm und die kräftig geschminkten Lippen waren eine

trotzige Negierung alles dessen, was dieses Zimmer ver-
körperte – sowohl im Leben wie im Tode. Auch wenn
Felix ihm nicht gesagt hätte, daß sie Schauspielerin war,
hätte Nigel es sofort gesehen, an der Art, wie sie zur Tür
hereinkam und dann einen Augenblick stehenblieb, und
an der einstudierten Natürlichkeit, mit der sie sich auf den
von Blount angebotenen Stuhl setzte. Der Inspektor stellte Nigel und sich selbst vor und sprach ihr sein Beileid
aus. Lena nahm es mit einem ziemlich flüchtigen Kopf-
neigen entgegen; sie war offensichtlich genauso wie
Blount darauf erpicht, möglichst rasch zur Sache zu kommen. Gespannt, aber trotzdem besorgt, was jetzt kommen
wird, dachte Nigel, als er sah, wie sie an dem Knopf ihrer
Jacke nestelte und ihren Augen einen betont arglosen
Ausdruck zu geben suchte.

Blount stellte seine Fragen in ruhigem, sanftem Ton; er
nahm sich nacheinander die verschiedenen Aspekte des
Falles vor, wie ein Arzt, der den Körper des Patienten
abtastet, bis er eine druckempfindliche Stelle gefunden
hat, die ihm den Sitz der Krankheit verrät. Ja, sie sei im
Zimmer gewesen, als ihr Schwager die ersten Krämpfe
bekommen habe. Nein, Phil sei glücklicherweise nicht
dabeigewesen; er müsse nach dem Essen sofort nach oben
gegangen sein. Was sie getan habe, nachdem sie das Eßzimmer verlassen habe? Bis die Krämpfe bei George
einsetzten, sei sie mit den anderen im Wohnzimmer gewesen; dann habe seine Mutter sie hinausgeschickt, um
ein Brechmittel zu holen – ja, sie erinnere sich genau, daß
die Idee von seiner Mutter gekommen sei –, und danach
habe sie herumtelefoniert, um einen Arzt zu erreichen.

Nein, George habe zwischen den Krampfanfällen nichts gesagt, woraus man hätte Schlüsse ziehen können auf das, was geschehen war – er habe ganz still dagelegen, ein paarmal habe es so ausgesehen, als ob er eingeschlafen wäre.

»Und während der Anfälle?«

Lenas Augenlider senkten sich blitzschnell, aber doch nicht rasch genug, um die plötzlich aufflammende Angst in ihren Augen zu verbergen.

»Oh, er stöhnte furchtbar und klagte über rasende Schmerzen. Es war entsetzlich. Er lag auf dem Boden, sein ganzer Körper krümmte sich nach oben... Ich habe einmal mit dem Auto eine Katze überfahren... Nein, bitte nicht, ich halte es nicht aus!«

Sie verbarg das Gesicht in den Händen und begann zu schluchzen. Blount klopfte ihr väterlich auf die Schulter; als sie sich wieder gefaßt hatte, fuhr er mit ruhiger Beharrlichkeit fort: »Und während dieser Anfälle hat er nichts... hat er nicht irgendeinen Namen gesagt, zum Beispiel?«

»Ich – ich war die meiste Zeit nicht im Zimmer.«

»Aber bitte, Miss Lawson; Sie müssen doch einsehen, daß es keinen Sinn hat, etwas zu verheimlichen, was zwei andere Personen zweifellos auch gehört haben. Durch das, was ein Mensch unter dem Einfluß furchtbarster Schmerzen vielleicht gesagt hat, wird niemand überführt, solange nicht eine Menge anderer Beweise hinzukommen.«

»Also gut«, erwiderte Lena zornig, »er sagte etwas über Felix – Mr. Lane. Er sagte: ›Lane. Hat es schon mal versucht‹ – oder so etwas. Er hat furchtbar über ihn geflucht.

Aber das besagt gar nichts. Er haßte Felix. Er war durch den Schmerz völlig von Sinnen. Sie können nicht –«

»Sie brauchen sich nicht aufzuregen, Miss Lawson. Mr. Strangeways hier wird ihnen das bestätigen können, hoffe ich.« Inspektor Blount strich sich übers Kinn und fragte vertraulich: »Wissen Sie zufällig, was für einen Grund Mr. Rattery gehabt haben könnte, Selbstmord zu begehen? Geldsorgen? Krankheit? – Ich höre, er nahm eine Medizin.«

Lena sah ihn wie erstarrt an; ihre Augen hatten den leblosen Blick einer Theatermaske. Zuerst brachte sie kein Wort heraus, dann sagte sie hastig: »Selbstmord? Jetzt haben Sie mich aber erschreckt. Wir hatten nämlich alle angenommen, er hätte irgend etwas Verdorbenes gegessen. Aber es war wohl tatsächlich Selbstmord – obwohl ich mir nicht denken kann, warum er...«

Nigel hatte das Gefühl, daß die Erwähnung des Wortes »Selbstmord« nicht die eigentliche Ursache von Lenas offensichtlichem Erschrecken war. Die Richtigkeit seiner Ahnung sollte sich sehr bald bestätigen.

»Die Medizin, die er nahm«, sagte Blount, »enthielt Brechnußöl, glaube ich?«

»Darüber weiß ich nicht Bescheid.«

»Aha. Nahm er nach dem Mittagessen wie gewöhnlich seinen Löffel Medizin?«

Lena zog die Augenbrauen zusammen. »Ich kann mich nicht genau erinnern. Aber er nahm sie immer, und wenn er es nach dem Mittagessen nicht getan hätte, wäre es mir wahrscheinlich aufgefallen.«

»Ganz richtig. Ja. Eine sehr feine Beobachtung, wenn

ich mir die Bemerkung erlauben darf«, sagte Blount anerkennend. Er nahm seinen Kneifer ab und spielte unentschlossen damit herum. »Sehen Sie, Miss Lawson, ich überlege immer, wo die Flasche geblieben sein kann. Sie ist verschwunden. Das ist sehr dumm, denn wir halten es für möglich – es ist natürlich nur eine Idee von uns –, daß diese Flasche unter Umständen ... daß sie mit seinem Tod zusammenhängen könnte. Brechnußöl ist ein Gift, wissen Sie, aus der Strychningruppe, und Mr. Rattery könnte vielleicht ein kleines bißchen mehr genommen haben als die eigentliche Dosis, wenn er aus dieser Welt verschwinden wollte. Aber wenn es tatsächlich so gewesen wäre, hätte er wohl kaum die Flasche mit verschwinden lassen.« Entweder hatte Lena sich diesmal in der Gewalt, oder sie hatte jetzt nichts zu verheimlichen. Sie sprach zögernd.

»Sie meinen, wenn die Flasche nach Georges Tod noch auf dem Büfett gefunden worden wäre, hätte das bewiesen, daß es Selbstmord war?«

»Das nicht gerade, Miss Lawson«, sagte Blount mit gütigem Lächeln. Dann verschwand der freundliche Ausdruck; er beugte sich vor und sprach mit kalter Entschlossenheit. »Ich meine, daß das Fehlen der Flasche auf Mord schließen läßt.«

»Oh-oh!« Es war ein Seufzer, aber er klang fast wie Erleichterung – als wären die Ungewißheit und das Warten auf das furchtbare Wort nun endlich vorüber, und als wüßte sie nun, daß jetzt nichts Schlimmeres mehr kommen konnte.

»Sie sind nicht überrascht?« fragte Blount in scharfem Ton, ein wenig pikiert über Lenas Ruhe.

»Was soll ich denn tun? An Ihrer Schulter in Tränen ausbrechen? Die Tischbeine annagen?«

Nigel erwiderte den etwas verlegenen Blick, den der Inspektor ihm zuwarf, mit einem frechen Lächeln. Er genoß es, Blounts Verwirrung zu beobachten.

»Noch eine Frage, Miss Lawson«, sagte er. »Sie klingt zwar etwas erschreckend, aber Felix hat Ihnen vermutlich schon gesagt, daß ich hierher gekommen bin, um ihm zu helfen. Ich versuche nicht, Sie auszubooten. Aber ist Ihnen jemals der Verdacht gekommen, Felix könnte schon die ganze Zeit vorgehabt haben, George Rattery zu ermorden?«

»Nein! Nein! Das ist eine Lüge! Er hat es nicht getan!« Lena hob die Hände, als wenn sie Nigels Frage von sich wegschieben wollte. Dann trat an Stelle der Angst ein verwirrter Ausdruck auf ihr Gesicht. »Schon die ganze Zeit?« fragte sie langsam. »Wie meinen Sie das, ›die ganze Zeit‹?«

»Nun – seit Sie ihn kennen, ehe er hierher kam«, sagte Nigel, gleichermaßen verwirrt.

»Nein, nie«, erwiderte Lena mit offenbarer Aufrichtigkeit. Dann biß sie sich auf die Lippe. »Aber er hat es ja gar nicht getan«, rief sie aus, »er hat George nicht getötet. Ich weiß, daß er es nicht getan hat.«

»Sie saßen in George Ratterys Wagen, als er im Januar einen kleinen Jungen, Martin Cairnes, überfuhr und tötete, nicht wahr?« fragte Inspektor Blount, nicht ohne Mitgefühl.

»Ach Gott«, sagte Lena, »Sie haben es also doch herausgefunden.« Sie sah die beiden mit offenem Blick an.

»Es war nicht meine Schuld. Ich wollte, daß er hielt und... aber er fuhr einfach weiter. Monatelang habe ich nachts davon geträumt. Es war grauenhaft. Aber ich verstehe nicht ganz. Wieso –?«

»Ich glaube, wir können Miss Lawson jetzt gehen lassen, Blount, nicht wahr?« unterbrach Nigel.

Der Inspektor strich sich übers Kinn. »J-ja. Sie haben vielleicht recht. Nur noch eine letzte Frage. Hatte Mr. Rattery wohl irgendwelche Feinde?«

»Das kann schon sein. Er gehörte, glaube ich, zu denen, die sich leicht Feinde machen. Ich weiß aber keinen bestimmten.«

Als Lena fort war, sagte Blount: »Das war recht aufschlußreich. Ich möchte schwören, daß sie von der verschwundenen Flasche etwas weiß. Und sie fürchtet, daß es dieser Mr. Cairnes war. Aber der Zusammenhang zwischen Felix Lane und dem Jungen, den Rattery getötet hat, ist ihr noch nicht aufgegangen. Hübsches Mädchen. Schade, daß sie nicht die Wahrheit sagen will. Na, über kurz oder lang werden wir ja doch dahinterkommen. Warum haben Sie sie eigentlich gefragt, ob sie Felix in Verdacht gehabt hat, daß er Rattery ermorden wollte? Ich fand, es war noch ein bißchen zu früh, diese Katze jetzt schon aus dem Sack zu lassen.«

Nigel warf seine Zigarette aus dem Fenster. »Ich dachte an folgendes: Wenn Felix George Rattery *nicht* getötet hat, dann haben wir einen unerhörten Zufall vor uns – daß nämlich an dem gleichen Tag, an dem er ihn ermorden wollte und damit scheiterte, ein anderer dasselbe vorhatte und sein Ziel erreichte.«

»Ein unerhörter Zufall, wie Sie sehr richtig zugeben«, sagte Blount skeptisch.

»Nein, einen Augenblick. Ich meinte nicht, daß ich diesen Zufall als etwas Unmögliches ausschließen will. Wenn eine hinlänglich große Anzahl Affen hinlänglich viele Jahrhunderte lang mit Schreibmaschinen herumspielte, so würden sie schließlich sämtliche Sonette von Shakespeare zusammenbringen: das ist Zufall, aber dennoch wissenschaftlich erwiesen. Dagegen – wenn Georges Vergiftung kein Zufall war und wenn Felix seine Hand nicht im Spiel hatte, so folgt daraus mit logischer Notwendigkeit, daß ein Dritter von Felix' Absichten gewußt haben muß – weil er entweder das Tagebuch gelesen hatte oder von George ins Vertrauen gezogen worden war.«

»Aha, jetzt sehe ich, worauf Sie hinauswollen«, sagte Blount. Seine Augen glänzten hinter den Gläsern des Kneifers.

»Also angenommen, ein Dritter wußte von Felix' Absichten *und wollte, daß George getötet wurde*. Als Felix' Anschlag mißlang, nahm dieser Dritte die Sache selbst in die Hand und brachte George das Gift bei; wahrscheinlich goß er es in diese Medizin. Er konnte mit ziemlicher Sicherheit annehmen, daß der Verdacht auf Felix fallen würde, wegen seines Tagebuches. Er mußte aber rasch handeln, da nicht zu erwarten war, daß Felix, nachdem sein Plan mit dem Segelboot gescheitert war, länger als bis zum nächsten Morgen in Severnbridge bleiben würde. Für mich war es das Nächstliegende, als erste Lena auszufragen; denn wenn George mit jemandem über das Tagebuch gesprochen hat, dann am ehesten mit ihr – weil sie bei der fahrlässigen Tötung, die das Tagebuch aufdeckt, ja dabeigewesen war. Ich glaube aber, daß Lena vorhin völlig aufrichtig war und tatsächlich nichts von dem Zusammenhang zwischen Felix Lane und dem überfahrenen Kind weiß. Deshalb weiß sie auch nichts von dem Tagebuch. Und deshalb können wir sie von der Liste der Verdächtigen streichen, es sei denn, daß das Zusammentreffen des versuchten und des tatsächlichen Mordes reiner Zufall war.«

»Andererseits – wenn Lena Lawson nichts von dem Tagebuch weiß, warum hat sie dann solche Angst, daß Cairnes Rattery getötet haben könnte oder daß wir das jedenfalls vermuten?«

»Ich glaube nicht, daß wir das herausbekommen werden, solange wir nicht mehr über die Familienverhältnisse hier wissen. Sie haben wohl bemerkt, wie verwirrt sie wurde, als ich sie fragte, ob sie glaubt, daß Felix *schon die ganze Zeit* Mordabsichten gehabt hat? Die Verwirrung war echt. Von dem Tagebuch scheint sie also nichts zu wissen, aber anscheinend weiß sie, daß Felix noch ein anderes Motiv hatte, George zu töten – vielleicht eine Feindschaft, die entstanden ist, als die beiden Männer hier zusammentrafen.«

»Ja. Das klingt plausibel. Ich müßte also alle Hausbewohner fragen, ob sie einen Verdacht gegen Felix gehabt haben – Felix Lane, werde ich lieber sagen –, und dann die Reaktionen beobachten? Wenn jemand versucht hat, ihn als Strohmann zu benutzen, wird es bei dieser Gelegenheit herauskommen.«

»Ja, das meinte ich. Noch etwas: Der Junge, dieser

Phil – hätten Sie etwas dagegen, wenn wir ihn für einige
Tage zu uns ins Hotel nähmen? Meine Frau würde für ihn
sorgen. Das hier ist im Augenblick keine sehr zuträgliche
Umgebung für ein so zartes Gemüt.«

»Ich habe nichts dagegen. Irgendwann muß ich den
Kleinen einiges fragen, aber das hat Zeit.«

»Gut. Dann gehe ich jetzt zu Mrs. Rattery und spreche
mit ihr darüber.«

5

Violet Rattery saß am Schreibtisch und schrieb, als Nigel
hereingeführt wurde. Lena war auch da. Nigel stellte sich
vor und erklärte, was ihn herführte. »Natürlich, wenn Sie
schon andere Regelungen getroffen haben – aber er und
Mr. Lane verstehen sich sehr gut, glaube ich, und meine
Frau wird gern alles tun, was in ihrer Macht steht.«

»Ja, ich verstehe. Vielen Dank. Es ist sehr freundlich...«, sagte Violet unbestimmt. Sie wandte sich mit
einer hilflosen Bewegung zu Lena, die am Fenster stand,
durch das eine Flut von Sonnenlicht hereindrang.

»Was meinst du, Lena? Würdest du es für gut halten?«

»Natürlich. Warum nicht? Es ist besser, wenn Phil
nicht länger hier im Haus bleibt«, sagte Lena unbeküm-
mert, noch immer auf die Straße hinunterblickend.

»Ja, ich weiß. Ich dachte nur, was Ethel dazu –«

Lena fuhr herum, die lebendigen roten Lippen voller
Verachtung. »Meine liebe Vi«, rief sie aus, »es ist wirklich
Zeit, daß du allmählich etwas selbständig wirst. Wessen

Kind ist denn Phil? Jeder würde dich für ein Dienstmädchen halten, so wie du dich von Georges Mutter herumkommandieren läßt – dieser alten Hexe, die sich in alles einmischt. Sie und George haben dir das Leben doch zur Hölle gemacht – nein, du brauchst mich nicht so finster anzusehen –, und es ist Zeit, daß du ihr sagst, sie soll sich um ihre eigenen Angelegenheiten kümmern. Wenn du nicht soviel Mut hast, selber für dein Kind einzustehen, kannst du auch eine Dosis Gift nehmen.«

Violets unentschlossenes, stark gepudertes Gesicht zitterte. Nigel dachte, sie würde zusammenbrechen. Er sah den Kampf zwischen der alten Gewohnheit, sich unterjochen zu lassen, und den Gefühlen der echten Frau, die Lena absichtlich herauszufordern versucht hatte. Nach einer Weile strafften sich ihre blutleeren Lippen, in ihrem erloschenen Blick leuchtete ein Licht auf, und sie sagte – mit einem leisen, unwillkürlichen Kopfzucken: »Gut, ich werde es tun. Ich bin Ihnen sehr dankbar, Mr. Strangeways.«

Wie als Antwort auf diese unausgesprochene Herausforderung öffnete sich die Tür. Ohne anzuklopfen, trat eine alte, ganz in Schwarz gekleidete Frau ein. Das Sonnenlicht, das zum Fenster hereinströmte, schien vor ihren Füßen plötzlich haltzumachen, als wenn sie es getötet hätte.

»Ich habe Stimmen gehört«, sagte die Frau barsch.

»Ja, wir haben uns unterhalten«, erwiderte Lena. Ihr schnippischer Ton ging völlig unter. Die alte Frau stand einen Augenblick bewegungslos da, die Tür mit ihrem großen Körper ausfüllend; dann stapfte sie zum Fenster, plötzlich nicht mehr so würdevoll, weil sich beim Gehen zeigte, daß die Beine für den kolossalen Oberkörper viel zu kurz waren, und zog die Jalousie herunter. Das Sonnenlicht ist ihr Widersacher, dachte Nigel; durch die Düsterkeit ist ihre Vormacht wiederhergestellt.

»Ich muß mich wundern über dich, Violet«, sagte sie. »Dein Mann liegt tot im Nebenzimmer, und du erweist ihm nicht mal soviel Achtung, die Jalousien unten zu lassen.«

»Aber, Mutter –«

»Die Jalousie habe *ich* hochgezogen«, unterbrach Lena. »Es ist alles sowieso schon schlimm genug, auch ohne daß wir im Dunkeln sitzen.«

»Schweigen Sie!«

»Ich denke gar nicht daran. Wenn es Ihnen Spaß macht, Violet auch weiterhin zu tyrannisieren, wie George und Sie das fünfzehn Jahre lang getan haben, so geht mich das nichts an. Aber Sie sind hier nicht die Hausherrin, und von Ihnen lasse ich mir nichts gefallen, lassen Sie sich das gesagt sein. Machen Sie in Ihrem eigenen Zimmer, was Sie wollen, aber mischen Sie sich nicht in anderer Leute Angelegenheiten, Sie widerliche, alte Küchenschabe!«

Licht gegen Finsternis, dachte Nigel, als er das junge Mädchen beobachtete, wie es mit vorgebeugten Schultern, den zarten, biegsamen Hals emporgereckt, der alten Frau mutig gegenübertrat, die wie eine Säule in der Mitte des Zimmers stand; gewiß, diese Vertreterin des Lichts ist primitiv; aber wenn sie auch gewöhnlich ist, sie hat auf jeden Fall nichts Verkrampftes und Unsauberes, sie verpestet die Luft nicht mit dem Geruch von Mottenpulver und veralteten Vorurteilen und modriger Macht wie diese gräßliche Person in Schwarz. Trotzdem versuche ich wohl besser, zu vermitteln.

»Mrs. Rattery«, sagte Nigel freundlich, »ich habe schon Ihrer Schwiegertochter gegenüber angedeutet, daß wir – meine Frau und ich – uns sehr freuen würden, ihr die Sorge für Phil für einige Tage abzunehmen, bis sich alles geklärt hat.«

»Wer ist dieser junge Mann?« fragte die alte Dame, trotz Lenas Drohungen in ihrer gebieterischen Art kaum erschüttert. Es folgten Erklärungen. »Die Ratterys sind noch nie davongelaufen. Ich verbiete es. Phil muß hierbleiben«, sagte sie.

Lena machte den Mund auf, um etwas zu sagen, aber Nigel hielt sie mit einer Handbewegung davon ab: Violet mußte jetzt sprechen – oder für immer schweigen. Sie sah ihre Schwester flehend an und machte eine hilflose Geste; dann strafften sich ihre herabhängenden Schultern, ein wahrhaft heroischer Ausdruck verklärte ihre matten Züge, und sie sagte: »Ich habe beschlossen, daß Phil zu Strangeways' ziehen soll. Es wäre unrecht, ihn hierzubehalten – er ist zu jung.«

Die Art, wie die alte Mrs. Rattery die Niederlage hinnahm, war schrecklicher, als wenn sie Gewalt angewendet hätte. Sie stand einen Augenblick lang unbeweglich da und sah Violet unverwandt an; dann ging sie schweren Schrittes zur Tür.

»Ich sehe, es ist eine Verschwörung gegen mich im Gange«, sagte sie mit ihrer bleiernen Stimme. »Ich bin sehr enttäuscht von deinem Benehmen, Violet. Von deiner

Schwester erwarte ich schon lange nichts anderes mehr als Marktweibermanieren, aber ich hatte gedacht, daß wenigstens du jetzt von dem Schmutz der Gosse befreit wärst, aus der George dich aufgelesen hat.«

Die Tür schloß sich energisch. Lena machte eine freche Bewegung in ihre Richtung, während Violet, die aufgestanden war, halb zusammenbrach und auf ihren Stuhl zurücksank. Ein Geruch von Mottenpulver hing in der Luft. Nigel hatte genügend Distanz zu sich selbst, um sich einzugestehen, daß die alte Frau ihn einen Moment lang wirklich erschreckt hatte. Gott, was für eine Familie! dachte er. Was für eine Umgebung für ein sensibles Kind! Vater und Mutter ständig streitend und dazu dieses alte, herrschsüchtige Gespenst, das sicherlich die ganze Zeit versucht, den Jungen gegen seine Mutter aufzuhetzen und sich seine Seele hörig zu machen. Mitten in seinen Gedanken kam ihm zum Bewußtsein, daß er oben Schritte hörte – den watschelnden, stampfenden Gang von Mrs. Rattery.

»Wo ist Phil?« fragte er heftig.

»In seinem Zimmer, nehme ich an«, erwiderte Violet. »Genau hier drüber. Wollen Sie...«

Aber Nigel war schon zur Tür hinaus. Er eilte leise nach oben. Jemand sprach in dem Zimmer rechts – eine dumpfe, schwere Stimme, die er sofort erkannte, obwohl sie jetzt neben ihrer Barschheit einen bittenden Unterton hatte.

»... Du willst nicht fortgehen, mich verlassen, Phil, nicht wahr? Dein Großvater wäre nicht weggelaufen, er war kein Feigling. Du bist der einzige Mann im Hause, denke daran, jetzt, wo dein armer Vater tot ist.«

»Verschwinde! Verschwinde! Ich hasse dich.« Es lag ein schwacher, ängstlicher Trotz in der Stimme; es hätte die Stimme eines kleinen Kindes sein können, das ein großes Tier, welches ihm zu nahe kommt, zu verscheuchen sucht, dachte Nigel. Nur mühsam widerstand er der Versuchung hineinzugehen.

»Du bist überreizt, Phil, sonst würdest du nicht so zu deiner armen, alten Großmama sprechen. Hör zu, Kind. Findest du nicht selbst, daß du bei deiner Mutter bleiben mußt, wo sie jetzt ganz allein ist? Sie wird es sehr schwer haben. Du weißt ja, dein Vater ist vergiftet worden. Vergiftet! Verstehst du?«

Mrs. Ratterys Stimme, die einen einschmeichelnden Ton bekommen hatte, eine schwere, abscheuliche Süßlichkeit wie Chloroform, hielt inne. Ein Wimmern drang durch die Tür – der Klagelaut eines Kindes, das sich gegen ein Betäubungsmittel wehrt. Nigel hörte Schritte hinter sich.

»Deine Mutter wird unsere Hilfe brauchen. Die Polizei wird vielleicht dahinterkommen, was für einen Streit sie vorige Woche mit deinem Vater hatte und was sie dabei gesagt hat, weißt du, und dann glauben sie vielleicht, deine Mutter hätte – «

»Das geht zu weit«, murmelte Nigel, die Hand an der Türklinke. Aber an ihm vorbei stürzte Violet ins Zimmer. Die alte Mrs. Rattery kniete vor Phil am Boden, ihre Finger gruben sich in seine dünnen Arme. Violet zerrte an ihren Schultern, um sie von dem Jungen wegzuziehen, aber sie hätte genausogut versuchen können, einen Basaltfelsen von der Stelle zu bewegen. Mit einem Ruck stieß sie die Arme der alten Frau beiseite und stellte sich zwischen sie und den Jungen.

»Du gemeine Person! Wie kannst du es wagen, ihn so zu behandeln! Komm, Phil, nicht weinen, es ist schon gut. Ich lasse sie nicht mehr in deine Nähe. Du brauchst keine Angst mehr zu haben.«

Der Junge starrte seine Mutter an – ein verwirrter, ungläubiger Blick. Nigel bemerkte, wie kahl und nüchtern das Zimmer war; kein Teppich, ein billiges eisernes Bett, ein Küchentisch. Das war zweifellos die Vorstellung seines Vaters gewesen, wie man den Jungen »abhärten« müsse. Auf dem Tisch lag ein offenes Briefmarkenalbum; die beiden aufgeschlagenen Seiten hatten schmutzige Fingerabdrücke, und Tränenspuren waren auch darauf. Nigel war seit langem nicht mehr so nahe daran gewesen, seine Selbstbeherrschung zu verlieren; aber er wußte, daß er es nicht riskieren konnte, sich die alte Mrs. Rattery schon jetzt zur Feindin zu machen. Sie kniete noch immer auf dem Boden.

»Wollen Sie bitte so freundlich sein und mir aufhelfen«, sagte sie. Selbst in dieser unmöglichen Stellung bewahrte sie eine Art Würde. Merkwürdige Frau, dachte Nigel, als er ihr aufhalf, die Sache wird außerordentlich interessant werden.

6

Fünf Stunden später sprach Nigel mit Inspektor Blount. Phil Rattery war wohlbehalten in den »Angler« gebracht worden, wo er gerade ausgiebig Tee getrunken und Kuchen gegessen hatte und sich jetzt mit Georgia über Polarforschung unterhielt.

»Es war Strychnin, wie vermutet«, sagte Blount.

»Aber wo kam es her? Man kann ja nicht einfach in eine Apotheke gehen und rasch welches kaufen.«

»Nein. Aber Rattengift kann man kaufen. Und das enthält häufig einen erheblichen Anteil Strychnin. Aber unser Freund hatte es gar nicht nötig, welches zu kaufen.«

»Sie machen die Sache sehr spannend. Sie wollen wahrscheinlich sagen, der Mörder sei der Bruder eines amtlichen Rattenvernichters – oder vielleicht auch die Schwester. ›Sehe ich ein Rattenloch, macht mein Herz gleich poch, poch, poch.‹ Browning.«

»Das nicht gerade. Aber Colesby hat die üblichen Erhebungen angestellt und war dabei auch in Ratterys Werkstatt. Sie liegt am Fluß und wimmelt von Ratten. Er hat im Büro zufällig mehrere Dosen Rattengift liegen sehen. Jeder – das heißt, jedes Familienmitglied – konnte einfach dort hingehen und sich bedienen.«

Nigel dachte darüber nach. »Hat er gefragt, ob Cairnes in der letzten Zeit in der Werkstatt gesehen worden ist?«

»Ja. Er sei ein- oder zweimal dagewesen«, sagte Blount zögernd.

»Aber nicht am Mordtag?«

»Am Mordtag wurde er dort nicht gesehen.«

»Wissen Sie, Sie dürfen Cairnes nicht zu einer fixen Idee werden lassen. Sie müssen die Dinge ohne Vorurteil betrachten.«

»Es ist nicht so einfach, unvoreingenommen zu sein,

wenn jemand ermordet worden ist und ein anderer vorher schriftlich niedergelegt hat, daß er ihn ermorden wird«, meinte Blount und klopfte auf ein Notizheft in Folioformat, das vor ihm auf dem Schreibtisch lag.

»Wie ich die Sache sehe, kann Cairnes gestrichen werden.«

»Und wie begründen Sie das?«

»Es besteht kein denkbarer Grund, seine Angabe, daß er George Rattery durch Ertränken töten wollte, anzuzweifeln. Als sein Anschlag mißlungen war, ging er direkt zum ›Angler‹. Ich habe dort Erkundigungen eingezogen. Der Ober kann sich erinnern, daß er ihm um fünf Uhr in der Halle Tee gebracht hat – das war ungefähr vier Minuten nachdem er am Landungssteg aus dem Boot gestiegen war. Nach dem Tee hat er bis halb sieben draußen auf dem Rasen des Hotels gesessen und gelesen: ich habe Zeugen dafür. Um halb sieben ist er in die Bar gegangen und hat dort bis zum Abendessen getrunken. Er kann also während dieser Zeit nicht zu Ratterys Haus gegangen sein, nicht wahr?«

»Wir werden uns mit diesem Alibi noch beschäftigen müssen«, meinte Blount vorsichtig.

»Sie können es durch die Wäschemangel drehen, wenn Sie wollen, aber auch das wird Sie nicht weiterbringen. Wenn er Rattery das Gift in die Medizinflasche gegossen hat, muß er es getan haben, nachdem Rattery nach dem Essen seine Medizin genommen hatte und bevor er selbst zum Fluß ging. Sie werden vielleicht feststellen, daß er die *Gelegenheit* dazu gehabt hat. Aber warum in aller Welt hätte er es tun sollen? Er hatte keinen Grund, anzunehmen, daß der ›Bootsunfall‹ mißlingen würde; und selbst wenn er sich entschlossen hätte, einen zweiten Pfeil in den Köcher zu tun, wäre er nicht auf Gift verfallen – der Plan mit dem Boot beweist, daß er recht hell im Kopf ist: er hätte sich etwas ausgedacht, was auch wie ein Unfall ausgesehen hätte, aber nicht diese Sache mit Rattengift und verschwundener Flasche.«

»Die Flasche – ja.«

»Eben, die Flasche. Ihr Verschwinden ließ sofort auf Mord schließen; und was Sie auch von Felix Cairnes halten mögen, es ist undenkbar, daß er so idiotisch sein könnte und die Aufmerksamkeit in dieser Weise auf einen von ihm begangenen Mord lenken würde. Wie auch immer, ich glaube, es wird ziemlich leicht nachzuweisen sein, daß er sich erst dem Haus genähert hat, als Rattery einige Zeit tot war.«

»Ja, das weiß ich«, sagte Blount unerwartet. »Das habe ich selbst schon nachgeprüft. Unmittelbar nach Ratterys Tod hat Dr. Clarkson die Polizei angerufen; das Haus war von zehn Uhr fünfzehn an bewacht. Wo Cairnes sich zwischen dem Abendessen und zehn Uhr fünfzehn aufgehalten hat, dafür sind Zeugen vorhanden. Er ist auch in dieser Zeit nicht in der Nähe von Ratterys Haus gewesen.«

»Na also«, sagte Nigel hilflos; »wenn Cairnes den Mord nicht begangen haben kann, was …«

»Das habe ich nicht gesagt. Ich sagte nur, er könne die Flasche nicht beseitigt haben. Ihre Beweisführung war sehr interessant«, fuhr Blount fort, wie ein Lehrer, der den Aufsatz eines Schülers zerpflücken will; »wirklich hochinteressant; nur daß sie auf einem Irrtum aufgebaut ist. Sie gehen von der Voraussetzung aus, daß ein und dieselbe Person die Medizin vergiftet und später die Flasche beseitigt haben muß. Aber nehmen Sie an, Cairnes hätte das Gift nach dem Mittagessen hineingeschüttet, damit George es abends zu sich nahm, falls der Bootsunfall mißlang; Cairnes hat vielleicht nie vorgehabt, die Flasche nachher beiseite zu schaffen, sondern wollte den Eindruck erwecken, daß Rattery Selbstmord begangen hat. Stellen Sie sich vor, ein dritter Mitspieler tritt auf den Plan, als es Rattery schlecht wird – irgend jemand, der schon weiß oder ahnt, daß Cairnes es auf Rattery abgesehen hatte; diese dritte Person will vielleicht Cairnes schützen, vermutet einen Zusammenhang zwischen der Flasche und den Vergiftungserscheinungen und schafft – in der verzweifelten, törichten Hoffnung, Cairnes dadurch schützen zu können – die Flasche beiseite.«

»Ich verstehe«, erwiderte Nigel nach einer längeren Pause. »Sie meinen Lena Lawson. Aber warum...«

»Na, sie ist doch in Cairnes verliebt.«

»Ach... Woher wissen Sie das denn?«

»Mein psychologischer Scharfblick«, sagte Blount in dem unbeholfenen Versuch, sich über das, was Nigels Stärke war, lustig zu machen. »Außerdem habe ich das Personal gefragt. Die beiden waren anscheinend mehr oder weniger offiziell verlobt.«

»Na ja«, sagte Nigel, dem unter diesen harten und unerwarteten Schlägen der Kopf zu schwirren begann, »es scheint, daß ich hier doch noch allerhand Arbeit haben werde. Ich hatte schon Angst gehabt, meine Rolle bei diesem Fall würde allzu leicht sein.«

»Ich habe noch eine andere kleine Sache – nur damit Sie nicht zu siegessicher werden –, Sie werden sagen, es sei ein… ein unerhörter Zufall. Aber Ihr Klient spricht in seinem Tagebuch hier von Strychnin – ich habe noch nicht die Zeit gehabt, sehr viel darin zu lesen, aber Sie brauchen nur einen Blick auf diese Stelle zu werfen.«

Blount hielt ihm das Notizheft hin und zeigte auf einen bestimmten Absatz. Nigel las:

Ich hatte gehofft, ich würde die Genugtuung erleben, seine Todesqualen mit anzusehen – er hat es nicht verdient, eines raschen, leichten Todes zu sterben. Am liebsten würde ich ihn über einem Feuer rösten, langsam, Zoll für Zoll, oder zusehen, wie er bei lebendigem Leibe von Ameisen zerfressen und durchlöchert wird; oder Strychnin, das solche Schmerzen verursacht, daß man sich am Boden windet – bei Gott, ich möchte ihn einen steilen Abhang hinunterrollen bis in die Hölle…

Nigel saß eine Zeitlang schweigend da. Dann begann er, mit langen Schritten im Zimmer hin und her zu gehen.

»Nein, Blount, so geht es nicht«, begann er erregt, ernster als vorher. »Sehen Sie – auch dies bestätigt ja meine Theorie, daß irgendein Dritter das Tagebuch gekannt haben muß und auf Grund dieser Kenntnis Rattery auf eine Art getötet hat, die den Verdacht auf Cairnes lenken mußte. Aber lassen wir das beiseite. Halten Sie es für menschenmöglich, daß irgend jemand – und erst recht Felix Cairnes, der, abgesehen von dem nicht wiedergutzumachenden Unrecht, das ihm Rattery angetan hat, ein ganz normaler, anständiger Mensch ist –, halten Sie es für möglich, daß jemand derart kaltblütig und berechnend sein könnte, einen zweiten Mord vorzubereiten wie diesen hier, für den Fall, daß der erste Anschlag mißlingen sollte? Das klingt doch höchst unwahrscheinlich. Das wissen Sie selber.«

»Wenn einer wirr im Kopf ist, tut er oft unwahrscheinliche Dinge«, erwiderte Blount, nicht weniger ernst.

»Gewiß, ein geisteskranker Mensch, der einen Mord vorhat, beurteilt die Erfolgsaussichten seines Plans oft falsch; aber er wird sie immer über-, nicht unterschätzen. Das werden Sie doch zugeben?«

»Im Prinzip, ja.«

»Trotzdem wollen Sie mir einreden, daß Cairnes, der einen geradezu idealen, vollkommenen Mordplan ausgearbeitet hatte, so wenig Vertrauen zu diesem Plan und zu sich selbst besaß, daß er außerdem noch einen zweiten vorbereitet hätte. Das ist meiner Ansicht nach unhaltbar.«

»Sie werden Ihrem Weg folgen und ich meinem. Ich will genausowenig den Falschen verhaften, wie Sie das wollen.«

»Gut. Kann ich das Tagebuch irgendwann zu lesen bekommen?«

»Ich will es erst selber durchsehen. Ich schicke es Ihnen abends hinauf.«

7

Es war ein warmer Abend. Die letzten Sonnenstrahlen hinterließen einen zarten, aprikosenfarbenen Schimmer auf der Rasenfläche, die vom Hotel »Angler« zum Flußufer abfiel. Einer von jenen übernatürlich stillen Abenden, an denen man, wie Georgia sagte, die Kühe auf den Weiden zwei Kilometer entfernt wiederkäuen hörte. In der einen Ecke des Gästezimmers saß eine Gruppe von Anglern versammelt – dürre, magere Leute mit schäbigen Tweedanzügen und langen, traurigen Schnurrbärten; einer von ihnen erzählte mit ausladenden Gebärden von einem wahren oder erfundenen Fang. Wenn die Kunde von einem Verbrechen bis zu der dumpfen, wässerigen Welt, in der diese Männer lebten und aufgingen, vorgedrungen war, mußte sie als lästige Störung zurückgewiesen worden sein. Auch der kleinen Gruppe, die an einem anderen Tisch des Gästezimmers saß und Gin und Limonade trank, schenkten sie keinerlei Beachtung.

»Eine Angel«, zitierte Nigel mit durchaus nicht gedämpfter Stimme, »ist ein Stock, an dessen einem Ende sich ein Haken befindet und am anderen ein Idiot.‹«

»Sei still, Nigel«, flüsterte Georgia, »ich möchte keine Schlägerei erleben. Die Leute sind gefährlich. Womöglich gehen sie mit Fischhaken auf uns los.«

Lena, die neben Felix auf der Bank saß und sich an ihn lehnte, machte eine ungeduldige Bewegung.

»Laß uns in den Garten gehen, Felix«, sagte sie. Die Aufforderung war offensichtlich nur an ihn gerichtet; aber er antwortete, zu Nigel und Georgia gewandt: »Gut. Trinken Sie aus, dann gehen wir alle und spielen draußen Krocket oder so etwas.«

Lena biß sich auf die Lippe und stand ziemlich brüsk auf. Georgia warf Nigel einen raschen Blick zu; er verstand sofort, was sie meinte: wir gehen besser mit, es hat keinen Sinn, daß wir unfreundlich zu den beiden sind; aber warum will er nicht mit ihr allein sein?

Ja, warum? dachte Nigel. Wenn Blount recht hat und Lena tatsächlich fürchtet, Felix hätte Rattery ermordet, könnte man es verstehen, wenn sie sich scheute, mit ihm allein zu sein – aus Angst, ihren Verdacht aus seinem Munde bestätigt zu hören. Aber in Wirklichkeit ist es ja gerade umgekehrt. Er will *ihr* aus dem Wege gehen. Schon beim Abendessen hatte man den Eindruck, daß er sie sich vom Leibe halten wollte; sein Ton hatte etwas Scharfes, besonders wenn er mit ihr sprach, als wenn er zu ihr sagte: Komm mir nicht zu nahe. Es ist alles sehr verwickelt; aber Felix ist eben ein komplizierter Charakter, wie sich allmählich zeigt. Es ist wohl Zeit, einige Karten aufzudekken – ich bin gespannt, wie sie reagieren werden, wenn man offen spricht.

Als sie nach einigen Runden Krocket in den Liegestühlen auf dem Rasen saßen, vor sich den matt schimmernden Fluß, brachte Nigel das Gespräch auf den Fall.

»Das belastende Dokument ist jetzt also in den Händen der Polizei. Es wird eine Erleichterung für Sie sein. Blount will es heute abend herbringen.«

»So. Na ja, es ist gut, wenn sie das Ärgste jetzt wissen«, sagte Felix obenhin. Sein Gesicht zeigte eine seltsame Mischung von Schüchternheit und Selbstgefälligkeit. Er fuhr fort: »Jetzt kann ich mir wohl auch meinen Bart abrasieren, nachdem das ganze Versteckspiel keinen Zweck mehr hat. Das Ding war mir nie sympathisch – immer diese Haare im Essen – ich bin da heikel.«

Georgia bewegte nervös ihre Finger; Felix' Witzelei berührte sie unangenehm; sie war sich noch nicht klar, ob sie ihn mochte oder nicht. Lena sagte: »Darf man vielleicht fragen, wovon ihr sprecht? Was ist das überhaupt für ein ›belastendes Dokument‹?«

»Felix' Tagebuch. Sie wissen ja«, sagte Nigel schnell.

»Tagebuch? Wieso? – Ich verstehe nicht.« Lena sah Felix hilflos an, aber er wich ihrem Blick aus. Sie machte den Eindruck, als wenn sie völlig verwirrt wäre. Sie ist Schauspielerin, dachte Nigel, es kann natürlich sein, daß sie nur so tut; trotzdem möchte ich wetten, daß sie jetzt zum erstenmal in ihrem Leben etwas von dem Tagebuch gehört hat. Er sondierte weiter: »Sehen Sie, Felix, es hat keinen Zweck, daß wir weiter aneinander vorbeireden. Weiß Miss Lawson wirklich nichts von Ihrem Tagebuch – und allem? Wäre es nicht richtig, wenn Sie . . .«

Nigel wußte nicht, was bei diesem Fischen im trüben herauskommen würde: es geschah genau das, was er am allerwenigsten erwartet hatte. Felix richtete sich in seinem Liegestuhl auf, sah Lena fest an, mit einem Blick, in dem sich Vertraulichkeit, Zynismus und eine gewisse kalte, brutale Verachtung zu vermischen schienen – man wußte nicht, ob sie ihm selbst oder Lena galt –, und erzählte ihr die ganze Geschichte von Martie, von seiner eigenen Suche nach George, von dem Tagebuch, das er unter einer losen Diele bei Ratterys versteckt gehalten hatte, und von dem Mordversuch auf dem Fluß.

»So, jetzt weißt du, was für ein Mensch ich bin«, sagte er am Schluß. »Ich habe alles getan, nur nicht George ermordet.«

Er hatte mit gleichmäßiger und sachlicher Stimme gesprochen. Aber Nigel sah, daß sein ganzer Körper zitterte und zuckte, wie wenn er zu lange in eiskaltem Wasser gebadet hätte. Das Schweigen, das seinen Worten folgte, war endlos. Der Fluß plätscherte glucksend gegen das Ufer, ein Wasserhuhn kam mit hysterischem Schrei aus dem Schilf, das Radio im Hotel wiederholte ungerührt die Behauptung der Japaner, daß die Bombardierung offener Städte in China reine Selbstverteidigung sei, aber die vier Menschen auf dem Rasen bedrückte das Schweigen wie ein bloßliegender Nerv. Lenas Hände waren um die Armlehnen ihres Liegestuhls gepreßt; sie hatte die ganze Zeit so gesessen, während Felix sprach, nur ihre Lippen hatten sich von Zeit zu Zeit bewegt, als hätte sie, was Felix sagen würde, erraten oder ihm helfen wollen, es auszusprechen. Jetzt endlich löste sich ihre starre Haltung, die vollen Lippen zitterten, und ihr ganzer Körper schien in sich zusammenzusinken, als sie rief: »Felix, warum hast du mir das alles nicht vorher erzählt? Ach, warum hast du mir nichts gesagt?«

Sie sah ihm in die Augen, sein Gesicht war noch immer angespannt und abweisend. Nigel und Georgia hätten meilenweit entfernt sein können. Felix gab keine Antwort, entschlossen – so schien es –, sich ihr völlig zu entziehen. Sie stand auf, begann zu weinen und stürzte zum Hotel. Felix machte keine Anstalten, ihr zu folgen...

»Diese ganze Geheimdiplomatie von dir ist mir ein Rätsel«, sagte Georgia zu Nigel, als sie eine Stunde später in ihrem Zimmer waren. »Hast du diese qualvolle Szene absichtlich heraufbeschworen?«

»Es tut mir leid, daß es so gekommen ist. Ich hatte es wirklich nicht ganz so erwartet. Aber es beweist jedenfalls, daß Lena George nicht getötet hat. Ich bin sicher, daß sie nichts von dem Tagebuch gewußt hat und daß sie Felix wirklich liebt. Es gibt also zwei Tatsachen, die dagegen sprechen, daß sie George ermordet und den Verdacht auf Felix gelenkt hat. Allerdings, wenn es ein zufälliges Zusammentreffen war«, fuhr er fort, halb mit sich selbst redend, »dann wäre das eine Erklärung für ihren merkwürdigen Ton, als sie zu ihm sagte: ›Warum hast du mir das alles nicht vorher erzählt?‹ Ich möchte wissen...«

»Unsinn«, sagte Georgia lebhaft. »Lena gefällt mir, das Mädchen hat Charakter. Gift ist keine Waffe für Frauen, wie immer so eilfertig behauptet wird; es ist eine Waffe für Feiglinge. Lena hat viel zuviel Mut und Temperament im Leibe, um zu einer solchen Waffe zu greifen: wenn sie Rattery umbringen wollte, hätte sie auf ihn geschossen oder ihn erstochen oder so etwas. Sie wird aber überhaupt nie jemanden töten, außer wenn sie zur Weißglut gereizt wird. Glaub mir.«

»Wahrscheinlich hast du recht. Aber jetzt sag mir etwas anderes. Warum behandelt Felix sie so unfreundlich? Warum hat er ihr nicht unmittelbar nach Ratterys Ermordung von dem Tagebuch erzählt? Und warum in aller Welt ist er ausgerechnet in Gegenwart von uns beiden mit der Geschichte herausgerückt?«

Georgia schüttelte sich das dunkle Haar aus der Stirn. Sie sah wie ein intelligenter, etwas sorgenvoller Affe aus.

»Er fühlte sich in unserer Gegenwart sicherer«, sagte

204

sie. »Er hatte es wohl immer wieder hinausgeschoben, ihr alles zu gestehen, weil durch das Geständnis herauskommen mußte, daß er sie – am Anfang wenigstens – als ahnungsloses Werkzeug für den von ihm beabsichtigten Mord benutzt hatte. Er ist ein sensibler Mensch; und das bedeutet: er muß gespürt haben, daß sie ihn wirklich liebt, und ist deshalb davor zurückgeschreckt, ihr weh zu tun durch das indirekte Geständnis, sie als Mittel für seine Zwecke mißbraucht zu haben. Ich glaube, er hat diese besondere Art von moralischer Feigheit, die nichts so sehr scheut, wie jemanden zu kränken, weniger aus Angst, die Gefühle des anderen zu verletzen, als um die eigenen zu schonen. Peinliche, gefühlvolle Szenen sind ihm sicher ein Greuel. Deshalb hat er die Gelegenheit ergriffen und Lena die ganze Geschichte in unserer Gegenwart erzählt: unser Dabeisein schützte ihn vor den unmittelbaren Konsequenzen – Tränen, Vorwürfen, Erklärungen, Beteuerungen und so weiter.«

»Du glaubst, er liebt sie nicht?«

»Ich weiß es nicht genau. Anscheinend versucht er, ihr – oder sich – einzureden, daß er es nicht tut. Ich wünschte, ich fände ihn nicht so sympathisch«, fügte Georgia ohne Zusammenhang hinzu.

»Warum?«

»Ist dir aufgefallen, wie außerordentlich nett er zu Philipp ist? Er tut, glaube ich, wirklich alles für den Jungen, was er kann, und Phil blickt zu ihm auf wie zu einem höheren Wesen. Wenn das nicht wäre…«

»… könntest du Felix mit ruhigem Gewissen die schlimmsten Dinge zutrauen.«

»Ich wünschte, du würdest mir nicht immer Worte aus dem Mund nehmen, die gar nicht drin sind«, beklagte sie sich. »Wie ein Taschenspieler mit einer goldenen Uhr.«

»Du albernes Geschöpf. Du bist reizend, ich liebe dich, und dies war eigentlich das erstemal, daß du mir eine faustdicke Lüge erzählt hast.«

»Das stimmt nicht.«

»Also doch nicht das erstemal?«

»Es war keine Lüge.«

»Also schön, es war keine. Wie wäre es, wenn ich dich ein bißchen am Hinterkopf kratzen würde?«

»Das wäre wunderbar. Das heißt, wenn du nichts Dringenderes zu erledigen hast.«

»Nur das Tagebuch. Ich muß es heute noch durchlesen. Ich werde meine Lampe abdunkeln; ich lese es, wenn du im Bett bist. Übrigens, irgendwann muß ich dich mit der alten Mrs. Rattery zusammenbringen. Sie ist wie aus einem Schauerstück, eine richtige Type. Mir wäre viel wohler, wenn ich herausfände, daß sie ein Motiv gehabt hat, George zu ermorden.«

»Von Muttermord habe ich schon gehört. Aber Sohnesmord muß wohl ziemlich selten sein.«

Nigel murmelte:

»›Sie gaben dir Gift, o Lord Rendal, mein Sohn,
Sie gaben dir Gift, o mein stattlicher Junker.‹
›Ja, Mutter, vergiftet bin ich. Mach bald mir mein
   Bett,
Denn ich bin krank bis ins Herz und sehn' mich zu
   ruhn.‹«

»Aber es war doch seine junge Freundin, die ihm das angetan hatte, dachte ich«, sagte Georgia.

»Das dachte *er*«, erwiderte Nigel finster.

8

»Ich wünschte, ich könnte die Flasche finden«, sagte Inspektor Blount am nächsten Morgen, als er und Nigel sich auf den Weg zur Werkstatt machten. »Wenn es einer von der Familie war, der sie beiseite geschafft hat, dann kann sie nicht weit weg sein. Keiner von ihnen war nämlich länger als ein paar Minuten unbeobachtet, nachdem es Rattery schlecht wurde.«

»Wie steht es mit Miss Lawson? Sie sagte, sie sei ziemlich lange am Telefon gewesen. Haben Sie das nachgeprüft?«

»Ja. Ich habe eine Tabelle gemacht, auf der ich alles eingetragen habe, was die einzelnen Hausangehörigen getan haben, vom Abendessen an bis zu dem Moment, in dem die hiesige Polizei kam und sie unter Beobachtung standen, und ich habe die Aussagen jedes einzelnen mit denen der anderen verglichen. Jeder von ihnen hatte Gelegenheit, zwischendurch rasch ins Eßzimmer zu gehen und die Flasche fortzuschaffen; aber niemand kann so viel Zeit gehabt haben, sie weit wegzubringen. Colesbys Leute haben das Haus, den Garten und die Umgebung im Umkreis von einigen hundert Metern abgesucht. Sie haben keine Flasche gefunden.«

»Aber es müßten ... Nahm Rattery diese Medizin nicht

regelmäßig? Was ist denn aus den leeren Flaschen geworden?«

»Sie sind Mitte voriger Woche einem Lumpenhändler mitgegeben worden.«

»Sie haben ja schöne Schwierigkeiten«, sagte Nigel heiter.

»Allerdings!« Blount nahm seine Melone ab, wischte sich den kahlen Schädel und setzte den Hut wieder auf, wobei er darauf achtete, daß er gerade saß.

»Sie würden sich viel Mühe sparen, wenn Sie Lena offen fragten, wo sie die Flasche hingetan hat.«

»Sie wissen doch, daß ich Zeugen nie einschüchtere«, sagte Blount.

»Ich wundere mich nur, daß jetzt kein Blitz auf Sie herabfährt. Eine schamlosere Lüge...«

»Haben Sie das Tagebuch schon gelesen?«

»Ja. Verschiedene ganz nützliche Fingerzeige darin, finden Sie nicht?«

»Hm. J-ja, vielleicht. Ich habe ihm entnommen, daß Rattery im Kreise der Familie nicht allzu beliebt war, und außerdem hat er anscheinend ein ziemlich durchsichtiges Spiel mit der Frau von diesem anderen getrieben, zu dem wir jetzt hingehen, diesem Carfax. Aber es kann natürlich sein, daß Cairnes diese Sache in seinem Tagebuch allzusehr betont hat, nur um den Verdacht auf einen anderen zu lenken.«

»Von ›betont‹ kann man hier kaum sprechen. Er erwähnt es doch nur en passant.«

»Oh, er ist eben ein schlauer Kerl. Er wollte nicht zu dick auftragen.«

»Seine Angaben sind ja sehr leicht nachzuprüfen. Auf jeden Fall haben wir schon genug Beweise, daß Rattery tatsächlich ein furchtbarer Haustyrann war; er und seine gräßliche Mutter haben anscheinend alle im Hause, außer Lena Lawson, klein und häßlich gemacht.«

»Das gebe ich zu. Aber meinen Sie, er wäre von seiner Frau vergiftet worden? Oder von einem der Dienstboten?«

»Ich meine gar nichts«, sagte Nigel etwas gereizt, »ich sage nur, daß Felix in bezug auf Rattery nichts anderes als die nackte Wahrheit in seinem Tagebuch erzählt hat.«

Sie legten den Rest des Weges schweigend zurück. Die Straßen von Severnbridge lagen verschlafen in der Mittagssonne; wenn die Leute, die schwatzend an den Ecken der malerischen, historischen und schmutzigen Gassen standen, wußten, daß der wohlhabende Geschäftsmann, der hier an ihnen vorüberging, in Wirklichkeit der gefürchtetste Detektiv von New Scotland Yard war, so ließen sie sich davon nichts anmerken und verbargen ihre Neugier mit beachtlichem Geschick. Als Nigel mit halblauter Stimme eine Ballade zu singen begann, rief auch dies nirgendwo Erregung hervor – außer im Innern von Inspektor Blount, der seine Schritte beschleunigte und so aussah, als wenn er gehetzt würde. Severnbridge war im Gegensatz zu Inspektor Blount daran gewöhnt, daß sich auf seiner Hauptstraße mißtönende Stimmen zum Gesang erhoben, wenn auch für gewöhnlich nicht zu so früher Stunde: dafür hatten die Scharen von Ausflüglern gesorgt, die im Sommer jedes Wochenende in vollgepfropften Autobussen von Birmingham herüberkamen und dann einen Radau machten, wie ihn Severnbridge seit den Rosenkriegen nicht mehr erlebt hatte.

»Wenn Sie doch nur mit diesem furchtbaren Lärm aufhörten«, sagte Blount schließlich verzweifelt.

»Sie meinen doch wohl nicht meine kunstvolle Wiedergabe der größten Ballade –«

»Doch.«

»Oh. Aber es ist nicht so schlimm. Es sind jetzt nur noch fünfundachtzig Strophen.«

»Allmächtiger Gott!« rief Blount aus; er mißbrauchte den Namen des Herrn nur sehr selten.

Nigel sang weiter.

»So, wir sind da«, sagte Blount und ging mit eiligen Schritten in die Werkstatt. Zwei Mechaniker, jeder eine brennende Zigarette im Mund, kabbelten sich miteinander unter einem Schild mit der Aufschrift »Rauchen streng verboten«. Blount fragte nach dem Chef, und er und Nigel wurden ins Büro geführt. Während der Inspektor etwas einleitende Konversation machte, betrachtete Nigel den Besitzer. Carfax war ein kleiner, gutgekleideter Mann, in der Gesamterscheinung ziemlich farblos; sein glattes, gebräuntes Gesicht hatte jenen Ausdruck von bezähmter Ausgelassenheit und offenherziger Gutmütigkeit, den man oft bei Berufssportlern findet. Ein Mensch mit Energie, aber ohne Ehrgeiz, dachte Nigel – er gehört zu dem Typ, der froh ist über die eigene Bedeutungslosigkeit, beliebt, aber von Natur aus zurückhaltend, auf irgendein Hobby versessen, und der oft auf einem ausgefallenen Fachgebiet ungeahnte Kenntnisse besitzt und meist ein sehr guter Ehemann und Vater ist. Man würde nie heftige Leidenschaften bei ihm vermuten. Aber man täuscht sich sehr leicht bei diesem Typ. Der »kleine Mann« hat, wenn er gereizt wird, den kaltblütigen, vor nichts zurückschreckenden Mut eines Tigers, für den kleinen Mann ist sein Heim seit jeher seine Burg – wenn er es verteidigt, legt er oft eine ungeahnte Hartnäckigkeit und Initiative an den Tag. Dazu diese Rhoda... ich frage mich...

»Sehen Sie«, hörte er Inspektor Blount sagen, »wir haben bei allen Apotheken und Drogerien in der Umgebung nachgeforscht, und es hat sich erwiesen, daß niemand aus dem Hause des Verstorbenen Strychnin in irgendwelcher Form gekauft hat. Natürlich, der Betreffende könnte unter Umständen weiter in die Ferne geschweift sein – wir werden unsere Nachforschungen in dieser Richtung fortsetzen; aber vorläufig müssen wir annehmen, daß der Mörder von dem Rattengift genommen hat, das Sie hier haben.«

»Mörder? Die Möglichkeit, daß es Selbstmord oder Unfall war, fällt also fort«, sagte Carfax.

»Wissen Sie irgendeinen Grund, warum Ihr Teilhaber Selbstmord begangen haben könnte?«

»Nein. Nein, keineswegs. Ich dachte nur.«

»Es gab zum Beispiel keine finanziellen Schwierigkeiten?«

»Nein, die Werkstatt geht leidlich. Ich selber würde im übrigen bedeutend mehr verlieren als Rattery, wenn sie bankrott ginge. Ich habe nämlich das ganze Geld gegeben, wissen Sie, als wir sie übernahmen.«

»Ach, wirklich?«

Nigel, der interessiert seine Zigarette betrachtete, fragte plötzlich: »*Mochten* Sie Rattery eigentlich?«

Blount machte eine abweisende Handbewegung, als wenn er sich von einer so ausgefallenen Frage distanzieren wollte. Carfax schien sich weniger daran zu stören:

»Sie wundern sich, warum ich mich mit ihm zusammengetan habe?« fragte er. »Er hat mir im Krieg das Leben gerettet; als ich ihn später zufällig wiedertraf, vor sieben Jahren ungefähr, war er – nun ja, in finanziellen Schwierigkeiten. Seine Mutter hatte ihr Geld verloren, und – nun, das einzige, was ich tun konnte, war eben, ihm auszuhelfen.«

Ohne Nigels Frage direkt zu beantworten, hatte Carfax klar zu erkennen gegeben, daß seine Verbindung mit Rattery die Abzahlung einer Schuld gewesen war und nicht auf Freundschaft basiert hatte. Blount kam jetzt wieder in Schwung. Es sei zwar nur eine Routinesache, aber er müsse Carfax fragen, was er Samstag nachmittag getan habe. Mit einem leisen, spöttischen Augenzwinkern erwiderte dieser: »Ja, natürlich. Eine Routinefrage. Also, ungefähr um Viertel vor drei bin ich zu Ratterys gegangen.«

Nigels Zigarette fiel zu Boden: er bückte sich hastig und hob sie auf. Blount fuhr fort, in verbindlichem Tone, als hätte Carfax' Aussage nichts Überraschendes gehabt: »Ein Privatbesuch, nehme ich an? Sie wollten nur mal guten Tag sagen?«

»Ja. Ich habe die alte Mrs. Rattery besucht.«

»So, so«, sagte Blount sanft, »davon wußte ich ja gar nichts. Die Dienstboten – wir haben sie verhört – haben nichts davon gesagt, daß Sie am Samstag nachmittag da waren.«

Carfax' Augen war nichts anzumerken; sie waren so bewegungslos und unbeteiligt wie die einer Eidechse. Er sagte: »Nein, das konnten sie auch nicht. Ich ging direkt in Mrs. Ratterys Zimmer hinauf – sie hatte mir das extra gesagt, als sie den Besuch mit mir verabredet hatte.«

»Verabredet? Es war also eine . . . eine geschäftliche Besprechung sozusagen?«

»Ja«, antwortete Carfax etwas düster.

»Hat sie irgendeinen Zusammenhang mit dem Fall, den ich bearbeite?«

»Nein. Manche Leute allerdings würden vielleicht finden, daß sie doch einen hat.«

»Es ist meine Sache, das zu entscheiden, Mr. Carfax. Es wäre bedeutend besser für Sie, wenn Sie ganz –«

»Ja, ich weiß, ich weiß«, erwiderte Carfax ungeduldig. »Der Haken ist der, daß ein Dritter davon betroffen ist.« Er dachte eine Weile nach, dann sagte er: »Hören Sie, außer Ihnen beiden wird ja niemand etwas davon erfahren, nicht wahr – ich meine, wenn Sie feststellen, daß es mit dem Fall nichts zu tun –«

Nigel unterbrach ihn: »Seien Sie unbesorgt. Es steht sowieso alles in Felix Lanes Tagebuch.« Er beobachtete den anderen genau; entweder wußte Carfax nicht, wovon Nigel sprach, oder er verstellte sich meisterhaft.

»Felix Lanes Tagebuch? Aber was weiß er denn . . .«

Ohne auf den etwas ärgerlichen Blick zu achten, den Blount ihm zuwarf, fuhr Nigel fort: »Lane hat gemerkt, daß Rattery – wie soll ich mich ausdrücken? – ein Verehrer Ihrer Frau war.« Er sprach in einem leicht provozierenden Ton; er hoffte, Carfax würde sich ärgern und unvorsichtig werden. Carfax ließ sich jedoch durch diesen Vorstoß nicht aus der Ruhe bringen.

»Ich sehe, Sie sind mir voraus«, sagte er. »Also gut. Ich werde es so kurz wie möglich machen. Ich will Ihnen nur die nackten Tatsachen erzählen, und ich hoffe, Sie werden nicht die falschen Schlüsse daraus ziehen. George Rattery hatte schon seit einiger Zeit Annäherungsversuche bei meiner Frau gemacht. Sie selber amüsierte sich darüber, war verwirrt, dankbar, geschmeichelt – fast jede Frau würde sich so verhalten; George hatte etwas von einem Raubtier. Vielleicht hat sie sogar einen harmlosen Flirt mit ihm gehabt. Ich habe ihr keine Vorhaltungen gemacht: wenn man nicht den Mut hat, seiner eigenen Frau zu vertrauen, hat man kein Recht, überhaupt verheiratet zu sein. Auf dem Standpunkt stehe ich wenigstens.«

Großer Gott, dachte Nigel, entweder ist dieser Mann ein blinder, aber recht bewundernswerter Don Quichotte, oder aber er ist der geschickteste und raffinierteste Betrüger, den ich je erlebt habe; die dritte Möglichkeit ist natürlich, daß Felix die Beziehungen zwischen Rattery und Rhoda Carfax in seinem Tagebuch absichtlich übertrieben hat. Carfax fuhr in seiner Erzählung fort, wobei er seinen Siegelring herumdrehte und die Augen zusammenkniff, als wenn ein grelles Licht ihn blendete: »In der letzten Zeit war George mit der Aufmerksamkeit, die er meiner Frau schenkte, entschieden zu weit gegangen. Im vergangenen Jahr hatte es übrigens so ausgesehen, als wenn sein Interesse völlig verflogen wäre – er hatte damals etwas mit seiner Schwägerin angefangen, so hieß es wenigstens.« Carfax' Mundwinkel zogen sich mit einem

Ausdruck des Widerwillens nach unten. »Entschuldigen Sie, daß ich Ihnen diesen ganzen Klatsch erzähle. Anscheinend hatten George und Lena im Januar irgendeinen Krach; danach verstärkten sich Georges Aufmerksamkeiten für meine Frau wieder. Ich trat auch diesmal nicht dazwischen. Wenn Rhoda ihn mir tatsächlich vorzog – auf die Dauer, meine ich –, dann hatte es keinen Zweck, deswegen Szenen zu machen. Unglücklicherweise mischte sich jetzt Georges Mutter ein. Das ist die Sache, über die sie am Samstag nachmittag mit mir sprechen wollte. Sie machte mir ziemliche Vorwürfe, daß Rhoda Georges Geliebte sei, und fragte mich, was ich zu tun gedenke; ich sagte ihr, ich würde vorläufig gar nichts tun; wenn Rhoda jedoch zu mir kommen und sich scheiden lassen wolle, würde ich natürlich einwilligen. Die alte Dame – sie ist eigentlich eher ein altes Ekel, ich habe sie nie ausstehen können – machte mir daraufhin eine unerhörte Szene. Sie gab mir zu verstehen, daß ich in ihren Augen ein selbstgefälliger Hahnrei sei, beschimpfte Rhoda, sagte, meine Frau habe George dazu ermutigt – was ich ziemlich übertrieben fand –, und so fort in dieser Art. Schließlich verlangte sie von mir, daß ich der Sache sofort ein Ende mache. Es sei für alle Teile das beste, wenn Rhoda in den Stall, in den sie gehöre, zurückgebracht werde und wenn man die ganze Angelegenheit vertusche; sie selber werde dafür sorgen, daß George sich in Zukunft benehme. Es war im Endeffekt ein Ultimatum, und ich mag keine Ultimatums – oder Ultimata? –, schon gar nicht von herrschsüchtigen, alten Frauenzimmern. Ich wiederholte, und zwar in noch deutlicherer Form, wenn George versuchen wolle, meine Frau zu verführen, so sei das seine Sache, und wenn sie lieber mit ihm lebe, so würde ich unserer Scheidung nichts in den Weg legen. Mrs. Rattery sprach daraufhin lange und ausführlich von öffentlichem Skandal, Familienehre und ähnlichen Themen. Es war widerlich. Ich ging einfach mitten in einem Satz aus dem Zimmer und verließ das Haus.«

Carfax hatte mehr und mehr zu Nigel gesprochen, der zu seinen Ausführungen teilnehmend nickte. Blount fühlte sich ausgeschaltet, er hatte irgendwie den Boden unter den Füßen verloren. Seine Stimme hatte daher einen skeptischen, scharfen Unterton, als er sagte: »Das ist ja eine interessante Geschichte, Mr. Carfax. Aber Sie werden zugeben müssen, daß Ihr Verhalten ein klein wenig... unkonventionell war.«

»Ja, wahrscheinlich«, sagte Carfax gleichgültig.

»Und Sie verließen das Haus sofort, sagten Sie?«

Auf dem »sofort« lag eine herausfordernde Betonung. Blounts Augen blitzten kalt hinter seinem Kneifer.

»Wenn Sie meinen, ob ich einen Umweg gemacht habe, um Strychnin in Ratterys Medizin zu schütten, so muß ich diese Frage verneinen.«

Blount stieß zu. »Woher wissen Sie, daß das Gift Mr. Rattery auf diese Weise beigebracht wurde?«

Carfax brach bedauerlicherweise nicht unter diesem Angriff zusammen. »Man spricht allgemein darüber. Dienstboten sind eben schwatzhaft, wissen Sie. Ratterys Mädchen erzählte unserer Köchin, die Polizei stelle alles auf den Kopf wegen einer Medizinflasche, die verschwunden sei; daraufhin habe ich mir das übrige zusammengereimt. Man braucht nicht Oberinspektor zu sein, wissen Sie, um ein so einfaches Rechenexempel lösen zu können«, fügte Carfax mit liebenswürdiger Bosheit hinzu.

Blount erwiderte in streng offiziellem Ton: »Wir werden Ihre Darstellung nachprüfen müssen, Mr. Carfax.«

»Vielleicht erspart es Ihnen einige Mühe«, sagte Carfax schlagfertig, »wenn ich Sie auf zwei Dinge hinweise. Sicher sind sie Ihnen ohnehin schon aufgefallen. Erstens – selbst wenn Sie meine Haltung gegenüber Rattery und meiner Frau nicht ganz verstehen, können Sie kaum annehmen, daß ich Sie anlüge; die alte Mrs. Rattery wird diesen Teil meiner Darstellung bestätigen. Zweitens – vielleicht glauben Sie, meine Haltung sei nur ein Deckmantel gewesen, um meine wahren Gefühle, meine Absicht, der Sache zwischen Rattery und meiner Frau ein Ende zu machen, zu verbergen. Aber bedenken Sie bitte, daß ich es gar nicht nötig hatte, etwas so Dramatisches zu tun, wie George zu ermorden. Ich war es, der die Firma finanziert hatte; und wenn ich Druck auf George ausüben wollte, hätte ich ihm nur zu sagen brauchen, er solle meine Frau in Ruhe lassen, sonst werde er hier rausfliegen. Geld oder Liebesleben sozusagen.«

Nachdem er auf diese Weise sämtliche Geschütze von Blounts Batterie mit vollendeter Eleganz zum Schweigen gebracht hatte, lehnte sich Carfax zurück und sah den Inspektor freundlich lächelnd an. Blount versuchte einen Gegenangriff, stieß aber auf der ganzen Linie auf die gleiche kühle Offenheit und eine noch kältere Logik. Es schien fast, als wenn Carfax sich amüsierte. Das einzige, was Blount noch herausholen konnte, war die Feststellung, daß Carfax ein anscheinend unangreifbares Alibi hatte für die ganze Zeit zwischen seinem Weggang aus dem Ratteryschen Haus und dem Mord. Als die beiden das Büro verlassen hatten, sagte Nigel: »So, so. Der gefürchtete Inspektor Blount stößt auf einen ebenbürtigen Gegner. Carfax hat uns aus dem Feld geschlagen.«

»Er ist ein kaltblütiger Bursche«, brummte Blount. »Alles sehr schön erklärt – ein bißchen zu schön vielleicht. Es ist Ihnen sicher in Cairnes' Tagebuch auch aufgefallen, daß er erwähnt, Carfax habe ihn eines Tages, als er in der Werkstatt war, über Gifte ausgefragt. Wir werden ja sehen.«

»Ihre Gedanken sind also von Felix Cairnes in eine andere Richtung abgeirrt, ja?«

»Ich betrachte die Dinge ohne Vorurteil, Mr. Strangeways.«

9

Während Blounts und Nigels Unterredung mit Carfax saßen Georgia und Lena in Ratterys Garten am Tennisplatz. Georgia war gekommen, um zu sehen, ob sie Violet Rattery irgendwie behilflich sein könne; aber Violet hatte in den letzten Tagen erstaunlich viel Selbstvertrauen und Tatkraft entwickelt; sie schien allen Anforderungen, die die Situation an sie stellen mochte, durchaus gewachsen zu sein, und der Machtbereich der alten Mrs. Rattery war jetzt auf die vier Wände ihres Zimmers beschränkt. Lena sagte: »Wahrscheinlich sollte ich so was ja nicht aussprechen, aber Georges Tod hat aus Violet einen ganz anderen Menschen gemacht. Sie ist jetzt das, was unsere Englischlehrerin die ›Gelassenheit in Person‹ nannte. Violet – wirklich, wenn man sie jetzt sieht, würde man nie denken, daß sie fünfzehn Jahre lang die Fußmatte gewesen ist – ja, George – nein, George – ach, George, bitte nicht –, und jetzt ist George vergiftet worden, und wer weiß, ob die Polizei nicht schon ein Auge auf die Witwe geworfen hat.«

»Ach, das ist doch nicht...«

»Warum nicht? Wir stehen bestimmt alle unter Verdacht – alle, die im Hause waren. Und Felix hat anscheinend auch sein möglichstes getan, sich an den Galgen zu bringen; allerdings glaube ich, er wäre am Schluß doch zurückgeschreckt – Sie wissen ja, das, wovon er uns gestern abend erzählt hat.« Lena machte eine Pause und fuhr dann leise fort: »Wenn ich nur verstehen könnte... Ach was! Wie geht es Phil heute?«

»Als ich fortging, lasen er und Felix gerade Vergil. Er schien ganz vergnügt zu sein. Ich verstehe allerdings nicht viel von Kindern; Phil ist manchmal sehr nervös, und zuweilen zieht er sich plötzlich in sich selbst zurück, ohne ersichtlichen Grund.«

»Er liest Vergil. Ich verstehe es einfach nicht. Ich gebe es auf.«

»Wahrscheinlich ist es sehr vernünftig, seine Gedanken von dieser Sache abzulenken.«

Lena antwortete nicht. Georgia starrte zu den Wolken hinauf, die am Himmel dahinzogen. Nach einer Weile wurden ihre Gedanken durch ein malmendes Geräusch dicht neben ihr unterbrochen. Sie blickte hin: Lenas zarte, sonnengebräunte Hand rupfte Gras, riß wütend ganze Büschel mit den Wurzeln aus und verstreute sie auf dem Rasen.

»Ach, Sie sind es«, sagte Georgia. »Ich dachte zuerst, eine Kuh wäre in den Garten eingedrungen.«

»Sie würden auch anfangen, Gras zu fressen, wenn Sie dasselbe durchzumachen hätten wie ich – es macht mich wahnsinnig!« Lena wandte sich zu Georgia, mit einer jener impulsiven und heftigen Schulterbewegungen, mit denen sie oft die dramatischsten Situationen aus dem Nichts zu schaffen schien. Ihre Augen flackerten: »Was ist eigentlich los mit mir? Rieche ich schlecht, oder habe ich eine ansteckende Krankheit, von der ich nichts weiß? Sagen Sie mir doch, was mit mir los ist.«

»Gar nichts ist mit Ihnen los. Was meinen Sie überhaupt?«

»Warum gehen mir dann alle aus dem Weg?« Lena steigerte sich in einen hysterischen Zustand hinein. »Felix, meine ich. Und Phil. Früher haben wir uns immer recht gut verstanden, Phil und ich, und jetzt verschwindet er um die nächste Ecke, wenn er mich kommen sieht. Aber das soll mir egal sein. Es geht um Felix. Wozu muß ich mich ausgerechnet in diesen Mann verlieben? Warum? frage ich Sie. Millionen von Männern zur Auswahl, allein hier in England, und ich, ich fliege ausgerechnet auf den einen, der mich nicht wollte – außer als Empfehlungsschreiben für meinen verblichenen Schwager. Nein, das ist nicht wahr. Ich schwöre, Felix hat mich geliebt. So was kann man nicht vortäuschen – Frauen vielleicht, aber Männer nicht. Ach Gott, wir waren doch so glücklich; selbst noch als ich anfing zu überlegen, was Felix eigentlich im Sinne hatte – im Grunde war es mir egal, ich wollte blind sein.«

Lenas Gesicht, in der Ruhe etwas einfältig und in seiner Hübschheit recht alltäglich, wurde schön, sobald ein starkes Gefühl in ihr erwachte und sie Pose und Aufmachung und alles, was sie bei ihrer Ausbildung für den Film gelernt hatte, vergaß. Sie ergriff mit einer impulsiven, rührenden Geste Georgias Hand und fuhr eindringlich fort: »Gestern abend – Sie haben es ja gemerkt, er wollte nicht mit mir in den Garten hinausgehen, allein. Ja, und nachher dachte ich, es sei wegen dieses Tagebuches, weil er fürchtete, ich wisse, daß er zuerst ein falsches Spiel mit mir getrieben hatte. Aber dann hat er uns ja von dem Tagebuch erzählt; er wußte, daß es für mich kein Geheimnis mehr war. Als ich ihn dann heute morgen anrief und ihm sagte, es mache mir nichts aus und ich liebte ihn und wolle mit ihm zusammensein und ihm helfen – ach, er war so ruhig und so höflich, er sagte, es wäre das beste für uns, wenn wir uns nicht öfter sähen als nötig. Es ist mir einfach unverständlich. Es bringt mich um, Georgia. Früher dachte ich, ich hätte meinen Stolz, und nun rutsche ich wie so ein komischer Pilger auf den Knien hinter diesem Mann her.«

»Ich verstehe Sie sehr gut, Sie Ärmste. Es muß wirklich scheußlich für Sie sein. Aber Stolz – darüber würde ich mir keine Gedanken machen; Stolz ist ein imposantes, aber sehr lästiges und kostspieliges Gefühl, und je eher man ihn los wird, desto besser.«

»Oh, darüber mache ich mir auch keine Gedanken. Sondern wegen Felix. Mir ist egal, ob er George umgebracht hat oder nicht – wenn er bloß nicht mich umbringen müßte! Glauben Sie – ich meine, werden sie ihn festnehmen? Es ist so schrecklich, zu denken, daß sie ihn jeden Augenblick verhaften können und ich ihn vielleicht nie wiedersehe und daß jede Minute, die wir nicht zusammen sind, verloren ist.«

Lena begann zu weinen. Georgia wartete, bis sie sich wieder gefaßt hatte; dann sagte sie sanft: »Ich glaube nicht, daß er es getan hat, auch Nigel glaubt es nicht. Wir werden ihm heraushelfen, mit vereinten Kräften. Aber wir müssen die volle Wahrheit wissen, wenn wir ihn retten sollen. Er hat vielleicht einen sehr guten Grund dafür, daß er jetzt nicht mit Ihnen zusammenkommen will; vielleicht ist es auch falsch verstandene Ritterlichkeit – er will vielleicht nicht, daß Sie auch in die Sache verwickelt werden. Aber Sie dürfen nichts verbergen, nichts verschweigen – auch das wäre mißverstandene Ritterlichkeit.«

Lena preßte die Hände auf dem Schoß zusammen. Gerade vor sich hin starrend, sagte sie: »Es ist so schwierig. Es wird nämlich noch ein anderer außer mir mit hineingezogen. Kann man nicht sogar ins Gefängnis kommen, wenn man Beweisstücke versteckt?«

»Ja, wenn Sie sich der Begünstigung schuldig machen. – Aber es lohnt sich, es zu riskieren, nicht wahr? Sie meinen, wegen dieser Medizinflasche, die verschwunden ist?«

»Hören Sie, wollen Sie mir versprechen, niemand anderem als Ihrem Mann etwas zu sagen, und werden Sie ihn bitten, daß er erst mit mir spricht, bevor er es weitergibt?«

»Ja.«

»Also gut. Ich werde es Ihnen erzählen. Sehen Sie, ich habe es bis jetzt für mich behalten, weil der andere nämlich Phil ist – und ich habe ihn sehr gern.«

Lena Lawson begann ihre Geschichte zu erzählen. Die Geschichte fing an mit einem Tischgespräch bei Ratterys. Sie hätten über das Recht zu töten gesprochen, und Felix habe gesagt, er glaube, man habe das Recht, Quälgeister aus dem Weg zu räumen. Sie selber habe es damals nicht ernst genommen, aber als es George schlecht geworden sei und er Felix' Namen ausgesprochen habe, sei es ihr wieder eingefallen. Sie habe ins Eßzimmer gehen müssen, und dort habe sie die Medizinflasche auf dem Tisch stehen sehen. George stöhnte und wand sich im Nebenzimmer, und sofort entstand bei ihr eine Gedankenverbindung mit der Flasche und Felix' Worten von damals. Es schien zwar völlig unsinnig, aber einen Augenblick lang war sie überzeugt, daß Felix George vergiftet habe. Ihr einziger Gedanke war, die Flasche verschwinden zu lassen: es kam ihr gar nicht in den Sinn, daß sie so den einzigen Gegenstand beseitigte, der gegebenenfalls beweisen konnte, daß George Selbstmord begangen hatte. Instinktiv war sie aufs Fenster zugegangen, in der Absicht, die Flasche ins Gebüsch zu werfen. Und dann hatte sie gesehen, daß Phil draußen vor dem Fenster stand und sie anstarrte, die Nase an die Scheibe gepreßt. Im gleichen Augenblick hörte sie Mrs. Rattery senior im Wohnzimmer nach ihr rufen. Sie öffnete das Fenster, gab Phil die Flasche und sagte ihm, er solle sie irgendwo verstecken. Für Erklärungen war keine Zeit. Sie wisse auch jetzt noch nicht, wo er die Flasche hingetan habe; er vermeide es anscheinend, mit ihr allein zu sein, sooft sie versuche, mit ihm zu sprechen.

»Na ja, das ist doch eigentlich kein Wunder, nicht wahr?« sagte Georgia.

»Kein Wunder?«

»Sie sagen Phil, er soll die Flasche verstecken – er sieht, daß Sie in einem sehr erregten Zustand sind. Dann hört er, daß sein Vater vergiftet worden sei und die Polizei diese Flasche suche. Welche Schlußfolgerungen können Sie daraufhin von ihm erwarten?«

Lena starrte sie mit einem wilden Blick an; dann rief sie plötzlich halb lachend, halb schluchzend aus: »Ach Gott! Das ist ja reizend! Phil meint, *ich* hätte es getan? Ich – oh, das ist zuviel...!«

Georgia war mit einer raschen Bewegung aufgesprungen und beugte sich über Lena. Sie ergriff sie an den Schultern und schüttelte sie erbarmungslos, bis das helle Haar in einer Welle über ihre Augen hing und das wilde, irre Lachen aufhörte. Als sie aufblickte, über Lenas Kopf hinweg, den sie jetzt fest an ihre Brust gedrückt hielt, so daß sie das krampfhafte Zittern des Körpers spürte, sah Georgia ein Gesicht von einem der oberen Fenster auf sie herunterschauen – das Gesicht einer alten Frau; streng, düster, patrizierhaft; der Mund zu einem geraden Strich zusammengepreßt, mit einem Ausdruck, der vielleicht eine Zurechtweisung war wegen des wilden Gelächters, das die Stille um das Haus unterbrochen hatte, vielleicht aber auch der kalte Triumph einer zufriedengestellten Rachegottheit – ein steinernes Götzenbild, auf dessen Schoß das Blutopfer dargebracht worden ist.

Georgia berichtete Nigel von dieser Unterhaltung, als er vor dem Mittagessen ins Hotel zurückkam.

»Jetzt wird manches verständlich«, sagte er. »Ich war schon vorher ziemlich fest davon überzeugt, daß Lena die Flasche beiseite geschafft hatte, aber ich konnte mir nicht denken, warum sie es weiterhin verschweigen sollte, nachdem sie gemerkt hatte, daß das Verschwinden der Flasche Felix' Lage nicht verbesserte. Könnte es vielleicht doch Selbstmord gewesen sein? Jedenfalls werden wir mit Phil reden müssen.«

»Ich bin froh, daß wir ihn aus dem Haus herausgebracht haben. Heute morgen habe ich Mrs. Rattery senior gesehen: sie blickte von einem der oberen Fenster auf uns herunter, wie Isebel – oder nein, nicht wie Isebel, eher wie der Fetisch, auf den ich einmal in Borneo gestoßen bin – er saß ganz allein mitten im Urwald, und auf den Knien war lauter trockenes Blut. Ein sehr interessanter Fund.«

»Das kann ich mir denken«, sagte Nigel mit einem leisen Schauder. »Weißt du, ich fange an, mir Gedanken über diese alte Dame zu machen. Wenn sie nicht die naheliegende Verdächtige wäre – genau wie die Figur, die im Kriminalroman den Leser auf die falsche Spur locken soll ... Nein, wenn das Ganze ein Roman wäre, würde ich auf diesen Carfax tippen; er ist so glatt und klar wie Glas; ich habe mir die ganze Zeit überlegt, ob er uns nicht hinters Licht geführt hat.«

»Hat nicht der große Gaboriau in der ›Witwe Lerouge‹ gesagt: ›Zweifle immer an dem, was wahrscheinlich aussieht, und glaube das, was anfangs unglaubhaft erscheint‹?«

»Wenn er das gesagt hat, muß der große Gaboriau ein Halbidiot gewesen sein. Ich habe noch nie ein so billiges, überspanntes Paradox gehört.«

»Wieso denn? Mord *ist* doch etwas Überspanntes, es sei denn, er wird von strengen Regeln beherrscht wie zum Beispiel bei der Blutfehde. Es ist völlig sinnlos, ihn vom realistischen Standpunkt aus zu betrachten: Mörder sind nie Realisten – wenn sie es wären, würden sie keine Morde begehen. Deine eigenen beruflichen Erfolge kommen daher, daß du selbst vielfach auch etwas überspannt bist.«

»Dein Kompliment ist spontan, aber ungerechtfertigt. Hast du übrigens Violet Rattery heute morgen gesehen?«

»Nur ganz kurz.«

»Ich denke gerade darüber nach, was sie wohl zu George gesagt haben mag. als sie vorige Woche diese Szene miteinander hatten. Seine Mutter machte nämlich verschiedene dunkle Andeutungen, als wir gestern morgen Phil aus ihren Krallen befreiten. Ich glaube, hier wird am besten wieder das feine Taktgefühl der Frau zum Einsatz kommen.«

Georgia verzog das Gesicht. »Wie lange gedenkst du mich eigentlich noch als *agent provocateur* zu verwenden, wenn ich fragen darf?«

»Provocateuse. Du hast eben ein besonderes Talent dazu, Liebling. Du provozierst ja auch mich immer wieder – zu einem besonders liebevollen Benehmen, trotz deiner äußeren Kratzbürstigkeit. Ich weiß selbst nicht, wie das kommt.«

»Ich denke, die Frau gehört hinter den Herd. Von jetzt an werde ich dort bleiben. Ich habe genug. Wenn du anderen Leuten heimlich Giftschlangen an den Busen legen willst, dann lege dich zur Abwechslung mal selber dorthin.«

»Ist das etwa Meuterei?«

»Ja. Warum?«

»Oh, ich wollte es nur wissen. Also, die Küche ist unten, erst links, dann rechts…«

Nach dem Essen nahm Nigel Philipp Rattery mit in den Garten. Der Junge war sehr höflich, aber wieder ziemlich zerstreut, als Nigel mit ihm zu reden begann. Seine Blässe, der zuweilen verschreckte Augenausdruck, der Anblick der rührend dünnen Arme und Beine ließen Nigel immer wieder vor dem eigentlichen Thema zurückschrecken. Aber andererseits wirkten die äußere Gelassenheit des Jungen, sein empfindsames, verschlossenes Wesen – es erinnerte an eine Katze – herausfordernd auf ihn. Schließlich sagte er, abrupter, als er eigentlich wollte: »Wegen dieser Flasche, Phil. Du weißt ja – die Flasche mit der Medizin. Wo hast du sie versteckt?«

Phil sah ihm offen in die Augen, mit einer fast aggressiven Unschuld. »Aber ich habe sie ja gar nicht versteckt, Mr. Strangeways.«

Nigel war im Begriff, dies als Wahrheit hinzunehmen, als ihm ein Ausspruch seines Freundes Michael Evans, des Lehrers, einfiel. »Ein findiger, intelligenter Junge sieht dem Lehrer immer offen in die Augen, wenn er ihn bei einer wichtigen Sache anschwindeln will.« Nigel zwang sich, hart zu sein.

»Aber Lena sagt, daß sie sie dir gegeben hat, damit du sie versteckst.«

»Das hat sie gesagt? Aber... Dann meinen Sie also, Lena ist gar nicht die« – Phil schluckte heftig – »die, die meinen Vater vergiftet hat?«

»Nein, natürlich nicht.« Der furchtbare, gespannte Ernst des Jungen erweckte bei Nigel den Eindruck, als wenn er am liebsten dem Schuldigen, wer es auch sein mochte, an die Gurgel gefahren wäre. Nigel mußte den Jungen immer wieder ansehen, um sich zu erinnern, daß Phil ein gequältes und verwirrtes Kind war und nicht der Erwachsene, der er oft zu sein schien, wenn man ihn reden hörte. »Nein, natürlich ist sie es nicht. Es ist sehr anständig von dir, daß du sie schützen wolltest, aber das ist jetzt nicht mehr nötig.«

»Aber wenn sie es nicht getan hat, warum hat sie mir dann gesagt, ich soll die Flasche verstecken?« fragte Phil mit schmerzlich zusammengezogenen Brauen.

»Darüber würde ich mir nicht den Kopf zerbrechen«, sagte Nigel unvorsichtigerweise.

»Ich bin kein Baby mehr, und ich finde, Sie müßten es mir sagen.«

Nigel sah, wie intensiv der rasche, ungeübte Verstand des Jungen um die Beantwortung der Frage rang. Er beschloß, ihm die Wahrheit zu sagen; es war ein Entschluß, der sehr merkwürdige Folgen hatte, was Nigel jedoch nicht ahnen konnte.

»Es ist eine ziemlich verworrene Geschichte«, sagte er. »Lena wollte auch jemanden schützen.«

»Wen?«

»Felix.«

Phils helles Gesicht erlosch, wie wenn ein Wolkenschatten auf das klare, matt schimmernde Wasser eines Weihers fällt. Wer das gläubige Herz eines Kindes zweifeln lehrt, dachte Nigel unruhig, ist nicht wert, von der Sonne beschienen zu werden. Phil hatte sich ihm zugewandt und ihn am Ärmel gefaßt.

»Es ist nicht wahr, nein? Ich weiß, daß es nicht wahr ist.«

»Nein, ich glaube nicht, daß Felix es getan hat.«

»Und die Polizei?«

»Nun, die Polizei muß zunächst jeden als verdächtig betrachten, weißt du. Und Felix hat sich ziemlich ungeschickt verhalten.«

»Aber Sie werden nicht zulassen, daß sie ihm etwas tun, nicht wahr? Versprechen Sie es mir.« Die naive Offenheit, mit der Phil sich für Felix einsetzte, verlieh ihm etwas seltsam Mädchenhaftes.

»Wir werden schon auf ihn achtgeben«, sagte Nigel. »Du brauchst keine Angst zu haben. Das wichtigste ist zunächst, daß wir die Flasche wiederkriegen.«

»Sie liegt auf dem Dach.«

»Auf dem Dach?«

»Ja, ich zeige es Ihnen. Kommen Sie mit.« Phil, jetzt voller Ungeduld, zog Nigel von seinem Stuhl hoch und lief mit ihm zu seinem Elternhaus, immer einen Schritt voraus. Nigel war ganz außer Atem, als er im Eiltempo die zwei Treppen und eine Leiter erklommen hatte und jetzt aus einem Klappfenster auf das Giebeldach blickte. Phil zeigte auf eine bestimmte Stelle.

»Da in der Dachrinne liegt sie, genau hier vorne. Ich klettere hinunter und hole sie.«

»Das wirst du nicht tun. Ich will nicht, daß du dir den Hals brichst. Wir werden eine Leiter holen und sie außen an die Hauswand stellen.«

»Aber es geht sehr gut so. Bestimmt, Mr. Strangeways. Ich bin schon oft auf dem Dach herumgeklettert. Es ist ganz einfach, man muß nur die Schuhe ausziehen, und außerdem habe ich ein Seil.«

»Soll das heißen, daß du Samstag abend da hinuntergeklettert bist und die Flasche in die Dachrinne gelegt hast? In der Dunkelheit?«

»Es war nicht ganz dunkel. Zuerst wollte ich die Flasche an einer Kordel hinunterlassen. Aber dann hätte ich die Kordel loslassen müssen, und sie hätte womöglich von der Dachrinne heruntergehangen, wissen Sie, und das hätte jemand sehen können.«

Phil war schon dabei, sich eine Leine, die er aus einer alten, auf dem Dachboden abgestellten Reisetasche hervorgeholt hatte, um die Taille zu binden.

»Das ist wirklich ein herrliches Versteck. Wie bist du denn darauf gekommen?«

»Einmal ist uns ein Ball dorthin geflogen. Vater und ich spielten auf dem Rasen mit einem Tennisball, und der Ball flog aufs Dach und rollte in die Rinne. Daraufhin kletterte Vater hier aus dem Fenster und fischte ihn heraus. Mutti hat sich furchtbar aufgeregt, sie dachte, Vater würde herunterfallen. Aber er ist – er war ein sehr guter Kletterer. Er hat diese Seile immer in den Alpen benutzt.«

Irgend etwas klopfte heftig an die Tür zu Nigels Gedanken und wollte hinein, aber die Tür war verschlossen und der Schlüssel im Augenblick nicht zu finden. Es würde ihm schon wieder einfallen; er hatte ein außerordentlich umfassendes Gedächtnis, in dem selbst die scheinbar nebensächlichsten Einzelheiten eines Falles sauber registriert waren; es hatte ihn noch nie im Stich gelassen. Im Augenblick war er zu sehr abgelenkt, weil er zusah, wie Phil zu der Vertiefung zwischen den beiden Giebeln hinunterrutschte, das Seil um den unteren Teil des Kamins band, den anderen Giebel hinaufkletterte und dann hinter dem First verschwand.

Hoffentlich hält das Seil. Ach was, es ist ganz ungefährlich. Aber ob er es auch richtig festgebunden hat? Wie lange er braucht. Er ist ein sonderbarer Junge – ich glaube, er brächte es fertig, das Seil loszumachen und sich hinunterfallen zu lassen, wenn er auf den Gedanken käme, daß –

Ein Schrei ertönte, dann folgte eine furchtbare Stille und dann – nicht der dumpfe Fall, auf den Nigel mit angespannten Nerven wartete, sondern ein schwaches Klirren. Seine Erleichterung war so groß, daß er, als Phils Gesicht und Hände rußbeschmiert über dem Giebel auftauchten, ihm verärgert zurief: »Du bist aber wirklich ein ungeschickter Esel! Was hat das Ganze denn für einen Zweck, wenn sie hinunterfällt? Wir hätten eben doch eine Leiter nehmen sollen, aber du wolltest ja unbedingt ein bißchen angeben.«

Auf Phils Gesicht erschien unter der Rußschicht ein entschuldigendes Grinsen. »Es tut mir furchtbar leid, Mr. Strangeways. Die Flasche war irgendwie glitschig geworden; sie ist mir aus der Hand gerutscht, gerade als ich –«

»Ja, schon gut. Es ist nicht mehr zu ändern. Ich werde runtergehen und die Scherben aufsammeln. Übrigens, war die Flasche leer?«

»Nein, noch ungefähr halb voll.«

»Um Gottes willen! Sind hier Hunde oder Katzen in der Nähe?« Nigel wollte gerade nach unten eilen, als ein klagender Laut von Phil ihn zurückhielt. Die Knoten im Seil hatten sich an seinem Bauch und am Kamin so festgezogen, daß er sie nicht mehr aufmachen konnte. Nigel verlor mehrere kostbare Minuten damit, daß er durch das Dachfenster klettern und Phil losbinden mußte. Als er endlich eilig zur Haustür hinaus und über den Rasen eilte, war er ziemlich besorgt, denn der Gedanke, daß das Gras mit mehreren Dosen Strychnin bespritzt war, wirkte nicht gerade sehr beruhigend. Doch seine Sorge war überflüssig. Als er um die Ecke des Hauses lief, sah er Blount auf dem Boden knien, den steifen Hut noch immer peinlich korrekt und gerade auf dem Kopf; er tupfte mit seinem Taschentuch das Gras ab. Neben ihm auf dem Weg lag schon ein sauberes Häufchen Glasscherben. Blount sah hoch und sagte vorwurfsvoll: »Beinahe hätten Sie mich getroffen mit der Flasche. Ich weiß ja nicht, was Sie da oben getrieben haben, Sie beide, aber jedenfalls –«

Nigel hörte ein leises Keuchen hinter sich. Dann schoß Phil an ihm vorüber, wie ein kleiner, heißer Windstoß, stürzte sich auf Blount und versuchte, kratzend und wild um sich schlagend, ihm das nasse Taschentuch aus der Hand zu reißen. Die Augen des Jungen waren dunkel vor Wut; sein Gesicht, sein ganzer Körper schienen verwandelt, er war wie ein böser Kobold. Blounts Hut ruschte auf die Seite, der Kneifer baumelte an der Schnur. Sein Gesicht jedoch verriet keine übermäßige Erregung, als er den Jungen an den Armen packte und ihn nicht unsanft auf Nigel zuschubste.

»Nehmen Sie ihn lieber mit hinein, und sehen Sie zu, daß er sich die Hände wäscht. Möglicherweise hat er etwas von dem Zeug an die Finger bekommen. Und du raufst das nächstemal mit einem, der in der Größe zu dir paßt, junger Herr. Ich möchte nachher ein paar Worte mit Ihnen sprechen, Mr. Strangeways, wenn Sie mit dem Jungen fertig sind. Vielleicht können Sie seiner Mutter sagen, daß sie so lange auf ihn aufpaßt.«

Phil ließ sich willenlos ins Haus führen. Er schien völlig entmutigt. Sein Mund und seine Augenwinkel zuckten – wie bei einem Hund, der schlecht träumt. Nigel konnte keine Worte finden, um Phil gut zuzureden; er fühlte, daß außer der Flasche noch etwas anderes in Stücke gebrochen war und daß es viel Mühe kosten würde, es wieder zusammenzusetzen.

11

Als Nigel wieder aus dem Haus trat, sah er, wie Blount das schmutzige Taschentuch und die Glasscherben einem Polizisten übergab. Das Taschentuch, mit dem Blount die ganze Flüssigkeit aufgewischt hatte, war über einem Bekken ausgewrungen worden.

»Gut, daß der Boden hart ist«, sagte Blount abwesend, »sonst wäre alles versickert, und dann hätten wir den Rasen aufgraben müssen. Das ist bestimmt das richtige Zeug.« Er brachte seine Zungenspitze mit äußerster Vorsicht an das Taschentuch heran. »Bitter. Noch immer zu schmecken. Ich bin Ihnen dankbar, daß Sie es gefunden haben, aber es war trotzdem nicht nötig, es mir auf den Kopf zu werfen. Eile mit Weile, Mr. Strangeways. Übrigens, warum wollte der Kleine mich eigentlich mißhandeln?«

»Ach, er ist etwas durcheinander.«

»Das habe ich gemerkt«, sagte der Inspektor trocken.

»Es tut mir leid, das mit der Flasche. Phil sagte, er habe sie da oben in der Dachrinne versteckt, und ich erlaubte ihm dummerweise, aus dem Fenster zu klettern und sie zu holen. Er hatte sich am Kamin angeseilt. Das Ding ist ihm aus der Hand gerutscht – die Flasche, meine ich, nicht der Kamin.«

»O nein, das ist sie nicht.« Mit irritierender Umständlichkeit und Sorgfalt klopfte Blount sich den Staub von der Hose, brachte seinen Kneifer wieder in Position und führte Nigel dann zu der Stelle, wo die Flasche hingefallen war. »Sehen Sie, wenn er sie nur hätte fallen lassen, wäre sie dort auf dem Blumenbeet gelandet. Sie landete jedoch weiter vom Haus entfernt, hier auf der Rasenkante. Er muß sie geworfen haben. So, und jetzt, wenn Sie etwas Zeit übrig haben, werden wir uns dort drüben hinsetzen, wo wir außer Hörweite sind, und dann können Sie mir alles erzählen.«

Nigel berichtete von den Geständnissen, die Lena seiner Frau gemacht hatte, und von Phils Klettertour am Samstagabend. »Phil ist in manchen Dingen erstaunlich scharfsinnig. Er muß auf die Idee gekommen sein, daß die Flasche für Felix belastend sei – er sieht zu ihm auf wie zu einem Gott, sagt Georgia; er hatte mir aber schon erzählt, wo die Flasche war, deshalb war das einzige, was er daraufhin noch tun konnte, sie zu vernichten – sie vom Dach hinunterzuwerfen, mich mit dem Aufknoten des Seils hinzuhalten und zu hoffen, daß das Zeug, bis ich unten ankäme, in die Erde versickert wäre. Das war durchaus logisch und sehr geschickt ausgedacht, in Anbetracht seines kindlichen Fassungsvermögens. Wie viele Einzelkinder neigt er zu leidenschaftlicher Heldenverehrung und gleichzeitig zu tiefem Mißtrauen gegen Fremde. Er hat mir anscheinend nicht geglaubt, als ich ihm versicherte, die Auffindung der Flasche werde Felix nicht unbedingt schaden. Vielleicht meint er sogar, Felix habe seinen Vater vergiftet. Jedenfalls war es Felix, den er schützen wollte. Das ist der Grund, warum er auf Sie losging, als er sah, daß sein Plan mißlang.«

»Hm, ja. Das ist eine durchaus denkbare Erklärung, scheint mir. Tja, er ist wahrhaftig ein mutiger kleiner Kerl. Klettert da auf dem steilen Dach herum! Ob mit oder ohne Seil, *ich* möchte es nicht machen. Aber Höhe habe ich nie vertragen können. Wenn man nicht schwindelfrei –«

»Schwindelfrei!« rief Nigel aufgeregt. »Ich wußte ja, daß es mir einfallen würde. Donnerwetter, jetzt haben wir doch noch etwas herausgebracht!«

»Und das wäre?«

»George Rattery war schwindelfrei, und er war nicht schwindelfrei. Er hatte Angst vor einem Steinbruch, aber vor den Alpen nicht.«

»Wenn das ein Rätsel sein soll…«

»Kein Rätsel. Die Lösung eines Rätsels. Oder der Anfang einer Lösung. So, jetzt seien Sie still, und lassen Sie Onkel Nigel das tun, was er scharf nachdenken nennt. Sie erinnern sich, daß Felix Cairnes in seinem Tagebuch beschreibt, wie er in den Cotswolds an einen Steinbruch gekommen sei und die feste Absicht gehabt habe, einen Unfall zu inszenieren – aber George habe nicht in die Nähe des Abgrundes kommen wollen, weil er nicht schwindelfrei gewesen sei?«

»Ja, ich erinnere mich genau.«

»Vorhin, als ich mit Phil oben auf dem Speicher war, fragte ich ihn, wie er auf ein solches Versteck für die Flasche gekommen sei. Er sagte, seinem Vater sei einmal beim Spielen der Ball aufs Dach geflogen und in die Rinne gerollt, und sein Vater sei hinaufgeklettert, um ihn wiederzuholen. Was aber wichtiger ist – er sagte, daß sein Vater Alpinist gewesen sei. Also?«

Blounts Mund wurde zu einem dünnen Strich, und seine Augen blitzten.

»Also hat Felix Cairnes in seinem Tagebuch aus irgendeinem Grund gelogen.«

»Aber warum sollte er lügen?«

»Danach werde ich sehr bald ihn selbst fragen.«

»Aber was für einen Grund könnte er dafür gehabt haben? Das Tagebuch sollte kein anderer zu Gesicht bekommen, es war nur für ihn selbst bestimmt. Warum in drei Teufels Namen hätte er sich selbst eine Lüge erzählen sollen?«

»Aber hören Sie, Mr. Strangeways, Sie müssen doch

zugeben, daß es eine Lüge war – die Behauptung, Rattery sei nicht schwindelfrei.«

»Ja, das gebe ich auch zu. Was ich nicht zugebe, ist, daß sie von Felix stammt.«

»Aber das tut sie doch, verdammt noch mal. Sie haben es doch schwarz auf weiß gelesen. Wissen Sie eine andere Möglichkeit?«

»Ich möchte behaupten, daß sie von George Rattery stammt.«

Blount starrte ihn an. Er sah in diesem Augenblick aus wie ein solider Bankdirektor, dem man gerade erzählt hat, der Finanzminister sei bei einer Scheckfälschung erwischt worden.

»Langsam, Mr. Strangeways, langsam – Sie erwarten doch nicht im Ernst, daß ich das glaube?«

»Doch, das erwarte ich. Ich war immer schon der Ansicht, daß George argwöhnisch gegen Felix geworden war und einem Dritten von seinem Verdacht erzählt hatte und daß dieser Dritte dann Rattery umgebracht hat – wobei er Felix als Deckung benutzte. Stellen Sie sich jetzt vor, Rattery hätte an dem Tage, an dem sie zum Picknick fuhren, schon einen vagen Verdacht gegen Felix gehabt. Es kann leicht sein, daß er den Steinbruch schon kannte – die Leute neigen ja dazu, immer wieder an dieselben Picknickplätze zu gehen, wenn sie seit längerem in der Gegend wohnen. Felix, der am Rande des Steinbruchs steht, ruft George zu, er solle kommen und sich irgend etwas ansehen. George spürt eine leise Erregung in seiner Stimme oder sieht sie ihm an. Der Funke des Verdachts zündet. Womöglich will mich Felix tatsächlich in den Steinbruch hinunterstoßen, denkt er. Oder aber George wußte nicht, daß ein Steinbruch da war, bis Felix unvorsichtigerweise, wie er im Tagebuch zugibt, ihn darauf aufmerksam machte. In beiden Fällen konnte George ihm seinen Verdacht nicht auf den Kopf zusagen, denn er hatte bisher noch keinerlei *Beweise*: sein Plan war, so zu tun, als sei er völlig ahnungslos, und zwar so lange, bis er einen schlüssigen Beweis dafür hatte, daß Felix ihn tatsächlich ermorden wollte. Natürlich wagte er nicht, näher an den Abgrund heranzugehen. Er mußte aber einen Vorwand finden, mit dem er sein Verhalten motivieren konnte, einen Vorwand, der Felix glaubhaft erschiene. Ohne zu überlegen, sagte er: ›Bedaure. Nichts zu machen. Bei steilen Abgründen wird mir schwindlig‹ – genau das, was einem geübten Kletterer zuerst einfallen wird.«

»Tja«, sagte Blount nach einer längeren Pause, »das ist an sich eine ganz plausible Theorie. Doch es ist ein Spinnennetz; fein gesponnen, aber nicht sehr haltbar.«

»Spinnennetze sollen ja auch nur Fliegen halten. Wenn Sie nicht immer nur Blutflecken und die Innenseite von Bierkrügen untersuchten, sondern sich gelegentlich auch mal mit dem Studium der Natur befaßten, dann wäre Ihnen das bekannt.«

»Und darf ich fragen, was für eine Fliege Sie mit Ihrem Spinnennetz gefangen haben?« erkundigte sich Blount mit einem spöttischen Augenzwinkern.

»Meine ganzen Argumente für die Verteidigung von Felix Cairnes sind auf der Theorie aufgebaut, daß ein Dritter seine Pläne gekannt hat – oder wenigstens seine Absicht im allgemeinen. Dieser Dritte war vielleicht von sich aus dahintergekommen; aber das ist nicht sehr wahrscheinlich, denn Felix hatte das Tagebuch wohl trotz allem sehr gut versteckt. Aber angenommen, George hätte seine Verdachtsgründe schon ganz am Anfang diesem Dritten mitgeteilt – wem, glauben Sie, hätte er sie am ehesten anvertraut?«

»Wie oft darf man raten?«

»Ich habe nichts davon gesagt, daß Sie raten sollen. Sie sollen Ihren Denkapparat gebrauchen.«

»Also, seiner Frau hätte er sich nicht anvertraut – dafür verachtete er sie zu sehr, nach dem, was man weiß. Auch Lena nicht, wenn sie und George, wie Carfax behauptet, verkracht waren. Vielleicht hat er sich Carfax anvertraut. Nein, am ehesten seiner Mutter – die beiden waren ja ein Herz und eine Seele.«

»Sie haben jemanden vergessen«, sagte Nigel verschmitzt.

»Wen? Sie meinen doch nicht den kleinen…«

»Nein, Rhoda Carfax. George und sie –«

»Mrs. Carfax? Sie wollen mich wohl veräppeln. Was sollte sie für einen Grund haben, Rattery zu töten? Außerdem sagt ihr Mann doch, daß sie nie in die Werkstatt kommt, deshalb kann sie nichts von dem Rattengift genommen haben.«

»Was ihr Mann sagt, bedeutet gar nichts.«

»Allerdings, das kann ich bestätigen. Seine Frau könnte sich natürlich nachts in die Werkstatt geschlichen und Gift geholt haben. Aber – zufälligerweise hat sie ein Alibi für Samstag nachmittag. Sie kann das Gift nicht in die Flasche getan haben.«

»Manchmal glaube ich, Sie hätten das Zeug zu einem ganz guten Detektiv. Sie haben Rhoda also doch nicht vergessen?«

»Das gehört zu den normalen Ermittlungen«, erwiderte Blount leicht gekränkt.

»Schon gut. Ich meinte ja auch nicht Rhoda. Wie Sie selber sagen, die alte Mrs. Rattery ist die Wahrscheinlichste.«

»Das habe ich nicht gesagt!« antwortete Blount steif. »Wir wollen auch Felix Cairnes nicht vergessen. Ich sagte nur –«

»Ja, ja, schon recht. Ihr Protest ist zur Kenntnis genommen und wird beachtet werden. Aber bleiben wir einstweilen bei Ethel Rattery. Sie haben Cairnes' Tagebuch gelesen. Haben Sie darin einen Hinweis auf ein etwaiges Motiv für sie entdeckt?«

Inspektor Blount setzte sich bequem auf seinem Stuhl zurecht und zog eine Pfeife aus der Tasche; er zündete sie nicht an, sondern polierte sie nachdenklich an seiner glatten Wange.

»Die alte Dame ist sehr versessen auf die Ehre der Familie, nicht wahr? Laut Cairnes' Tagebuch hat sie gesagt: ›Töten ist nicht morden, wenn die Ehre auf dem Spiele steht‹ oder etwas Ähnliches. Überdies hat Cairnes gehört, wie sie dem kleinen Jungen einschärfte, er dürfe sich seiner Familie nie schämen, was auch immer geschehe. Aber das sind sehr dürftige Verdachtsmomente, auf die man sich kaum stützen kann, wie Sie selber zugeben werden.«

»An sich, ja. Aber die Sache wird anders, wenn man hinzunimmt, daß sie die Gelegenheit gehabt hat – sie und

Violet waren am Samstag nachmittag allein im Hause, bis George vom Fluß zurückkam –, und wenn man an das denkt, was wir – *und sie* – von George und Rhoda wissen.«

»Wie stellen Sie es sich im einzelnen vor?«

»Wir wissen, daß sie Carfax an diesem Nachmittag zu sich kommen ließ, um ihm Vorhaltungen zu machen und ihm zu sagen, er müsse Rhoda an die Kandare nehmen und dem Skandal ein Ende machen. Sie wurde sehr ärgerlich, als Carfax ihr erwiderte, er sei entschlossen, wenn Rhoda es wünsche, sich scheiden zu lassen. Stellen Sie sich vor, daß Mrs. Rattery mit dieser Unterredung einen letzten Versuch machen wollte: vielleicht war sie schon entschlossen, im Falle seines Scheiterns lieber George zu töten, als zuzulassen, daß der kostbare alte Familienname durch einen Ehebruchskandal und eine eventuelle Scheidung befleckt würde. Sie hat auf George eingeredet, daß er das Spiel mit Rhoda aufgeben solle, und sie hat auf Carfax eingeredet, daß er energisch vorgehen müsse. Beides blieb erfolglos. Darauf greift sie zum Strychnin. Wie gefällt Ihnen das?«

»Ich will Ihnen gestehen, daß ich schon an diese Möglichkeit gedacht habe. Aber die Theorie hat zwei außerordentlich schwache Stellen.«

»Und die wären?«

»Erstens: Vergiftet eine Mutter ihren Sohn, um die Ehre der Familie zu wahren? Das ist reichlich exzentrisch. Es gefällt mir nicht.«

»Natürlich, im allgemeinen tun Mütter so was nicht. Aber Ethel Rattery ist eine römische Matrone von altem, zähestem Kaliber. Und ganz richtig im Kopf ist sie auch nicht. Normales Verhalten können Sie von ihr nicht erwarten. Wir wissen, daß sie eine eingefleischte Autokratin ist und daß sie diesen Fimmel mit der Familienehre hat, und da sie aus der Viktorianischen Zeit stammt, betrachtet sie Liebesskandale als den Gipfel der Schande. Nehmen Sie diese drei Dinge zusammen, und Sie haben eine potentielle Mörderin. Welches ist Ihr zweiter Einwand?«

»Ihre Theorie ist die, daß George seinen Verdacht gegen Felix Cairnes seiner Mutter anvertraut habe. Sie sagen, der Mörder habe von dem Plan mit dem Segelboot gewußt und das Gift sei nur eine zweite Angriffsstellung gewesen für den Fall, daß der erste Angriff von Felix fehlschlüge. Nun, wenn Mrs. Rattery ihren Sohn nur dann zu vergiften beabsichtigte, wenn ihr Versuch, Carfax zu beeinflussen, mißlang, dann hätte sie diesen Versuch schon viel eher gemacht. So, wie die Dinge lagen, hätte es passieren können, daß sie bei ihrer Unterredung mit Carfax Erfolg hatte und daß George in ebendiesem Augenblick ertrank. Das paßt nicht zusammen.«

»Sie bringen zwei verschiedene Theorien von mir durcheinander. Ich gehe von der Annahme aus, daß sowohl Mrs. Rattery als auch George von dem in Felix' Tagebuch beschriebenen Plan wußten... Aber ich nehme außerdem an, daß sie darüber sprachen und daß George seiner Mutter sagte, er werde seine Rolle als ahnungsloses Opfer weiterspielen, um völlige Gewißheit über Felix' Absichten zu erlangen, im kritischen Moment jedoch werde er den Spieß umdrehen und Felix sagen, daß sein Tagebuch in den Händen eines Rechtsanwalts sei. Tatsächlich hatte ja George keineswegs die Absicht, sich ertränken zu lassen, und seine Mutter wußte das. Aber sie war fest entschlossen, ihm das Gift zu verabreichen, falls ihr Versuch mit Carfax scheiterte.«

»Ja. Natürlich. Das ist sicher denkbar. Tja, es ist eine vertrackte Sache. Mrs. Rattery, Violet, Carfax, Cairnes – alle hatten die Gelegenheit und auch ein Motiv, George Rattery zu töten. Miss Lawson auch; die Gelegenheit hatte sie, nur ein Motiv ist bei ihr schwer zu finden. Seltsamerweise hat keiner von ihnen ein Alibi. Wenn mir ein schönes, saftiges Alibi hingehalten würde, in das ich meine Zähne schlagen könnte, wäre mir viel wohler.«

»Sie haben doch das von Rhoda Carfax?«

»Das ist noch zu heiß. Sie war von zehn Uhr dreißig vormittags bis sechs Uhr nachmittags in Cheltenham, wo sie bei einem Tennisturnier mitgespielt hat. Danach ist sie mit Bekannten in den ›Großen Bären‹ zum Abendessen gegangen und erst nach neun hierher zurückgekommen. Die Nachprüfung der Einzelheiten ist zwar noch nicht abgeschlossen; aber soviel man bis jetzt sieht, ist es völlig unmöglich, daß sie zwischendurch hier gewesen ist. Es war kein großes Turnier, wissen Sie; und wenn sie nicht spielte, hat sie geschiedsrichtert oder sich mit Bekannten unterhalten.«

»Hm. Da scheidet sie also aus. Ja, und weiter?«

»Ich muß die alte Mrs. Rattery noch einmal befragen. Ich wollte gerade zu ihr, als Sie mir die Flasche auf den Kopf warfen.«

»Kann ich mitkommen?«

»Gut. Aber das Reden überlassen Sie bitte mir.«

Zum erstenmal hatte Nigel Gelegenheit, Georges Mutter genau und in Ruhe zu beobachten. An dem Morgen in Violets Zimmer war zu vieles in ihm aufgerührt gewesen, was eine ruhige Betrachtung unmöglich machte. Jetzt, in der Mitte ihres Zimmers stehend und ihm die Hand entgegenstreckend, so daß die langen Falten ihres weiten schwarzen Ärmels herunterhingen, erweckte Ethel Rattery den Eindruck, als stände sie Modell für einen Todesengel. An ihren groben, harten Zügen, unter dem starren Ausdruck konventioneller, äußerlicher Trauer, sah man weder Gram noch Reue, weder Mitgefühl noch Angst. Sie glich mehr der Statue selbst als dem Modell dafür. Irgendwo in ihrem tiefsten Innern, dachte Nigel, ist ein steinerner Kern von Leblosigkeit, ein dem Leben entgegengesetztes Prinzip. Als er ihre Hand berührte, bemerkte er flüchtig, daß sie auf dem Unterarm ein großes schwarzes Muttermal hatte, aus dem lange Haare sprossen; es war ein unangenehmer Anblick, und doch schien es in diesem Augenblick das einzig Menschliche an ihr zu sein. Nachdem sie Blount mit einem starren, marionettenhaften Kopfnicken begrüßt hatte, schritt sie zu einem Stuhl und setzte sich; im selben Augenblick war das täuschende Bild verschwunden; sie war nicht mehr der Todesengel, keine schwarze Salzsäule mehr, sondern nur noch eine plumpe alte Frau, deren kurze, watschelige Beine zu dem Körper, den sie trugen, in einem lächerlichen Mißverhältnis standen. Nigels schweifende Gedanken kamen jedoch abrupt zum Stillstand, als Mrs. Rattery zu sprechen begann. Kerzengerade auf ihrem Stuhl sitzend, die Hände in den riesigen Schoß gelegt, sagte sie zu Blount: »Ich bin zu dem Entschluß gekommen, Herr Inspektor, daß diese beklagenswerte Angelegenheit ein Unfall war. Es ist für alle Beteiligten das beste so. Ein Unfall. Wir werden daher Ihre Dienste von jetzt an nicht mehr benötigen. Bis wann können Sie es einrichten, Ihre Leute aus meinem Hause zurückzuziehen?«

Blount war, sowohl von Natur aus als auch infolge seiner Berufspraxis, nicht leicht zu verblüffen; noch seltener kam es vor, daß er Überraschung, wenn er sie empfand, zeigte. Jetzt jedoch starrte er die alte Dame mit offenem Mund sprachlos an. Nigel nahm eine Zigarette heraus, steckte sie aber hastig wieder ins Etui: verrückt, irre, völlig irre, dachte er. Blount hatte die Sprache wiedergefunden.

»Wie kommen Sie auf den Gedanken, daß es ein Unfall war, gnädige Frau?« fragte er sehr höflich.

»Mein Sohn hatte keine Feinde. Die Ratterys begehen nicht Selbstmord. Unfall ist daher die einzige Erklärung.«

»Wollen Sie damit sagen, gnädige Frau, daß Ihr Sohn *aus Versehen* Rattengift in seine Medizinflasche geschüttet und es dann getrunken hat? Kommt Ihnen das nicht etwas – unwahrscheinlich vor? Was glauben Sie, wie er dazu gekommen ist, etwas so Ungewöhnliches zu tun?«

»Ich bin kein Polizist, Herr Inspektor«, erwiderte die alte Dame mit grotesker Selbstsicherheit. »Es ist Ihre Sache, die Einzelheiten des Unfalls herauszufinden, denke ich. Und ich bitte Sie, dies so schnell wie möglich zu tun. Sie werden einsehen, daß es für mich außerordentlich lästig ist, mein Haus voller Polizisten zu haben.«

Georgia wird mir das einfach nicht glauben, wenn ich es ihr erzähle, dachte Nigel; eigentlich müßte es wahnsinnig komisch sein, dieses Gespräch, aber in Wirklichkeit wirkt es gar nicht komisch. Blount sagte in verdächtig sanftem Ton: »Und warum legen Sie so großen Wert darauf, gnädige Frau, mich davon zu überzeugen – und sich selbst auch –, daß es ein Unfall war?«

»Ich möchte begreiflicherweise den guten Ruf meiner Familie schützen.«

»Der gute Ruf ist Ihnen also wichtiger als die Gerechtigkeit?«

»Das ist eine höchst ungehörige Bemerkung.«

»Manche dürften es als eine Ungehörigkeit betrachten, daß Sie der Polizei Vorschriften machen, wie sie diesen Fall behandeln soll.«

Nigel hätte am liebsten applaudiert. Hier kam der alte, strenge Presbyterianergeist bei Blount zum Vorschein. Das Gesicht der alten Dame rötete sich leicht bei dem unerwarteten Widerstand; sie blickte auf ihren Ehering hinab, der halb ins Fleisch ihres dicken Fingers eingewachsen war, und sagte:

»Sie sprachen von Gerechtigkeit, Herr Inspektor?«

»Wenn ich Ihnen sagte, wir könnten beweisen, daß Ihr Sohn ermordet wurde, würden Sie dann nicht wünschen, daß der Mörder zur Rechenschaft gezogen wird?«

»Ermordet? Sie können es beweisen?« fragte Mrs. Rattery mit ihrer dumpfen, bleiernen Stimme; dann wurde diese Stimme plötzlich weich wie schmelzendes Blei, als sie hinzufügte: »Wer?«

»Das haben wir bis jetzt noch nicht herausbekommen.

Mit Ihrer Hilfe werden wir vielleicht in der Lage sein, es festzustellen.«

Blount begann, noch einmal die Ereignisse des vergangenen Samstags durchzugehen. Nigels abschweifende Aufmerksamkeit wurde von einer Fotografie gefesselt, die auf einem nierenförmigen Tischchen neben ihm stand. Das Bild hatte einen überladenen Goldrahmen, rechts und links davon lagen Orden, davor standen eine runde Vase mit Strohblumen und dahinter zwei hohe Glasvasen, vollgestopft mit Rosen, die schlecht arrangiert waren und schon anfingen zu verwelken. Jedoch nicht diese Reliquien interessierten Nigel, sondern das Gesicht des Mannes auf der Fotografie; es war ein junger Mann in Uniform, zweifellos Mrs. Ratterys Gatte. Der krause Schnurrbart und die langen Koteletten verbargen weder die Gesichtszüge – zart, unentschlossen, übersensibel, mehr zu einem Dichter der Jahrhundertwende passend als zu einem Soldaten – noch die erstaunliche Ähnlichkeit mit Phil Rattery. Ja, redete Nigel im Geiste das Bild an, wenn ich du gewesen wäre und die Wahl gehabt hätte zwischen einer Kugel in Südafrika und einem langen Leben mit Ethel Rattery, hätte ich mich auch für die raschere Todesart entschieden; aber was für merkwürdige Augen du hast; Geistesgestörtheit soll oft eine Generation überspringen; kein Wunder, daß Phil so überspannt ist, bei solchen Großeltern. Armes Kind. Ich glaube, es wäre ganz interessant, sich etwas näher mit der Geschichte dieser Familie zu befassen.

Er hörte, wie Inspektor Blount zu Mrs. Rattery sagte: »Sie haben am Samstag nachmittag eine Unterredung mit Mr. Carfax gehabt?«

Das Gesicht der alten Dame schien sich zu verfinstern. Nigel blickte unwillkürlich hoch, um zu sehen, ob sich eine Wolke vor die Sonne geschoben habe; aber alle Jalousien im Zimmer waren heruntergelassen.

»Ja, das stimmt«, sagte sie, »aber es kann für Sie nicht von Interesse sein.«

»Das zu entscheiden, müssen Sie mir überlassen«, erwiderte Blount unerbittlich. »Sie wollen mir nicht sagen, worüber Sie gesprochen haben?«

»Nein.«

»Bestreiten Sie, daß Sie Mr. Carfax ersuchten, den Beziehungen zwischen seiner Frau und Ihrem Sohn ein Ende zu machen, daß Sie ihm die stillschweigende Duldung dieser Beziehungen vorwarfen und daß Sie ihn – äh – ziemlich heftig beschimpften, als er sagte, er werde sich scheiden lassen, falls seine Frau dies wünsche?«

Während dieser Aufzählung war Mrs. Ratterys Gesicht dunkelrot geworden und hatte zu zucken begonnen. Nigel dachte, sie werde in Tränen ausbrechen, aber in ihrer Stimme war nur zornige Entrüstung, als sie ausrief: »Der Mensch ist ein richtiggehender Kuppler, und das habe ich ihm gesagt. Der Skandal war schon schlimm genug, aber die Sache absichtlich noch zu unterstützen...«

»Warum haben Sie nicht mit Ihrem Sohn gesprochen, wenn Ihnen die Geschichte so zu Herzen ging?«

»Ich habe ja mit ihm gesprochen. Aber er hatte einen sehr starken Willen – wohl von der Familie seiner Mutter her«, sagte sie mit hinterlistiger Selbstgefälligkeit.

»Hatten Sie den Eindruck, daß Mr. Carfax wegen dieser Sache feindselige Gefühle Ihrem Sohn gegenüber hegte?«

»Wieso – nein…« Mrs. Rattery brach unvermittelt ab. Wieder trat der hinterhältige Ausdruck in ihre Augen. »Wenigstens habe ich nichts bemerkt. Ich war allerdings ziemlich erregt. Merkwürdig ist es natürlich – der Standpunkt, den er nach außen hin vertrat.«

Alte Schlange, dachte Nigel.

»Nach dieser Unterredung hat Mr. Carfax, wie ich höre, sofort das Haus verlassen.« Wie bei dem Gespräch mit Carfax legte Blount wieder eine herausfordernde Betonung auf das »sofort«.

Beinahe eine Suggestivfrage, dachte Nigel, wie unartig. Mrs. Rattery erwiderte: »Ich nehme es an. Nein, jetzt, wo ich darüber nachdenke – er kann nicht sofort weggegangen sein. Ich stand zufällig hier am Fenster, und es vergingen ein oder zwei Minuten, ehe ich ihn die Auffahrt hinuntergehen sah.«

»Ihr Sohn hat Ihnen natürlich von Felix Lanes Tagebuch erzählt?« Blount wandte den alten Trick an, plötzlich eine besonders wichtige Frage einzuschieben, wenn das Opfer seine Aufmerksamkeit gerade auf etwas anderes konzentrierte. Seine Taktik hatte keine sichtbare Wirkung; allenfalls der steinerne Hochmut, mit dem Mrs. Rattery dem Vorstoß begegnete, hätte verdächtig wirken können.

»Mr. Lanes Tagebuch? Ich verstehe leider nicht, was Sie meinen.«

»Aber Ihr Sohn hat Ihnen doch sicherlich erzählt, daß Mr. Lane einen Anschlag auf sein Leben plante?«

»Bitte fahren Sie mich nicht so an, Herr Inspektor, ich bin es nicht gewohnt, angefahren zu werden. Was dieses Märchen –«

»Es ist die Wahrheit, gnädige Frau.«

»Wäre es in diesem Fall nicht angebracht, wenn Sie diese Unterredung, die ich äußerst widerwärtig finde, beendeten und Mr. Lane verhafteten?«

»Eines nach dem anderen, gnädige Frau«, sagte Blount mit der gleichen Kälte. »Haben Sie je irgendeine Feindschaft zwischen Ihrem Sohn und Mr. Lane bemerkt? Waren Ihnen die Gründe für Mr. Lanes Aufenthalt hier im Hause rätselhaft?«

»Ich wußte durchaus, daß er wegen Lena hier war, dieser gräßlichen Person. Ich lege keinen Wert darauf, diese Sache zu erörtern.«

So, du dachtest also, der Anlaß für die Reibereien zwischen George und Felix sei Lena gewesen, interpretierte Nigel im stillen. Laut sagte er, zu Boden blickend: »Was hat Violet denn eigentlich gesagt, als sie vorige Woche den Streit mit ihrem Mann hatte?«

»Nein, wirklich, Mr. Strangeways! Ist es nötig, jeden kleinen familiären Zwischenfall so an die Öffentlichkeit zu zerren? Ich finde, daß das höchst unwürdig und überflüssig ist.«

»›Zwischenfall‹? ›Überflüssig‹? Wenn Sie der Ansicht sind, daß es so nebensächlich war, warum haben Sie dann neulich zu Phil gesagt: ›Deine Mutter wird unsere Hilfe brauchen. Die Polizei wird vielleicht dahinterkommen, was für einen Streit sie vorige Woche mit deinem Vater hatte und was sie dabei gesagt hat, weißt du, und

250

dann glauben sie vielleicht...‹? Glauben sie vielleicht was?«

»Danach fragen Sie besser meine Schwiegertochter.« Genaueres war der alten Dame nicht zu entlocken. Nach einigen weiteren Fragen erhob sich Blount. Ohne sich etwas zu denken, trat Nigel an das nierenförmige Tischchen heran und sagte, indem er mit dem Finger über den Rand des Fotorahmens strich: »Das ist wohl Ihr Gatte, Mrs. Rattery? Er ist im Burenkrieg gefallen, nicht wahr? In welchem Gefecht?«

Die Wirkung seiner harmlosen Bemerkung war außerordentlich. Mrs. Rattery hatte sich erhoben und kam mit der Geschwindigkeit eines Insektes – als wenn sie nicht zwei, sondern fünfzig Beine hätte – auf ihn zu. In einer Welle von Mottenpulvergeruch warf sie sich zwischen Nigel und das Bild.

»Nehmen Sie Ihre Finger weg, junger Mann! Haben Sie noch immer nicht genug in meinem Hause herumgeschnüffelt?« Heftig atmend und mit geballten Fäusten hörte sie Nigels Entschuldigungen an. Dann wandte sie sich zu Blount um. »Die Klingel ist dort neben Ihnen, Herr Inspektor. Wollen Sie bitte läuten, das Mädchen wird Sie hinunterführen.«

»Ich glaube, ich finde den Weg schon allein, gnädige Frau, vielen Dank.«

Nigel folgte ihm die Treppe hinunter in den Garten. Blount blies die Backen auf und wischte sich die Stirn. »Puh, das ist ja ein gräßlicher alter Drachen. Es schüttelt mich geradezu, kann ich Ihnen sagen.«

»Macht nichts. Sie haben unerschütterlichen Mut

bewiesen. Wie Daniel in der Löwengrube. Und was nun?«

»Wir sind genau da, wo wir vorher waren, und keinen Schritt weiter. Erst wollte sie, daß wir es als Unfall hinstellen. Dann, als ich andeutete, daß vielleicht Carfax der Täter gewesen sein könne, ging sie sofort darauf ein – etwas zu bereitwillig, fand ich. Sie biß auch gleich an, als ich fragte, ob Carfax das Haus sofort verlassen habe – wir müssen noch herausfinden, wer von beiden sich hier irrt, aber wahrscheinlich wird sich eine ganz harmlose Erklärung dafür ergeben. Auf der anderen Seite ließ sie sich nicht dazu bringen, über Felix Cairnes oder Violet zu reden. Von Felix' Tagebuch wußte sie tatsächlich nichts – ich hatte jedenfalls den Eindruck. Das ist natürlich Pech für Sie und Ihre Theorie. Sie hat verrückte Ansichten über die Familienehre, aber das wußten wir ja vorher schon. Ihre Anspielungen in bezug auf Carfax waren möglicherweise nur durch ihre Abneigung gegen ihn veranlaßt. Nein, wenn sie George ermordet hat, hat sie uns gerade eben nichts verraten. Wir stehen wieder an unserem Ausgangspunkt. Bei Felix Cairnes nämlich, ob Ihnen das schmeckt oder nicht.«

»Trotzdem gibt es *eine* Sache, der man etwas näher auf den Grund gehen sollte.«

»Sie meinen diesen Streit zwischen George und seiner Frau?«

»Nein. Ich glaube nämlich, es wird sich herausstellen, daß nichts dahintersteckt. Es kann zwar sein, daß Violet irgendeine hysterische Drohung ausgesprochen hat, aber eine Frau, die sich fünfzehn Jahre der Knute ihres Mannes

gebeugt hat, steht nicht plötzlich auf und ermordet ihn.
Das paßt einfach nicht zusammen. Nein, ich denke an das,
was Watson ›die seltsame Episode mit der alten Dame und
der Fotografie‹ genannt hätte.«

13

Nigel verabschiedete sich von Blount, der Violet Rattery
noch befragen wollte, und ging ins Hotel zurück. Georgia
und Felix Cairnes tranken im Garten Tee, als er hinkam.

»Wo ist Phil?« fragte Felix sofort.

»Bei Ratterys. Seine Mutter wird ihn wohl später herbringen. Es hat sich allerlei getan.« Nigel gab einen
Bericht von Phils Heldentaten auf dem Dach und von
dessen Versuch, die Untersuchung der Flasche zu verhindern. Während er sprach, wurde Felix immer zappeliger,
zum Schluß konnte er sich nicht mehr halten.

»O Gott«, rief er, »können Sie Phil nicht aus der ganzen
Sache heraushalten? Es ist ja scheußlich – ein Kind so
durcheinanderzubringen. Ich meine nicht Sie persönlich,
sondern diesen Blount: der Mann begreift gar nicht, welchen Schaden diese Dinge bei einem hochsensiblen Kind
anrichten können.«

Nigel hatte bis dahin nicht bemerkt, wie überreizt Felix' Nerven waren. Er hatte ihn im Garten umherschlen-
dern, mit Phil lesen, sich mit Georgia über Politik
unterhalten sehen; ein ruhiger, liebenswürdiger Mensch,
bei dem angeborene Zurückhaltung hin und wieder mit
plötzlichen vertraulichen Mitteilungen und mit Ausbrü-

chen eines sardonischen Humors abwechselte; jemand, mit dem zusammenzuleben nicht ganz leicht sein mochte, der aber trotz seiner gelegentlichen Bissigkeit und Unnahbarkeit immer liebenswert war. Durch Felix' Ausbruch wurde Nigel klar, wie schwer die über ihm hängende Wolke von Mißtrauen und Verdacht ihn innerlich belasten mußte. Er sagte sanft: »Blount ist gar nicht so schlimm. Er ist sehr menschlich – oder ziemlich menschlich wenigstens. Ich fürchte, es war meine Schuld, daß Phil in diese Sache hineingezogen wurde. Es ist manchmal außerordentlich schwer, nicht zu vergessen, wie jung er noch ist. Manchmal behandelt man ihn unwillkürlich wie einen Erwachsenen. Und er hat mich tatsächlich aufs Dach geschleppt.«

Es folgte ein entspanntes Schweigen. Georgia nahm eine Zigarette aus der Fünfzigerpackung, die sie immer bei sich hatte. Die Bienen summten zwischen den Dahlien auf dem runden Beet jenseits des Weges. In der Ferne hörte man das langgezogene, dumpfe Tuten eines Schleppers, der dem Schleusenwärter seine Ankunft meldete.

»Das letzte, was ich von George Rattery sah«, sagte Felix, halb zu sich selbst, »war, wie er dort unten durch den Garten an der Schleuse ging und die Blumen zertrampelte. Er war in sehr gereizter Stimmung. Er hätte alles niedergetrampelt, was ihm in die Quere gekommen wäre.«

»Gegen solche Menschen müßte etwas getan werden«, meinte Georgia verständnisvoll.

»Es ist ja auch etwas gegen ihn getan worden.« Felix' Mund war ein dünner, scharfer Strich.

»Seid ihr weitergekommen, Nigel?« fragte Georgia. Die Blässe seines Gesichts, die Falten auf der Stirn mit der herunterhängenden Haarsträhne, die kindlich-trotzig vorgeschobene Unterlippe – all das hatte für sie etwas ungeheuer Rührendes. Er ist erschöpft, er hätte diesen Fall nie übernehmen dürfen, dachte sie. Sie wünschte Blount, die Familie Rattery, Lena, Felix, selbst Phil auf den tiefsten Grund des Meeres. Trotzdem achtete sie darauf, daß ihre Stimme kühl und unpersönlich blieb: Nigel liebte es nicht, bemuttert zu werden; und außerdem war ja Felix Cairnes da, der seine Frau und dann den Sohn verloren hatte – Georgia hatte das Gefühl, sie dürfe ihn in ihrer Stimme nicht den Ton liebevoller Fürsorge hören lassen, weil dies etwas war, was es für ihn nicht mehr gab.

»Weitergekommen? Nicht allzuviel. Es scheint einer dieser unangenehm schlichten Fälle zu sein, bei denen keiner ein Alibi hat und jeder der Täter gewesen sein kann. Na, wir werden den Richtigen schon heraussortieren, wie Blount sagen würde. Übrigens, Felix, wußten Sie, daß George Rattery gar nicht unter Schwindelgefühlen litt?«

Felix Cairnes blinzelte. Er hatte den Kopf auf die Seite geneigt, wie eine Drossel, die interessiert etwas betrachtet, was sich im Gras bewegt hat.

»Nicht unter Schwindelgefühlen litt? Wieso, wer hat das behauptet? Ach ja, ich hatte es ganz vergessen. Ja, die Sache mit dem Steinbruch. Aber warum hat er es dann gesagt? Das begreife ich nicht. Sind Sie auch sicher?«

»Völlig. Verstehen Sie, was das bedeutet?«

»Wahrscheinlich, daß ich in meinem Tagebuch dreist

gelogen habe«, sagte Felix, indem er Nigel mit wachsamer, ängstlicher Offenheit ansah.

»Es gibt noch eine andere Möglichkeit – nämlich daß George Ihre Absichten schon ahnte oder in diesem Augenblick zu ahnen begann und deshalb behauptete, ihm werde bei steilen Abgründen schwindlig, damit er außerhalb Ihrer Reichweite bleiben konnte, ohne Sie merken zu lassen, daß er Verdacht geschöpft hatte.«

Felix wandte sich an Georgia. »Ihnen muß dies alles sehr rätselhaft vorkommen. Unsere Unterhaltung bezieht sich auf einen bestimmten Vorfall – ich versuchte, George in einen Steinbruch hinabzustoßen; aber im letzten Augenblick wollte er nicht mitspielen. Leider. Es hätte uns allen sehr viel Mühe erspart.«

Georgia war von seinem leichtfertigen Tonfall unangenehm berührt. Aber sie dachte: Er kann nichts dafür, der arme Kerl, seine Nerven liegen blank. Sie erinnerte sich noch allzu genau, wie sie selbst einmal in der gleichen gefährlichen Lage gewesen war; und Nigel hatte sie daraus befreit; auch Felix würde er retten, wenn ihn überhaupt jemand retten konnte. Sie sah zu ihrem Mann hinüber: er starrte zu Boden, mit einem Ausdruck, der erkennen ließ, daß sein Hirn unter Hochdruck arbeitete. Liebster Nigel, sagte sie im stillen, liebster, liebster Nigel.

»Wissen Sie irgend etwas über Mrs. Ratterys Mann?« fragte er Felix.

»Nein, nur daß er Soldat war. Im Burenkrieg gefallen. Für ihn eine Erlösung von Ethel Rattery, würde ich sagen.«

»Bestimmt. Ich überlege, wo ich etwas über ihn erfahren könnte. Leider kenne ich gar keine pensionierten Offiziere. Aber gerade fällt mir ein: Sie sind doch mit einem befreundet? Er kommt in Ihrem Tagebuch vor, ziemlich am Anfang – Chippenham, Shrivellem, Shrivenham – ja, richtig, General Shrivenham.«

»Das ist so ähnlich, wie wenn jemand sagt: ›Ah, Sie kommen aus Australien? Haben Sie einen Bekannten von mir namens Brown dort getroffen?‹« sagte Felix spöttisch. »Ich halte es für ganz ausgeschlossen, daß Shrivenham etwas über Cyril Rattery weiß.«

»Trotzdem sollte man ihn fragen.«

»Aber wozu? Ich verstehe nicht, wozu das gut sein soll.«

»Ich habe das merkwürdige Gefühl, daß es sich lohnen würde, wenn man sich die Geschichte der Familie Rattery etwas näher ansähe. Zum Beispiel würde ich gerne wissen, warum die alte Dame so völlig aus dem Häuschen geriet, als ich heute nachmittag eine harmlose Frage bezüglich ihres Mannes an sie richtete.«

»Daß du deine Nase immer in kompromittierende Familiengeheimnisse steckst, ist wirklich sehr unanständig von dir«, meinte Georgia. »Ich komme mir manchmal so vor, als wenn ich einen Erpresser geheiratet hätte.«

»Hören Sie«, sagte Felix nachdenklich, »wenn Sie Auskünfte haben wollen, weiß ich einen Mann im Kriegsministerium, der die Akten für Sie heraussuchen könnte.«

Nigels Reaktion auf dieses liebenswürdige Angebot war undankbar, um es milde auszudrücken. In freundlichem, aber sehr ernstem Ton sagte er: »Warum wollen

Sie eigentlich nicht, daß ich mit General Shrivenham zusammentreffe, Felix?«

»Ich … Das ist ja lächerlich. Ich habe nicht das geringste dagegen, daß Sie mit ihm zusammenkommen. Ich wollte nur sagen, daß es einen anderen Weg gibt, auf dem Sie viel eher zu den Auskünften kommen können, die Sie haben möchten.«

»Schon gut. Entschuldigen Sie. Es war nicht so gemeint.«

Eine verlegene Pause entstand. Nigel war offensichtlich keineswegs überzeugt und wußte, daß Felix dies merkte. Nach einer Weile meinte Felix lächelnd: »Ich fürchte, es stimmt nicht ganz, was ich sagte. Die Sache ist die – ich habe den alten Knaben recht gern. Wahrscheinlich wehre ich mich unbewußt dagegen, daß er erfährt, was für ein Mensch ich in Wirklichkeit bin.« Er lachte bitter. »Ein erfolgloser Mörder.«

»Ich fürchte, es wird früher oder später sowieso bekannt werden«, sagte Nigel sachlich. »Aber wenn Sie möchten, daß Shrivenham jetzt noch nichts davon erfährt, kann ich ihn leicht nach Cyril Rattery fragen, ohne Sie mit hineinzuziehen. Wenn Sie mir nur eine Empfehlung an ihn geben.«

»Also gut. Wann gedenken Sie hinzufahren?«

»Wahrscheinlich morgen irgendwann.«

Wieder breitete sich ein langes Schweigen aus – das unheimliche Schweigen, das lastend in der Luft hängt, wenn ein drohendes Gewitter vorübergezogen ist, ohne auszubrechen, aber schon wieder näher kommt. Georgia sah, daß Felix am ganzen Leibe zitterte. Schließlich sagte er

errötend und mit einer Stimme, die unnatürlich laut her-
auskam, als sei er ein Verliebter, der endlich seinen Mut
zusammennimmt, um ein Liebesgeständnis zu machen:
»Blount. Will er mich verhaften? Ich halte diese Ungewißheit nicht mehr lange aus.« Seine Hände krampften
sich zusammen und öffneten sich wieder. »Wenn es noch
lange dauert, lege ich ein Mordgeständnis ab, bloß damit
dieser Zustand endlich aufhört.«

»Das ist gar keine schlechte Idee«, sagte Nigel sinnend.
»Sie legen ein Geständnis ab: und da Sie es nicht gewesen
sind, kann Blount dieses Geständnis dann zerpflücken
und sich so überzeugen, daß Sie nicht der Mörder sind.«

»Sei um Gottes willen nicht so gefühllos, Nigel«, rief
Georgia ärgerlich aus.

»Es ist für ihn nur ein Spiel. Ein Gesellschaftsspiel, bei
dem man seine Geschicklichkeit zeigt.« Felix grinste. Er
schien seine Fassung wiedergefunden zu haben. Nigel war
ziemlich beschämt: er mußte sich abgewöhnen, immer
laut zu denken.

»Ich glaube nicht«, sagte er, »daß Blount schon an Verhaftung denkt. Er ist sehr gewissenhaft und unternimmt
ungern etwas, solange er seiner Sache nicht ganz sicher ist.
Sie müssen bedenken, daß man es nachher nicht einfach
vergißt, wenn ein Polizeibeamter den Falschen verhaftet
hat – so etwas wirkt sich keineswegs günstig für ihn aus,
ganz und gar nicht.«

»Na, und wenn er sich doch dazu entschließt, werden
Sie, hoffe ich, eine Leuchtrakete hochschießen oder etwas
Ähnliches, dann kann ich meinen Bart abrasieren, zu hin-
ken anfangen, durch den Polizeikordon schlüpfen und

mich nach Südamerika einschiffen – dorthin gehen flüchtende Verbrecher in Kriminalromanen immer.«

Georgia spürte das Brennen aufsteigender Tränen in den Augen. Felix' Art, über seine unglückliche Lage Witze zu machen, hatte etwas unendlich Bemitleidenswertes. Aber auch etwas Peinliches: er hatte Mut, aber er besaß nicht die Überlegenheit, die bei solchen Witzen nötig ist; man spürte die Unsicherheit, und er selber wußte dies. Er brauchte dringend Beruhigung: warum gab Nigel sie ihm nicht? Es wäre sicher leicht für ihn gewesen. Einem plötzlichen Einfall folgend, sagte sie: »Felix, warum laden Sie nicht Lena ein, heute abend herzukommen? Ich habe sie heute gesprochen. Sie glaubt an Sie. Sie liebt Sie und verzehrt sich geradezu in dem Wunsch, Ihnen zu helfen.«

»Solange ich unter Mordverdacht stehe, muß ich mich von ihr fernhalten. Alles andere wäre unfair ihr gegenüber«, sagte Felix störrisch und ein wenig abweisend.

»Aber es ist doch ihre Sache, zu entscheiden, ob etwas ihr gegenüber unfair ist. Auch wenn Sie Rattery getötet hätten, würde sich Lena nicht das geringste daraus machen, sie möchte einfach bei Ihnen sein. Ganz im Ernst: Sie tun ihr furchtbar weh. Lena will nicht Ihre Ritterlichkeit, sondern *Sie*.«

Während Georgia sprach, ging Felix' Kopf hin und her, als wäre sein Körper am Stuhl festgebunden und als wären Georgias Worte Steine, die ihm ins Gesicht geworfen würden. Aber er wollte nicht zeigen, wie weh sie ihm taten. Er zog sich innerlich zurück und sagte steif: »Ich fürchte, ich kann nicht darüber sprechen.«

Georgia warf Nigel einen flehenden Blick zu. Aber

gerade in diesem Augenblick waren auf dem Kiesweg Schritte zu hören, und alle drei blickten auf, froh über die Unterbrechung. Inspektor Blount kam mit Phil auf sie zu.

Georgia dachte: Gott sei Dank, da ist Phil; er ist der David, der die düstere Laune unseres Saul hier aufheitern wird.

Nigel dachte: Warum bringt Blount den Jungen? Violet Rattery wollte es doch tun. Soll das etwa heißen, daß Blount etwas über Violet herausgefunden hat?

Felix dachte: Phil – mit einem Polizeibeamten? Gott, er kann den Jungen doch nicht verhaftet haben? Unsinn, natürlich nicht – dann würde er ihn nicht herbringen. Aber der bloße Anblick, wie die beiden nebeneinander hergehen – ich werde wahnsinnig, wenn das noch lange dauert.

14

»Ich habe eine sehr interessante Unterredung mit Mrs. Rattery gehabt«, sagte Blount, als er mit Nigel allein war.

»Mit Violet? Was hat sie gesagt?«

»Ich fragte sie zuerst wegen dieses Streites, den sie mit ihrem Mann gehabt hatte. Sie versuchte nicht, irgend etwas zu verheimlichen, wenigstens, soweit ich es beurteilen konnte. Sie haben sich anscheinend wegen Mrs. Carfax gestritten.«

Blount machte eine dramatische Pause. Nigel betrachtete interessiert das brennende Ende seiner Zigarette.

»Mrs. Rattery hatte ihren Mann aufgefordert, die Liaison – oder was es war – mit Rhoda Carfax zu beenden.

Ihrer Darstellung nach hat sie dabei nicht so sehr ihre eigenen Gefühle in den Vordergrund gestellt als vielmehr die schädliche Wirkung auf Phil, der – wie es scheint – wußte, was vor sich ging, obwohl er sicher vieles nicht verstand. Rattery fragte sie daraufhin rundheraus, ob sie sich scheiden lassen wolle. Nun hatte Violet, wie sie sagt, gerade ein Buch gelesen, einen Roman über zwei Kinder, deren Eltern geschieden worden waren – sie ist, glaube ich, eine Frau, die Romane sehr ernst nimmt; solche Leute *gibt* es ja, nicht wahr? Jedenfalls, die Kinder – die beiden Kinder in dem Buch, meine ich – litten sehr unter der Scheidung ihrer Eltern; das eine von ihnen sei ein kleiner Junge gewesen, der sie sehr an Phil erinnert habe. Deshalb hat sie ihrem Mann gesagt, sie werde auf keinen Fall in eine Scheidung einwilligen.«

Blount holte tief Atem. Nigel wartete geduldig: er wußte genau, daß Blount, da er Schotte war, bei seiner Erzählung nichts der Phantasie des Zuhörers überlassen würde.

»Diese Einstellung von Mrs. Rattery bewirkte, daß ihr Mann außerordentlich heftig wurde. Besonders wegen Phil. Er ärgerte sich zweifellos, daß die ganzen Gefühle des Jungen sich auf Violet richteten. Noch mehr ärgerte es ihn aber, glaube ich, daß Phil so anders war als er – aus feinerem Stoff, wenn ich mich so ausdrücken darf. Er wollte Violet einen Schlag versetzen, und er wußte, daß er sie am empfindlichsten durch etwas im Zusammenhang mit Phil treffen konnte. So sagte er plötzlich, er habe sich entschlossen, ihn nicht auf die höhere Schule zu schicken, sondern ihn, sobald er nicht mehr schulpflichtig sei, in die

Werkstatt zu stecken. Ob er das ernst meinte, weiß ich nicht, jedenfalls faßte seine Frau es so auf; und das war der Punkt, an dem der Streit richtig losging. Violet sagte zu ihrem Mann, eher würde sie ihn umbringen als mit ansehen, daß er Phil die Chancen fürs Leben verderbe – und das hat die alte Mrs. Rattery wahrscheinlich gehört. Auf jeden Fall kam es zu einer furchtbaren Auseinandersetzung, und am Schluß verlor Rattery den letzten Rest seiner Selbstbeherrschung und fing an, seine Frau zu schlagen. Phil hörte ihren Aufschrei, stürzte ins Zimmer und versuchte, seinem Vater Einhalt zu gebieten. Es war eine fürchterliche Szene. Hm, ja«, schloß Blount, dessen Gefühle nicht leicht in Wallung gerieten.

»Also kommt Violet auch weiterhin in Frage?«

»Tja – eigentlich nicht, würde ich sagen. Sehen Sie, die Sache ist die: Nach dieser Szene wandte sie sich an die alte Mrs. Rattery mit der Bitte, George zu überreden, daß er seinen Plan mit Phil und der Werkstatt fallen läßt. Die alte Dame ist ein ziemlicher Snob, wie Sie ja vermutlich schon bemerkt haben, deshalb war sie ausnahmsweise derselben Ansicht wie ihre Schwiegertochter. Ich habe sie gefragt, und sie sagte, sie habe George zu dem Versprechen gebracht, Phil weiter zur Schule gehen zu lassen. Dieses Mordmotiv bei Violet fällt also fort.«

»Und es ist wahrscheinlich auch nicht Eifersucht auf Mrs. Carfax gewesen, denn dann hätte sie wohl Rhoda und nicht George vergiftet?«

»Das ist anzunehmen, obwohl es natürlich nur eine Theorie ist.« Blount fuhr in seiner schwerfälligen Art fort: »Im Laufe meiner Unterredung mit Violet kam noch etwas heraus. Ich befragte sie wegen des Samstagnachmittags. Nach seinem Gespräch mit der alten Mrs. Rattery hat Carfax anscheinend ein paar Worte mit Violet geredet, und sie brachte ihn dann zum Gartentor. Während dieser Zeit hat Carfax also keine Gelegenheit gehabt, die Medizin zu vergiften.«

»Aber warum hat er uns dann unnötigerweise eine Lüge erzählt und behauptet, er habe das Haus sofort verlassen?«

»Das hat er nicht behauptet. Sie erinnern sich, er sagte: ›Wenn Sie meinen, ob ich einen Umweg gemacht habe, um Strychnin in Ratterys Medizin zu schütten, so muß ich diese Frage verneinen.‹«

»Er hat also Ausflüchte gemacht.«

»Ja, gewiß. Aber ich halte es für mehr als wahrscheinlich, daß er es deshalb tat, weil er nicht wollte, daß seine kleine Unterredung mit Violet zur Sprache käme.«

Nigel spitzte die Ohren. Jetzt kam etwas Wichtiges.

»Worum drehte sich die Unterredung?«

Blount machte eine eindrucksvolle Pause, bevor er Antwort gab. Dann sagte er mit dem ernsten Gesicht eines Richters: »Kinderfürsorge.«

»Sie meinen, Fürsorge für Phil?« fragte Nigel verwirrt.

»Nein, ich meine Kinderfürsorge, nichts anderes.« Blounts Augen blitzten. Er fand nicht oft Gelegenheit, sich über Nigel lustig zu machen; wenn er aber doch eine fand, so nutzte er sie gerne möglichst ausgiebig. »Nach dem, was Violet Rattery mir sagte – und ich habe keinen Grund, ihre Aussage anzuzweifeln –, bestehen Pläne, hier ein Zentrum für Kinderfürsorge zu gründen. Die städtischen Behörden haben einen Zuschuß gegeben, der Rest des Geldes soll durch private Spenden aufgebracht werden. Mrs. Rattery gehört dem Ausschuß an, der zum Einsammeln solcher Spenden gegründet wurde, und Mr. Carfax kam zu ihr, um ihr mitzuteilen, daß er eine beträchtliche Summe beisteuern wolle, und zwar anonym. Er gehört zu denen, deren rechte Hand nicht wissen darf, was die linke tut. Und deshalb hat er uns die kleine Unterredung mit Violet verheimlicht.«

»Ach je. ›Die zarten Worte einer unschuldigen Seele.‹ Also Carfax fällt aus. Oder könnte er ins Eßzimmer geschlüpft sein, bevor er zu Mrs. Rattery hinaufging?«

»Auch diese Möglichkeit ist ausgeschlossen. Ich habe auf dem Herweg ein paar Worte mit dem Kleinen gesprochen. Er war zufällig im Eßzimmer, als Mr. Carfax ins Haus kam; die Tür stand offen, und er sah Mr. Carfax durch die Diele und sofort nach oben gehen.«

»Dann bleibt uns also nur noch die alte Mrs. Rattery«, sagte Nigel.

Sie gingen im Garten des Hotels auf und ab, dort, wo er an den Fluß stieß. Linker Hand, zehn bis zwölf Meter vor ihnen, war ein kleines Gebüsch aus Lorbeersträuchern. Nigel bemerkte, ohne darauf zu achten, daß die Büsche sich leise bewegten, was an einem so windstillen Abend ungewöhnlich war; ein Hund wahrscheinlich, dachte er. Wäre er der Sache auf den Grund gegangen, so hätte unter Umständen das Leben mehrerer Menschen einen grundlegend anderen Verlauf genommen. Aber er tat es nicht. Blount sagte gerade mit leicht erhobener, etwas streitsüchtiger Stimme: »Sie sind ein richtiger Dickschädel, Mr.

Strangeways. Aber Sie können mir nicht ausreden, daß bis jetzt alle Beweise auf Felix Cairnes hindeuten. Es gibt natürlich auch Verdachtsmomente gegen die alte Mrs. Rattery, das gebe ich offen zu: aber das ist viel zu theoretisch, viel zu phantastisch.«

»Dann wollen Sie also Felix Cairnes verhaften?« fragte Nigel. Sie hatten umgedreht und kamen wieder an dem Gebüsch vorbei.

»Ich sehe keine andere Möglichkeit. Er hatte die Gelegenheit; er hatte ein viel stärkeres Motiv als Ethel Rattery; er hat sich praktisch selbst überführt, durch seine eigenen Worte. Natürlich ist noch einiges an Routineermittlungen durchzuführen – ich habe immer noch die Hoffnung, daß vielleicht doch jemand gesehen hat, wie er in die Werkstatt gegangen ist, um sich Rattengift zu holen; oder daß wir eventuell mikroskopisch kleine Spuren davon in seinem Zimmer bei Ratterys finden, obwohl wir bis jetzt, wie ich gestehen muß, nichts entdecken konnten. Vielleicht finden sich auf den Scherben der Medizinflasche Fingerabdrücke – allerdings ist auch das nicht sehr wahrscheinlich, nachdem sie in der Dachrinne gelegen hat, und außerdem wäre ein Krimiautor der letzte, der Fingerabdrücke hinterlassen würde. Jedenfalls werde ich Cairnes im Augenblick noch nicht verhaften; aber er wird beobachtet werden, und – wie Sie ja wohl wissen – nachher, nicht vorher, macht der Verbrecher meistens seinen schlimmsten Fehler.«

»Ja, das wäre dann also das. Morgen fahre ich zu einem General Shrivenham. Und ich würde mich gar nicht wundern, wenn dabei einiges für mich herauskäme. Sie sollten sich vorsichtshalber schon mit dem Gedanken vertraut machen, daß Sie wieder mal auf der falschen Spur sind, Herr Oberinspektor. Ich bin nämlich überzeugt, wissen Sie, daß die Lösung in Felix Cairnes' Tagebuch zu suchen ist: wenn wir nur wüßten, wo. Deshalb möchte ich eben mehr über die Familiengeschichte der Ratterys herausbekommen: ich habe das Gefühl, daß durch sie ein Schlaglicht auf irgend etwas in Felix' Tagebuch fallen wird, was wir bis jetzt nicht bemerkt haben.«

15

Am Abend desselben Tages. Georgia war schon zu Bett gegangen: sie wußte, daß es besser war, Nigel nicht durch ihre Gegenwart nervös zu machen, wenn er so intensiv mit anderem beschäftigt war wie jetzt und geistesabwesend durch sie hindurchsah, als wenn sie ein Stück Glas wäre. Ich wünschte, er wäre gar nicht hierhergefahren, dachte sie; er ist überanstrengt; wenn er sich nicht in acht nimmt, wird es mit einem Nervenzusammenbruch enden.

Nigel saß im Schreibzimmer des Hotels. Es war eine seiner ausgefalleneren Eigenschaften, daß sein Hirn in Hotelschreibzimmern ganz gut funktionierte. Vor ihm auf dem Schreibtisch lagen Briefbogen. Er begann langsam zu schreiben...

Lena Lawson
    Gelegenheit, sich Gift zu verschaffen? Ja.
    Gelegenheit, Medizin zu vergiften? Ja.

Motiv für Mord? a) Liebe zu Violet und Phil: um George Rattery aus dem Weg zu räumen, weil er ihr Leben ruinierte. Unzureichend. b) Persönlicher Haß auf G. R. Verursacht durch früheres Verhältnis mit ihm und (oder) durch Schock wegen Martin Cairnes' Tod. Nein, Unsinn: Lena war sehr glücklich mit Felix. c) Geld. Aber Georges Geld erbten je zur Hälfte seine Frau und seine Mutter, und außerdem war gar nicht viel bei ihm zu erben. L. L. fällt endgültig fort.

Violet Rattery

Gelegenheit, sich Gift zu verschaffen? Ja.

Gelegenheit, Medizin zu vergiften? Ja.

Motiv für Mord? Erbitterung gegen George, a) wegen Rhoda, b) wegen Phil. Aber die Sache mit Phil war wieder ausgebügelt; Violet hatte George fünfzehn Jahre hingenommen, warum sollte sie also plötzlich ausbrechen? Wenn Eifersucht auf Rhoda Motiv war, hätte sie Rhoda, nicht George vergiftet. V. R. kommt nicht in Betracht.

James Harrison Carfax

Gelegenheit, sich Gift zu verschaffen? Ja. (Mehr als alle anderen.)

Gelegenheit, Medizin zu vergiften? Anscheinend keine. Ging Samstag nachmittag direkt in Ethel Ratterys Zimmer hinauf, Aussage von Phil; kam wieder herunter und sprach mit Violet, die ihn zum Tor brachte, Aussage von Violet; hat einwandfreies Alibi für die Folgezeit, siehe Erhebungen von Colesby.

Motiv für Mord? Eifersucht. Wenn er jedoch Verhältnis

zwischen George und Rhoda stoppen wollte, hätte er dies, wie sich durch Unterredung ergab, durch Drohung mit Kündigung der Teilhaberschaft von G. erreichen können, den er finanziell in der Hand hatte. C. fällt anscheinend aus.

Ethel Rattery

Gelegenheit, sich Gift zu verschaffen? Ja. (Obwohl sie viel seltener in die Werkstatt kam als die anderen.)

Gelegenheit, Medizin zu vergiften? Ja.

Motiv für Mord? Überspannter Familienstolz; wollte um jeden Preis dem Verhältnis George/Rhoda ein Ende machen, vor allem Scheidungsskandal verhindern. Bittet Carfax, energisch aufzutreten, aber C. sagt, er sei entschlossen, sich scheiden zu lassen, wenn Rhoda es wünsche. Ihr Benehmen gegen Violet und Phil beweist, daß sie völlig unbarmherzig sein kann, Tyrann mit dem Grundsatz »Macht ist Recht«.

Nigel las jedes Blatt noch einmal sorgfältig durch und zerriß sie dann in ganz kleine Stückchen. Ihm war ein Gedanke gekommen. Er nahm einen neuen Bogen und begann erneut zu schreiben ...

Haben wir unter Umständen eine etwaige Bindung zwischen Violet und Carfax übersehen? Es ist interessant, daß sie sich bis zu einem gewissen Grade gegenseitig Alibis geben – sowohl in sachlicher als auch in psychologischer Beziehung. Carfax hätte am leichtesten von allen das Rattengift auf die Seite bringen können; Violet könnte es in die Medizin getan haben. Es ist nicht undenkbar, daß die beiden, ernüchtert durch das Benehmen der jeweiligen Ehepartner, sich zusammengefunden haben. Aber warum sind sie dann nicht einfach gemeinsam weggelaufen? Warum so drastische Mittel, wie George zu vergiften?

Mögliche Antworten: daß George es vielleicht abgelehnt hätte, sich von Violet scheiden zu lassen, oder Carfax von Rhoda; daß sie Phil im Falle gemeinsamen Weglaufens in den Händen von George und Ethel Rattery zurückgelassen hätten, wovor Violet sicher zurückgeschreckt wäre. Einleuchtend. Wir müssen die Beziehungen zwischen V. und C. genauer untersuchen. Wenn es nicht reiner Zufall war, daß der Giftmord am gleichen Tag stattfand wie Felix' mißlungener Mordversuch (was fast undenkbar ist), muß der Mörder über Felix' Plan unterrichtet gewesen sein – entweder weil er von George ins Vertrauen gezogen worden war oder weil er das Tagebuch auch gefunden hatte. Das erstere ist im Falle von Violet und Carfax unwahrscheinlich; jedoch könnte Violet das Tagebuch entdeckt haben.

Schlußfolgerung: Man darf die Möglichkeit einer Verschwörung von Carfax und Violet nicht außer acht lassen. Es ist im übrigen bemerkenswert, daß Carfax, sooft ich in das Haus der Ratterys kam, *nie* dort war. Man hätte von ihm als Geschäftsteilhaber und Freund der Familie eigentlich erwarten können, daß er sich öfter gezeigt hätte – um Violet so weit wie möglich zu helfen und sie zu trösten. Die Tatsache, daß er das nicht getan hat, könnte dahingehend aufgefaßt werden, daß er uns keinen Anlaß geben will, eine unerlaubte Beziehung zwischen ihm und Violet zu vermuten. Andererseits war Carfax' Benehmen bei der Unterredung mit Blount außerordentlich offen und in sich stimmig und gleichzeitig so ungewöhnlich, daß seine Angaben glaubwürdig wirkten. Es ist für einen Verbrecher sehr schwierig, *konsequent* eine der Wahrheit widersprechende moralische Einstellung gegen einen soeben von ihm Ermordeten vorzutäuschen – viel schwieriger als die bloße Durchführung eines vorbedachten Plans (Alibi, Verbergen des Motivs usw.). Vorläufig möchte ich annehmen, daß Carfax unschuldig ist.

Es bleiben also Ethel Rattery und Felix übrig. Die Verdachtsmomente gegen Felix sind dem äußeren Anschein nach bei weitem stärker. Möglichkeiten, Motiv und alles andere – sogar das Eingeständnis der Absicht. Aber gerade da, bei seinem Tagebuch, wird der Verdacht zweifelhaft. Es ist zur Not – aber nur zur Not – zwar denkbar, daß Felix einen zweiten Anschlag (den Giftmord) vorbereitet hatte, für den Fall, daß der Plan mit dem Segelboot mißlingen sollte. Aber ich kann mir einfach nicht denken, daß Felix so kaltblütig oder so verrückt ist, auf eine derartig komplizierte Taktik zu verfallen. Aber angenommen, es wäre doch so gewesen. Was völlig undenkbar erscheint, ist, daß Felix den Plan mit dem Strychnin durchgeführt haben könnte, nachdem George im Segelboot den Spieß umgedreht und ihm gesagt hatte, daß das Tagebuch sich in der Hand des Rechtsanwalts befinde und im Fall von Georges Tod an die Öffentlichkeit gebracht werde.

Es würde bedeuten, daß Felix den Kopf in eine Schlinge gesteckt hätte und dann ins Leere gesprungen wäre. Hätte er etwas in die Medizin hineinpraktiziert, so würde er – da er wußte, daß Georges Tod seinen eigenen zur Folge haben würde – entweder George etwas von dem Gift gesagt haben, oder er hätte sich vor dem Abendessen ins Eßzimmer geschlichen, um die Flasche verschwinden zu lassen. Es sei denn, der Haß auf George wegen Martins Tod hätte die Vernunft so überwältigt, daß es ihm nichts ausmachte, Harakiri zu begehen, wenn es ihm nur gelang, George zu töten. Wenn Felix andererseits nichts daran lag, lebend davonzukommen, warum sollte er sich dann all die Mühe gemacht haben, einen Mordplan auszuarbeiten, der wie ein Segelunfall aussah? Und warum hätte er mich dann hierherkommen lassen, um ihn herauszuhauen? Die einzig mögliche Antwort auf alle diese Fragen ist die, daß Felix das Gift nicht in die Medizin getan hat. Ich glaube nicht daran, daß er George Rattery ermordet hat: es ist gegen alle Wahrscheinlichkeit und gegen alle Logik.

Also bleibt nur noch Ethel Rattery. Ein durch und durch böser Mensch. Aber hat sie ihren Sohn getötet? Und wenn sie es, wie ich glaube, getan hat, wird sich je eine Möglichkeit finden, es zu beweisen? Die Art von Georges Ermordung verrät eine egozentrische Anmaßung, bei der man sofort an Ethel Rattery denkt. Kein Versuch ihrerseits, den Verdacht von sich abzulenken – allerdings hatte sie das auch nicht nötig, da sie wußte, daß der ganze Verdacht sich gegen Felix richten würde. Und kein Versuch, sich ein Alibi für Samstag nachmittag zu verschaffen. Sie mischt einfach den Gifttrank und setzt sich dann auf ihr ausladendes Hinterteil, bis George ihn trinkt. Und erläßt dann die Verordnung, daß Blount die

Sache am besten als Unfall hinstellen solle. »Oberster Herrscher und Richter über alle« – das ist die Rolle, in der sie sich sieht. Die Art und Weise, wie George vergiftet wurde, zeigt einen geradezu aggressiven Mangel an Subtilität, der sehr gut zu Ethel Ratterys Charakter paßt. Aber ist das Motiv stark genug? Muß man annehmen, daß sie im gegebenen Moment nach dem von ihr verkündeten Prinzip handelt – »Töten ist nicht morden, wenn es um die Ehre geht«? Vielleicht bekomme ich von Shrivenham oder einem seiner Kameraden genug Anhaltspunkte, um das entscheiden zu können. Bis dahin...

Nigel stieß einen müden Seufzer aus. Er überflog, was er geschrieben hatte, schnitt eine Grimasse und hielt ein Streichholz an die Blätter. Die Standuhr in der Halle gab ein schnarrendes Geräusch von sich, holte tief Atem und verkündete, daß es Mitternacht sei. Nigel nahm den Ordner, in dem eine Abschrift von Felix' Tagebuch abgeheftet war. Mechanisch las er einige Worte auf der Seite, die er zufällig aufgeschlagen hatte. Sein Körper richtete sich auf, sein müdes Hirn wurde hellwach. Er begann, hastig die Seiten durchzublättern, um zu sehen, ob sich ein weiterer Hinweis fände. Ein überraschender Gedanke begann sich vor seinem inneren Auge abzuzeichnen – ein Bild von so logischer, so klarer, so überzeugender Form, daß er ihm mißtrauen mußte: es glich zu sehr den wunderbaren Gedichten, die man manchmal beim Einschlafen macht und die sich dann, wenn man sie im nüchternen Licht des nächsten Morgens wieder ansieht, als gänzlich banal, sinnlos und verrückt erweisen. Nigel beschloß, die Sache bis zum Morgen ruhen zu lassen; er war jetzt nicht in der Verfassung, ihre Richtigkeit zu prüfen; er schreckte vor der grausamen Folgerung, die sie in sich schloß, zurück. Er stand gähnend auf, nahm den Ordner unter den Arm und ging zur Tür, die in die Halle führte.

Er machte das Licht aus und öffnete die Tür. Die Halle draußen war stockfinster. Nigel tastete sich weiter, an der Eingangstür vorüber, und suchte nach dem Lichtschalter, der an der Wand gegenüber war. Ob Georgia schon schläft, dachte er, und im gleichen Augenblick war ein leises, sausendes Geräusch zu hören, etwas kam aus der Dunkelheit und traf ihn an der Schläfe...

Finsternis. Ein schwarzer Samtvorhang, vor dem schmerzende Lichter aufleuchteten, umhertanzten, flakkerten und wieder erloschen: ein Feuertanz; er betrachtete ihn ohne Neugierde; er hatte den Wunsch, daß die Lichter mit ihrem albernen Tanz aufhören würden, weil er den schwarzen Vorhang öffnen wollte und die Lichter ihm im Wege waren. Schließlich hörten sie auf umherzutanzen. Der schwarze Samtvorhang blieb. Jetzt konnte er hingehen und den Vorhang öffnen, er mußte nur zuerst das harte Brett losmachen, das auf seinem Rücken festgeschnallt zu sein schien. Warum war auf seinem Rücken ein Brett befestigt? Wahrscheinlich war er ein Plakatträger. Eine Weile blieb er ruhig liegen, entzückt über die Genialität dieser Schlußfolgerung. Dann begann er, auf den schwarzen Vorhang zuzugehen. Sofort fuhr ihm ein stechender Schmerz durch den Kopf, und der Feuertanz setzte mit wildem Gewirbel wieder ein. Er wartete, bis er vorüber war. Dann setzte er sein Hirn wieder in Gang, sehr vorsichtig: schaltete man den Hebel zu plötzlich ein, so ging womöglich der ganze verflixte Apparat in tausend Stücke.

Ich kann nicht zu dem schönen schwarzen Vorhang gehen, weil, weil, weil ich nicht stehe, und das Brett, das an meinem Rücken festgeschnallt ist, ist überhaupt kein Brett, sondern der Fußboden. Aber den Fußboden kann sich niemand auf den Rücken schnallen. Eine sehr kluge Feststellung, wenn ich mir die Bemerkung erlauben darf. Ich liege auf dem Boden. Auf dem Boden. Gut. Warum liege ich auf dem Boden? Weil, weil, weil – jetzt erinnere ich mich –, weil etwas aus dem Samtvorhang hervorkam und mir einen Schlag versetzte. Einen ganz gemeinen Schlag. Ich muß also tot sein. Das Problem des Dingsda ist jetzt gelöst. Das Problem des Fortlebens. Des Lebens nach dem Tode. Ich bin tot, mir aber meiner Existenz bewußt. Cogito, ergo sum. Ich habe meinen Tod überlebt. Ich gehöre zur großen Heerschar der Abgeschiedenen. Oder bin ich...? Vielleicht bin ich gar nicht tot. Die Toten leiden bestimmt nicht an solchen verfluchten Kopfschmerzen: das wäre völlig gegen den Vertrag. Also lebe ich. Ich habe es mit Hilfe des logischen Denkens bewiesen. Sehr interessant.

Nigel faßte mit der Hand an seinen Kopf. Klebrig. Blut. Sehr langsam und mühselig stand er auf, tastete sich zur Wand und drehte das Licht an. Die plötzliche Helligkeit betäubte ihn zuerst. Als er die Augen wieder öffnen konnte, sah er sich in der Halle um.

Es war niemand da. Nur ein alter Golfschläger und die Abschrift des Tagebuchs lagen auf dem Boden. Nigel merkte, daß er fror: sein ganzes Hemd war aufgeknöpft. Er machte die Knöpfe zu, bückte sich mühsam, um den Golfschläger und das Tagebuch aufzuheben, und ging mit den beiden Sachen in der Hand langsam die Treppe hinauf.

Georgia sah ihn von ihrem Bett aus verschlafen an.

»Hallo, Liebling. Hast du dein Golfspiel gewonnen?« fragte sie.

»Offen gestanden, nein. Der Kerl hat mich geschlagen. Nicht beim Golf – auf den Kopf.«

Nigel strahlte Georgia mit einem einfältigen Lächeln an und sank, nicht ohne Grazie, zu Boden.

16

»Du stehst nicht auf, mein Lieber.«

»Selbstverständlich werde ich aufstehen. Ich muß den alten Shrivenham heute morgen sprechen.«

»Du kannst nicht aufstehen, weil du ein Loch im Kopf hast.«

»Loch hin oder her, ich fahre zum alten Shrivenham. Sag unten Bescheid, daß sie das Frühstück heraufschikken. Der Wagen wird um zehn Uhr hier sein. Du kannst mitfahren, wenn du willst, und aufpassen, daß ich mir den Verband nicht im Delirium abreiße.«

Georgias Stimme zitterte: »Ach, Liebster, und dabei habe ich immer auf dich eingeredet, du solltest dir die Haare schneiden lassen! Und gerade dein dickes Haar hat dich gerettet – und dein dicker Schädel. Und du stehst nicht auf.«

»Süße Georgia, ich liebe dich mehr denn je, und ich stehe doch auf. Mir war gerade eine Erleuchtung gekommen, als der Kerl mit dem Golfschläger auf mich losging. Und ich habe das Gefühl, daß der alte Shrivenham in der Lage ist, mir ... Übrigens wird es gar nicht schlecht sein, wenn ich mich ein paar Stunden unter militärischen Schutz begebe.«

»Wieso – du glaubst, er könnte es noch mal versuchen? Wer war es denn überhaupt?«

»Keine Ahnung. Nein, eine Wiederholung der Untat erwarte ich nicht. Nicht unbedingt wenigstens. Nicht am hellen Tage. Außerdem war mein Hemd aufgeknöpft.«

»Nigel, phantasierst du auch nicht? Bist du sicher?«

»Ja, völlig.«

Während Nigel frühstückte, wurde der Inspektor hereingeführt. Er sah ziemlich besorgt aus.

»Ihre Frau Gemahlin hat mir gesagt, Sie weigern sich, im Bett zu bleiben. Sind Sie sicher, daß Sie in diesem Zustand –«

»Aber ja. Hiebe mit Golfschlägern muntern mich auf. Haben Sie übrigens Fingerabdrücke daran gefunden?«

»Nein, das Leder ist zu rauh für Fingerabdrücke. Wir haben trotzdem etwas Merkwürdiges entdeckt.«

»Und was?«

»Die Glastür vom Eßzimmer in den Garten war nicht abgeschlossen. Der Ober schwört, daß er sie gestern abend um zehn abgeschlossen hat.«

»Ja, und was ist daran so merkwürdig? Der Kerl, der mir eine verpaßt hat, muß ja irgendwie rein- und rausgekommen sein.«

»Wie konnte er hereinkommen, wenn die Tür doch abgeschlossen war? Meinen Sie, er hätte einen Komplicen gehabt?«

»Er konnte ja vor zehn hereingekommen sein und sich versteckt haben, nicht wahr?«

»Das wäre an sich möglich. Aber wie konnte ein Fremder wissen, daß Sie die halbe Nacht aufbleiben würden – bis in der Halle kein Licht mehr war, so daß er sie angreifen konnte, ohne gesehen zu werden?«

»Ach so, ich verstehe«, sagte Nigel langsam. »Ja, ich verstehe.«

»Die Sache sieht nicht sehr rosig aus für Felix Cairnes.«

»Können Sie mir erklären, warum Felix, nachdem er Geld bezahlt hat für einen nicht sehr billigen Detektiv, ihm daraufhin mit einem Golfschläger auf den Schädel hauen sollte?« fragte Nigel, während er die Scheibe Toast auf seinem Teller betrachtete. »Würde er sich damit nicht ins eigene Fleisch schneiden?«

»Vielleicht – nur als Vermutung natürlich –, vielleicht wollte er aus irgendeinem Grund, daß Sie für eine bestimmte Zeit nicht aktionsfähig sind.«

»Ja, irgendeinen Hintergedanken dieser Art muß mein – Angreifer wohl gehabt haben. Es war ja wohl nicht so, daß er einfach Golfschläge geübt hätte in der Halle«, meinte Nigel scherzhaft. Er dachte: Felix stand tatsächlich diesem kleinen Besuch bei General Shrivenham ziemlich ablehnend gegenüber. Blount sah noch immer beunruhigt aus. Er sagte: »Aber das ist noch gar nicht das eigentlich Merkwürdige. Sehen Sie, Mr. Strangeways, wir haben Fingerabdrücke am Schlüssel und an der Türklinke innen gefunden; und ebenfalls an der Klinke und der Scheibe außen. Als wenn jemand beim Schließen der Tür mit der einen Hand an die Klinke und mit der anderen Hand an die Scheibe gefaßt hätte.«

»Ich sehe nicht, was daran so absonderlich sein soll.«

»Moment. Die Fingerabdrücke stammen nämlich weder von einem der Hotelangestellten noch von denen, die bis jetzt mit unserem Fall in Zusammenhang stehen. Und hier im Hotel sind zur Zeit außer Ihnen keine Gäste.«

Nigel setzte sich mit einem Ruck auf, der einen stechenden Schmerz in seinem Kopf zur Folge hatte.

»Felix kann es also nicht gewesen sein.«

»Das ist das Merkwürdige. Cairnes hätte Sie niedergeschlagen und dann die Glastür aufgeschlossen – wobei er den Schlüssel mit einem Taschentuch angefaßt hätte –, um den Eindruck zu erwecken, daß der Angreifer von draußen hereingekommen wäre. Von wem aber können die Fingerabdrücke außen auf der Tür sein?«

»Das ist zuviel«, stöhnte Nigel. »Auch noch einen mysteriösen Unbekannten in die Sache hereinzubringen, ausgerechnet in dem Augenblick, wo ich ... Das überlasse ich jetzt Ihnen. Sie haben dann eine schöne Beschäftigung, während ich bei General Shrivenham bin ...«

Eine halbe Stunde später zwängten sich Nigel und Georgia auf den Rücksitz des kleinen Mietautos. Und zur gleichen Zeit betrat ein Stubenmädchen, das durch die Untersuchung, die Blount am frühen Morgen im Hotel gemacht hatte, in ihrer Arbeit aufgehalten worden war, das Zimmer von Phil Rattery ...

Kurz vor elf fuhr der Wagen vor General Shrivenhams

Haus vor. Die Tür wurde geöffnet, und sie kamen in eine große Wohndiele; Boden und Wände waren mit Tigerfellen und anderen Jagdtrophäen bedeckt. Selbst Georgia schreckte leicht zurück beim Anblick der wilden Raubtierrachen, die sie von allen Seiten mit ihren weißen Fangzähnen angrinsten.

»Ob wohl einer der Dienstboten ihnen jeden Morgen die Zähne putzen muß?« flüsterte Georgia.

»Höchstwahrscheinlich. Ich bin schon ganz geblendet. Die armen Tiere haben einen frühen Tod gehabt.«

Das Mädchen öffnete eine Tür an der linken Seite der Diele. Aus dem dort liegenden Zimmer erklangen die weinerlichen, dünnen und ätherischen Töne eines Klavichords; jemand spielte – nicht übermäßig gut – das C-Dur-Präludium von Bach. Es schien, als würden die winzigen, zierlichen Klänge von dem lautlosen Gebrüll all der Tiger in der Diele übertönt. Das Präludium endete mit einem langgezogenen, zitternden Wimmern, worauf der unsichtbare Spieler sich eifrig an die Fuge machte. Nigel und Georgia waren fasziniert. Schließlich hörte die Musik auf, und eine Stimme sagte: »Wer? Was? Warum haben Sie sie denn nicht hereingeführt? Kann es nicht leiden, wenn Leute im Flur herumstehen.«

Ein alter Herr in Knickerbockers, Gurtjacke und Regenhut erschien auf der Schwelle. Er blinzelte die beiden mit seinen blaßblauen Augen sanft an.

»Sie bewundern meine Trophäen?«

»Ja, und die Musik auch«, sagte Nigel. »Das schönste von den Präludien, nicht wahr?«

»Es freut mich, daß Sie das sagen. Ich selber finde es

nämlich auch am schönsten, allerdings bin ich ganz unmusikalisch. Ja, unmusikalisch. Ich gebe mir noch Unterricht. Das Instrument habe ich vor einigen Monaten gekauft. Klavichord. Wundervolles Instrument. So stellt man sich ungefähr die Musik vor, nach der Feen tanzen. Die Geister Ariels, wissen Sie. Wie, sagten Sie, war ihr Name?«

»Strangeways. Nigel Strangeways. Das ist meine Frau.«
Der General schüttelte beiden die Hand, wobei er Georgia mit einem erkennbar koketten Blick ansah. Georgia lächelte ihn an; sie konnte nur mit Mühe der Versuchung widerstehen, den charmanten alten Herrn zu fragen, ob er beim Bach-Spielen immer einen Regenhut trage: es schien ihr eine ungeheuer passende Aufmachung zu sein.

»Wir haben ein Empfehlungsschreiben von Frank Cairnes.«

»Cairnes? So. Der arme Kerl, sein kleiner Junge ist überfahren worden, wissen Sie. Ums Leben gekommen. Schreckliche Tragödie. Übrigens, er hat nicht den Verstand verloren, nicht wahr?«

»Nein. Warum?«

»Merkwürdige Sache ist neulich passiert. Sehr merkwürdig. In Cheltenham. Ich gehe donnerstags immer hin und trinke dort Tee, im Café Banners. Erst gehe ich ins Kino und dann trinke ich Tee: der beste Schokoladenkuchen von ganz England bei Banners – Sie müssen ihn probieren. Vertilge immer ungeheure Mengen. Also, ich ging zu Banners hinein, und ich hätte schwören können, daß der Mann, der in der Ecke saß, Cairnes war. Ziemlich kleiner Kerl mit Bart. Cairnes ist vor einigen Monaten von hier weggegangen, wissen Sie, aber es kam mir schon damals so vor, als wenn er sich einen Bart wachsen lassen wollte. Mag Bärte nicht: tragen sie in der Marine, wissen Sie, aber die Marine hat seit Trafalgar keine einzige Schlacht gewonnen, ich weiß nicht, was mit denen los ist, Sie brauchen nur an die Sache im Mittelmeer jetzt zu denken. Wo war ich stehengeblieben? Ach ja, bei Cairnes. Also, dieser Kerl, den ich für Cairnes hielt – ich ging hin, um ihn anzusprechen, aber er stürzte fort wie ein Wiesel, er und der andere, mit dem er zusammensaß, großer Kerl mit Schnurrbart, sah ein bißchen proletenhaft aus. Jedenfalls, Cairnes – oder der Mann, den ich für Cairnes hielt – stürzte fort wie ein Wiesel, den anderen zog er mit. Ich rief seinen Namen, aber er reagierte gar nicht. Ich sagte mir, es kann nicht Cairnes gewesen sein. Aber nachher dachte ich, vielleicht war es doch Cairnes und er hat das Gedächtnis verloren, wie diese Leute im Radio – Sie wissen schon, die in den Suchmeldungen. Deshalb fragte ich Sie vorhin, ob Cairnes den Verstand verloren hätte. War ja immer schon ein etwas sonderbarer Kauz, dieser Cairnes, aber ich verstehe doch nicht, wie er mit einem Proleten herumziehen kann, wenn er noch richtig im Kopf ist.«

»Können Sie sich erinnern, an welchem Datum das war?«

»Warten Sie mal. Es war die Woche…« Der General sah in seinem Taschenkalender nach. »Ja, hier ist es, am 12. August.«

Nigel hatte Felix versprochen, er werde die Affäre Rattery nicht erwähnen, wenn er mit dem General redete. Aber der General schien, ohne es zu wissen, mitten hineingeraten zu sein. Nigel hätte sich am liebsten zunächst etwas ausgeruht in dieser reizenden Märchenwelt, wo ein alter Veteran Klavichord spielte und den Besuch eines Fremden mit einem verbundenen Kopf und einer berühmten Frau als die selbstverständlichste Sache von der Welt ansah. General Shrivenham war schon mitten in einem Gespräch mit Georgia über das Vogelleben in den Tälern von Nordburma. Nigel lehnte sich zurück und versuchte, die seltsame kleine Episode im Café Banners in das ihm vorschwebende Bild des Falles Rattery einzuordnen. Seine Gedanken wurden schließlich unterbrochen, als er den General sagen hörte: »Ich sehe, Ihr Gatte ist arg mitgenommen?«

»Ja«, sagte Nigel und faßte vorsichtig an seinen Verband. »Ein Kerl hat mir nämlich mit dem Golfschläger auf den Kopf gehauen.«

»Mit dem Golfschläger? Das wundert mich gar nicht. Auf den Golfplätzen trifft man heutzutage ja alles mögliche Gesindel. Ein richtiger Sport war es ja nie. Ich bitte Sie: eine Kugel, die sich nicht bewegt – wie wenn sie einen brütenden Vogel abknallen würden; wirklich kein sehr vornehmes Spiel. Aber sehen Sie sich die Schotten an – sie haben es bei uns eingeführt –, das unzivilisierteste Volk von ganz Europa – keine Kunst, keine Musik, keine nennenswerte Dichtung, abgesehen von Burns natürlich; und das Essen – o Gott! Sage mir, was ein Volk ißt, und ich offenbare dir seine Seele. Polo – ja, das ist etwas anderes. Habe früher selber etwas gespielt, in Indien. Golf ist ein Polo, bei dem alles Schwierige und Aufregende fortgefallen ist: eine billige Prosa-Übertragung. Typisch schot-

tisch, alles auf ihr eigenes, prosaisches Niveau herab-
zuziehen – sogar die Psalmen mußten sie in Prosa
übersetzen. Scheußlich. Vandalen. Barbaren. Ich wette,
daß dieser Kerl, der Sie mit dem Golfschläger geschlagen
hat, schottisches Blut in den Adern hat. Gute Soldaten
allerdings. Ist aber auch so ziemlich das einzige, wozu sie
taugen.«

Mit Bedauern unterbrach Nigel die Polemik des Generals und erklärte ihm den Grund seines Besuches. Er
beschäftige sich mit der Mordsache Rattery und wolle
Genaueres über die Geschichte der Familie herausfinden;
der Vater des Toten sei Soldat gewesen – Cyril Rattery; im
Burenkrieg gefallen: ob General Shrivenham ihm jemanden sagen könne, der vielleicht Cyril Rattery gekannt
habe?

»Rattery? Großer Gott, er ist es also doch. Als ich in
der Zeitung die Berichte über diesen Fall las, überlegte
ich, ob der Mann wohl etwas mit Cyril Rattery zu tun
habe. Sein Sohn, sagen Sie? Na, das wundert mich nicht.
In der Familie ist schlechtes Blut. Hören Sie, trinken Sie
ein Glas Sherry mit mir, dann erzähle ich Ihnen alles, was
ich darüber weiß. Nein, nein, gar keine Umstände: ich
nehme vormittags immer ein Glas Sherry und einige
Kekse.«

Der General eilte hinaus und kam mit einer Karaffe und
einer Schale Kekse zurück. Als alle versorgt waren, begann er zu erzählen, wobei seine Augen in der Erinnerung
an die alten Zeiten aufleuchteten.

»Es gab einen Skandal wegen Cyril Rattery, wissen Sie:
es wundert mich, daß die Zeitungen ihn nicht wieder aus-

gegraben haben; er muß damals besser vertuscht worden sein als die meisten anderen Sachen dieser Art. Am Anfang des Krieges machte er seine Sache sehr gut; aber dann, als wir die Oberhand gewannen, ließ er nach. Einer von diesen Burschen, die sich nicht unterkriegen lassen, wissen Sie – die in Wirklichkeit eine Todesangst haben, wie wir anderen auch, es aber nicht mal vor sich selbst zugeben wollen –, und dann eines Tages bricht das Ganze zusammen. Ich habe ihn ein paarmal getroffen, am Anfang, als die Buren uns beibrachten, wie wir es machen mußten: prachtvolle Kerle, die Buren. Ich bin ja nur ein alter Haudegen; aber ob einer was wert ist, das sehe ich. Cyril Rattery war zu gut fürs Militär; er hätte Dichter werden müssen. Aber schon damals kam er mir ein bißchen – wie nennt man das heutzutage? – ein bißchen neurotisch vor. Neurotisch. Und dann das Gewissen: er hatte zuviel Gewissen. Cairnes ist auch einer von denen, aber das nur nebenbei. Der Zusammenbruch kam, als Cyril Rattery als Führer eines Sonderkommandos ausgeschickt wurde, das mehrere Höfe in Brand stecken sollte. Die Einzelheiten kenne ich nicht so genau, aber anscheinend war der Hof, zu dem sie zuerst kamen, nicht rechtzeitig geräumt worden: sie stießen auf Widerstand, und einige von Ratterys Leuten fielen. Die übrigen waren daraufhin nicht mehr zu halten, und als sie den Widerstand gebrochen hatten, steckten sie die Gebäude in Brand, ohne allzu sorgfältig nachzusehen, ob noch jemand drin war. Tatsächlich war eine Frau mit ihrem kranken Kind in dem Haus zurückgeblieben. Beide verbrannten. Sie wissen ja, im Krieg sind solche Vorfälle unvermeidlich. Ich selber mag das auch nicht – scheußlich. Heute bombardiert man auch Zivilisten; ich bin froh, daß ich zu alt bin, um bei so was mittun zu müssen. Na jedenfalls, diese Sache gab Cyril Rattery den Rest. Er führte seine Leute sofort zurück und weigerte sich, die übrigen Höfe zu zerstören. Befehlsverweigerung natürlich. Er wurde degradiert. Das war sein Ende, der arme Kerl.«

»Aber nach dem, was die alte Mrs. Rattery mir sagte, hatte ich den Eindruck, daß er im Kampf gefallen sei.«

»Ach was. Teils durch den Zwischenfall mit dem Hof und die Degradierung – er nahm den Soldatenberuf wirklich ernst, wissen Sie – und teils wegen seiner seelischen Verfassung, die im Laufe des Krieges immer wackeliger wurde – jedenfalls, er schnappte über. Starb einige Jahre später im Irrenhaus, glaube ich.«

Sie unterhielten sich noch eine Weile. Dann rissen Nigel und Georgia sich los, verabschiedeten sich von ihrem reizenden Gastgeber und stiegen in den Wagen. Während sie durch das sanft gewellte Hügelgelände der Cotswold Hills zurückfuhren, war Nigel sehr schweigsam. Er sah die ganze Sache jetzt vor sich und fand sie scheußlich. Am liebsten hätte er dem Chauffeur gesagt, er solle sie direkt nach London zurückfahren, weit weg von diesen traurigen und abscheulichen Dingen. Aber jetzt war es wohl zu spät.

Sie kamen in Severnbridge an; knirschend fuhr der Wagen über die kiesbestreute Auffahrt zum »Angler«. Um das sonst so ruhige Hotel schien eine ungewohnte Erregung zu sein. Vor dem Eingang stand ein Polizist, und auf dem Rasen hatte sich eine Gruppe von Leuten versammelt. Eine Frau löste sich aus dem kleinen Kreis, als das Auto näher kam; es war Lena Lawson. Mit flatternden Haaren und angstvoll aufgerissenen Augen kam sie auf den Wagen zugelaufen.

»Ach, Gott sei Dank, daß Sie wieder da sind«, rief sie.

»Was ist los?« fragte Nigel. »Hat Felix...?«

»Es geht um Phil. Er ist verschwunden.«

IV

*Die Schuld
offenbart sich*

Inspektor Blount hatte Bescheid hinterlassen, Nigel solle zur Polizeistation kommen, sobald er zurück sei. Während der Chauffeur ihn hinfuhr, dachte Nigel über Phils Verschwinden nach und versuchte, aus den unzusammenhängenden Worten von Lena und Felix Cairnes die Einzelheiten zu rekonstruieren. In der durch den nächtlichen Angriff auf Nigel entstandenen Konfusion war es niemandem im Hotel aufgefallen, daß Phil nicht zum Frühstück erschienen war. Felix hatte angenommen, der Junge habe schon gefrühstückt, bevor er selbst herunterkam; Georgia war zu sehr damit beschäftigt gewesen, für Nigel zu sorgen; der Ober dachte, Phil sei zum Frühstück zu seiner Mutter gegangen. Bis das Stubenmädchen um zehn Uhr in sein Zimmer kam und das Bett unbenutzt vorfand, hatte niemand gemerkt, daß er verschwunden war. Das Mädchen fand außerdem auf der Kommode einen an Inspektor Blount adressierten Briefumschlag. Was darin gewesen war, hatte Blount noch nicht bekanntgegeben; aber Nigel glaubte es mit ziemlicher Genauigkeit erraten zu können.

Felix Cairnes war völlig außer sich vor Sorge. Nie hatte er Nigel so leid getan. Er hätte ihm die Tragödie, die ihm bevorstand, gerne erspart, aber er wußte, daß das jetzt nicht mehr möglich war: die Dinge waren ins Rollen gekommen, und sie aufzuhalten war ein genauso hoffnungsloses Unternehmen, wie wenn man einen Erdrutsch oder einen vom Stapel laufenden Ozeandampfer hätte stoppen wollen, nachdem man auf den Knopf gedrückt hatte. Die

Tragödie hatte begonnen, als George Rattery auf einer Dorfstraße Martin Cairnes überfuhr; ja, man konnte sagen, daß sie schon angefangen hatte, bevor Phil Rattery geboren war. Die jüngsten Ereignisse waren die Lösung des tragischen Konflikts. Jetzt kam nur noch das Nachspiel. Aber dieses Nachspiel würde lang und schmerzvoll sein: es würde erst enden, wenn das Erdendasein für Felix, für Violet, für Lena, für Phil – welche Lebensspanne jedem einzelnen von ihnen auch beschieden sein mochte – ebenfalls zu Ende war.

Als Nigel in die Polizeistation kam, lag auf Inspektor Blounts Gesicht ein Ausdruck von unterdrücktem Triumph. Er berichtete Nigel von den Schritten, die getan worden waren, um Phil zu finden: Beobachtung der Bahn- und Omnibusstationen, Benachrichtigung des Automobilklubs, Befragung von Lastwagenfahrern. Es sei nur eine Frage der Zeit. »Allerdings«, fügte er sehr ernst hinzu, »vielleicht finden wir ihn erst, wenn wir den Fluß absuchen.«

»O Gott, Sie glauben, daß er so was tun würde?«

Der Inspektor zuckte mit den Schultern. Das Schweigen, das zwischen ihnen war, wurde für Nigel unerträglich. Er sagte etwas nervös: »Es ist einfach Phils letzte donquichottehafte Geste. Es kann nicht anders sein. Sie erinnern sich, als wir gestern im Hotelgarten auf und ab gingen, glaubte ich zu sehen, daß sich im Gebüsch etwas bewegte. Das muß Phil gewesen sein. Er hat gehört, wie Sie sagten, Sie würden Felix verhaften. Er ist Felix leidenschaftlich ergeben: er hat sicher gedacht, wenn er wegliefe, würde er den Verdacht von ihm ablenken. Das war seine Absicht.«

Blount sah ihn an und schüttelte ernst den Kopf. »Ich wünschte, ich könnte das auch glauben, Mr. Strangeways. Aber es hat keinen Zweck mehr. *Ich weiß, daß Phil es war, der George Rattery vergiftet hat.* Der arme Junge.«

Nigel öffnete den Mund, um etwas zu erwidern, aber der Inspektor fuhr schon fort: »Sie sagten selbst, die Lösung des ganzen Rätsels müsse irgendwo in Mr. Cairnes' Tagebuch zu finden sein. Ich habe es vorige Nacht noch einmal durchgelesen, und mir kam dunkel eine Idee; was inzwischen geschehen ist, beweist ihre Richtigkeit. Ich werde Ihnen die einzelnen Punkte in der Reihenfolge erzählen, wie sie mir diese Nacht einfielen. Erstens, Phil war furchtbar empört über die Art, wie sein Vater Violet behandelte: George Rattery tyrannisierte sie und stieß sie dauernd herum. Phil beklagte sich einmal bei Mr. Cairnes darüber, aber der konnte natürlich nichts tun. Und jetzt denken Sie an dieses Abendessen, von dem er in seinem Tagebuch schreibt. Es wurde über das Recht zu töten gesprochen. Mr. Cairnes sagte, man sei berechtigt, einen Menschen, der das Leben für seine ganze Umgebung zur Qual mache, zu töten. Und dann – Sie erinnern sich, es steht im Tagebuch – hatte Phil eine Frage eingeworfen, und Mr. Cairnes schrieb: ›Wir hatten, glaube ich, alle vergessen, daß er da war. Er durfte erst seit kurzem beim Abendessen dabeisein.‹ Auch wir haben die ganze Zeit nicht an ihn gedacht, fürchte ich. Ich habe nicht mal Fingerabdrücke von ihm genommen. Jedenfalls, stellen Sie sich die Wirkung von Cairnes' zufälliger Bemerkung über die Beseitigung menschlicher Plagegeister auf ein leicht zu beeindruckendes, neurotisches Kind vor. Da war Phil, der über die Mißhandlung seiner Mutter durch seinen Vater nachgrübelte; und dann hört er, wie der Mensch, den er auf der ganzen Welt am meisten bewundert, offen sagt, man dürfe Leute töten, die das Leben ihrer Mitmenschen zur Qual machten. Denken Sie an Phils stillschweigendes Vertrauen zu Cairnes – Sie wissen ja, es gibt nichts, was ein Junge nicht tun würde, wenn es von jemandem, den er so sehr anbetet, sanktioniert zu sein scheint. Und bedenken Sie, daß er Cairnes gebeten hatte, etwas zu tun, und daß seine Bitte notgedrungen erfolglos blieb. Sie selber haben oft genug gesagt, daß die Umgebung, in der Phil aufwuchs, genügte, jedes Kind seelisch aus dem Gleichgewicht zu bringen. Also, damit haben Sie das Motiv und die seelische Voraussetzung.«

»General Shrivenham hat mir heute vormittag erzählt, daß Phils Großvater – der Mann von Ethel Rattery – in einer Irrenanstalt starb«, sagte Nigel leise, halb zu sich selbst.

»Da haben Sie es. Es lag in der Familie. Hm. Jetzt zu der Frage des Wie. Wir wissen selber, daß der Kleine oft in der Werkstatt war. Außerdem wird es bestätigt durch Cairnes' Tagebuch: er schreibt dort, George habe ihm erzählt, daß Phil immer nach den Ratten auf dem Schrottplatz schoß. Nichts einfacher für ihn, als sich eine Portion Rattengift mitzunehmen. Seine Eltern hatten vorige Woche eine besonders unangenehme Szene gehabt: Phil hatte gesehen, wie seine Mutter geschlagen wurde, und versucht, sie zu schützen. Diese Szene hat den armen Kerl zu dem endgültigen Entschluß gebracht – oder seinen Geist verwirrt, wie immer Sie es nennen wollen.«

»Aber Sie haben damit noch immer keine Erklärung für den phantastischen Zufall, daß Phil sich denselben Tag wie Cairnes ausgesucht hat, um Rattery zu ermorden.«

»Er ist ja gar nicht so phantastisch, wenn man bedenkt, daß es nur wenige Tage nach der schlimmen Szene zwischen seinen Eltern passierte. Aber vielleicht war es auch gar kein Zufall. Das Tagebuch war unter einer Fußbodendiele in Cairnes' Zimmer versteckt. Und Phil ging dort ein und aus; er machte auch seine Aufgaben dort. Er kann dabei leicht entdeckt haben, daß die Diele lose war – Jungens interessieren sich gerade für solche Sachen –, oder er wußte es schon vorher: vielleicht hat er früher selbst seine Schätze dort versteckt.«

»Aber wenn er Felix so gern hatte, würde er doch niemals seinen Vater ausgerechnet am gleichen Tag vergiften, an dem auch Felix einen Mordversuch gemacht hatte; denn damit hätte er den Verdacht ja eindeutig auf Felix gelenkt.«

»Sie dürfen nicht *zu* spitzfindig sein, Mr. Strangeways. Sie müssen immer bedenken, daß wir es mit einem Jungen zu tun haben. Meine Theorie, wenn es nicht Zufall war, ist folgende. Phil hatte das Tagebuch gefunden und dadurch erfahren, daß Cairnes versuchen wollte, George zu ertränken, und als er seinen Vater gesund und munter von der Segelfahrt zurückkommen sah, tat er das Gift in die Medizin. Er konnte gar nicht auf den Gedanken kommen, daß er Felix belastete, weil er ja nicht wußte, daß das Tagebuch auch von George gefunden worden war und schon beim Rechtsanwalt lag. Ich weiß natürlich, daß sich bei dieser Theorie Schwierigkeiten ergeben. Deshalb neige ich letzten Endes ja auch zu der Ansicht, daß die Gleichzeitigkeit der beiden Mordanschläge Zufall war.«

»Ja, das klingt alles ziemlich einleuchtend, fürchte ich.«

»Nun noch einige andere Punkte. Samstag abend, als sich das Gift bei Rattery bemerkbar machte, geht Lena Lawson ins Eßzimmer und sieht die Medizinflasche auf dem Tisch stehen. Ihr kommt blitzartig der Gedanke, daß Felix ihrem Schwager das Gift beigebracht hat, und in ihrer Angst denkt sie an nichts anderes, als daß sie die Flasche verschwinden lassen muß. Sie geht zum Fenster, um sie hinauszuwerfen, *und sieht, wie Phil draußen seine Nase an die Scheibe drückt.* Was machte er dort? Wenn er unschuldig war, hätte er doch sicher versucht, sich nützlich zu machen, Sachen zu holen oder sonst irgendwie zu helfen, wenn er wußte, daß seinem Vater so schlecht war?«

»Bei seinem Charaktertyp würde ich eher annehmen, daß er möglichst weit fortgelaufen wäre, vielleicht nach oben in sein Zimmer, um zu versuchen, die scheußliche Szene zu vergessen – auf jeden Fall um nicht dabeizusein.«

»Wahrscheinlich haben Sie recht. Aber man würde nicht erwarten, daß er sich vor das Eßzimmerfenster stellt und hineinstarrt; außer wenn er das Gift in die Flasche getan hatte und nachsehen wollte, ob niemand im Zimmer war, damit er die Flasche wegnehmen und verstecken konnte. Bei einem kleinen Jungen ist es ganz natürlich, daß er das Beweisstück für seine Schuld zu beseitigen versucht, wenn er weiß, daß er etwas Unrechtes getan hat. Später sagte er Ihnen dann, wo die Flasche versteckt war, und kletterte aufs Dach, um sie zu holen.«

»Nachdem er sie versteckt hatte, um sich zu schützen?«

»Er wußte ja, daß Lena Ihnen gesagt hatte, sie habe ihm die Flasche gegeben. Er konnte jetzt nicht mehr so tun, als wenn er von der Flasche nichts wüßte: das einzige, was er machen konnte, war, sie zu vernichten. Und das hat er mit allen Mitteln versucht. Er hat sie vom Dach hinunterge-worfen, und als er sah, daß ich die Scherben aufsammelte, ging er wie eine Furie auf mich los – Sie haben ja gesehen, wie besessen er war. Ich dachte im ersten Augenblick, er sei wahnsinnig geworden. Jetzt weiß ich, daß er es tat-sächlich war – er *war* schon wahnsinnig. Er hatte nur mehr den einen Gedanken in seinem armen, verwirrten Kopf: auf irgendeine Weise die Flasche zu beseitigen. Se-hen Sie, die ganze Zeit haben wir uns seine sonderbaren Handlungen mit seiner Treue zu Felix Cairnes erklärt: auf den Gedanken, daß er sich selbst schützen wollte, sind wir nie gekommen.«

Nigel lehnte sich auf seinem Stuhl zurück und betastete seinen Kopfverband. Dabei fiel ihm etwas ein.

»Wie wollen Sie Phils Schuld mit Ihrer Ansicht verein-baren, daß es Felix gewesen ist, der mir diese Nacht das Loch in den Schädel gehauen hat?«

»Er war es gar nicht. Der Kleine hat es getan. Ich will Ihnen sagen, wie ich mir die Sache vorstelle. Er hatte be-schlossen wegzulaufen. Er schleicht nach Mitternacht die Treppe hinunter, im Dunkeln. Gerade als er unten an-kommt, hört er, wie die Tür zum Schreibzimmer geöffnet wird. Er weiß, daß jemand zwischen ihm und dem Ein-gang steht, durch den er hinausgehen will: und er weiß auch, daß der, der gerade aus dem Schreibzimmer gekommen ist, höchstwahrscheinlich das Licht in der Halle anmachen wird und ihn dann entdeckt. Indem er sich eng an die Wand drückt, kommt er mit der Hand an den Golfschläger, den jemand dort stehengelassen hat. Er ist verzweifelt und verängstigt, der arme Kerl; er sitzt in der Falle. Daraufhin nimmt er den Golfschläger, holt aus und haut blindlings in die Richtung, wo er den Menschen, der ihm den Fluchtweg versperrt, in der Dunkelheit vermutet. Er trifft Sie, und Sie fallen hin. Phil ist entsetzt über das, was er getan hat; er hat Angst, das Licht anzumachen, und Angst vor der ›Leiche‹, die zwischen ihm und dem Eingang liegt. Die Glastür im Eßzimmer fällt ihm ein, und statt zum Vordereingang schleicht er sich durch diese Tür hinaus. Die Fingerabdrücke auf der Scheibe sind von ihm: wir haben sie mit denen verglichen, die wir in seinem Zimmer gefunden haben.«

»Er hat ›Angst vor der Leiche‹?« sagte Nigel nachdenklich. »Er lief vor ihr davon, nach draußen?«

»Ja, was ist daran verkehrt?«

»Nichts, nichts. Ja, sicher, so würde er reagieren. Ich werde Ihnen in Zukunft immer die Stange halten, wenn jemand behauptet, Scotland Yard hätte keine Phantasie. Sie müßten übrigens eines Tages mit General Shrivenham zusammenkommen – vielleicht würde er dann seine Ansichten über die Schottländer ändern.«

»Schotten, bitte.«

»Nein, im Ernst, Blount: Ihre Argumentation ist glänzend durchdacht, aber es ist alles Theorie, nicht wahr? Sie haben nicht mal den Fetzen eines Beweises gegen Phil.«

»Nur einen Fetzen Papier«, sagte der Inspektor düster.

»Ein kleines Stückchen Papier. Er hat es in seinem Zimmer für mich hinterlassen. Ein Brief an mich. Ein Geständnis.«

Er reichte Nigel einen linierten, aus einem Schulheft herausgerissenen Bogen. Nigel las:

Sehr geehrter Herr Inspektor!
Ich schreibe, um Ihnen zu sagen, daß nicht Felix das Gift in die Flasche getan hat, sondern ich. Ich haßte Vater, weil er grausam gegen Mutti war. Ich laufe fort. Sie können mich nicht finden.

Ihr
Philipp Rattery

»Der arme Junge«, murmelte Nigel. »Mein Gott, was für eine traurige Geschichte!« Er fuhr beunruhigt fort: »Hören Sie, Blount, Sie müssen ihn finden. Rasch. Ich habe Angst, es könnte etwas Schreckliches passieren. Phil ist zu allem fähig.«

»Wir tun, was wir können. Vielleicht wäre es ja besser, wir ... wir fänden ihn erst, wenn es zu spät ist. Er würde nämlich in eine Anstalt kommen, wissen Sie, in eine Nervenheilanstalt. Der Gedanke ist mir schrecklich, Mr. Strangeways.«

»Darüber machen Sie sich mal keine Gedanken«, sagte Nigel, wobei er ihn mit einem seltsam eindringlichen Blick ansah. »Sie sollen ihn nur finden. Sie müssen ihn finden, bevor etwas passiert.«

»Das werden wir auch, Sie können sich darauf verlassen. Er kann nicht weit kommen. Außer wenn er den

Wasserweg genommen hat«, fügte Blount mit trauriger Betonung hinzu.

Fünf Minuten später war Nigel wieder am Hotel. Vor dem Eingang wartete Felix Cairnes auf ihn, mit angsterfüllten Augen und stummen Fragen auf den zitternden Lippen.

»Was haben Sie...?«

»Können wir in Ihr Zimmer hinaufgehen«, sagte Nigel rasch. »Ich habe Ihnen eine Menge zu sagen, und hier ist es zu öffentlich.«

Oben in Felix' Zimmer setzte Nigel sich hin. Sein Kopf hatte wieder zu schmerzen begonnen; einen Augenblick lang verschwamm ihm das Zimmer vor den Augen. Felix stand am Fenster und blickte auf die anmutigen Windungen und die in der Sonne schimmernde Wasserfläche des Flusses hinaus, die er mit George befahren hatte. Sein Körper war angespannt; auf seinem Herzen und auf seiner Zunge lag eine unerträgliche Last, welche ihn daran hinderte, die Frage zu stellen, die ihn seit dem Morgen immer stärker bedrängte.

»Wußten Sie eigentlich, daß Phil ein Geständnis hinterlassen hat?« fragte Nigel sanft. Felix fuhr herum, seine Hände klammerten sich an die Fensterbank hinter ihm. »Ein Geständnis, daß er es war, der George Rattery vergiftet hat«, fuhr Nigel fort.

»Aber das ist Irrsinn! Der Junge muß wahnsinnig gewesen sein«, rief Felix in wilder, zielloser Erregung. »Er würde genausowenig töten wie... Nein, hören Sie, Blount nimmt das doch nicht ernst, wie?«

»Blount hat leider eine außerordentlich überzeugende

Argumentationskette gegen Phil aufgebaut, und dieses Geständnis ist der Schlußstein.«

»Phil hat es nicht getan. Er kann es nicht getan haben. Ich weiß, daß er es nicht gewesen ist.«

»Ich auch«, sagte Nigel mit ruhiger Stimme.

Felix' Hände blieben mitten in einer Bewegung stehen. Er starrte Nigel sekundenlang verständnislos an.

Dann flüsterte er: »Sie ›wissen‹ es? Woher wissen Sie es?«

»Weil ich endlich herausgefunden habe, wer es tatsächlich getan hat. Ich brauche Ihre Hilfe, damit ich bei meiner Theorie die noch fehlenden Einzelheiten ergänzen kann. Dann können wir beschließen, was zu geschehen hat.«

»Sprechen Sie weiter. Wer war es? Sagen Sie es mir.«

»Vielleicht erinnern Sie sich an den Satz von Cicero – er kommt, glaube ich, in ›De officiis‹ vor: ›In ipsa dubitatione facinus inest‹ – ›allein schon im Zögern wird die Schuld offenbar‹. Es tut mir furchtbar leid, Felix. Sie sind zu gut, um einen erfolgreichen Mord zu begehen. Wie Shrivenham heute morgen zu mir sagte: Sie haben zuviel Gewissen.«

Felix schluckte mühsam. »Ah. Ich verstehe.« Seine Worte fielen in das furchtbare Schweigen, das wie ein Abgrund zwischen ihnen lag. Dann versuchte er zu lächeln. »Ich bedauere, daß ich Ihnen so viele Umstände gemacht habe. Es kann nach all Ihren Bemühungen um meine Sache nicht sehr amüsant für Sie sein, zu diesem Schluß kommen zu müssen. Ja, in gewisser Hinsicht bin ich froh, daß es nun vorüber ist. Phil hat mir wohl mit diesem

Geständnis einen Strich durch die Rechnung gemacht: ich muß der Polizei jetzt die Wahrheit erzählen. Warum hat er das bloß getan?«

»Er hing sehr an Ihnen. Er hörte zufällig, wie Blount zu mir sagte, daß er Sie verhaften werde. Es war die einzige Art, wie Phil Ihnen helfen konnte.«

»Ach Gott. Wenn es irgendein anderer gewesen wäre! – Er erinnerte mich an Martie, an das, was ich verloren habe.«

Felix sank auf einen Stuhl und vergrub das Gesicht in den Händen. »Sie glauben doch nicht, daß er – eine Dummheit gemacht hat? Ich würde mir nie verzeihen können.«

»Nein. Ich bin überzeugt, daß das nicht der Fall ist. Wirklich, ich glaube, Sie brauchen sich darüber keine Sorgen zu machen.«

Felix blickte hoch. Sein Gesicht sah blaß und angespannt aus, aber der leidende Ausdruck war nicht mehr so deutlich.

»Erzählen Sie. Wie haben Sie es herausgefunden?«

»Ihr Tagebuch. Es war ein Fehler, Felix. Sie haben sich selbst verraten. Wie Sie am Anfang schreiben – ›jener strenge Richter im Innern, der mit dem Schlauen und Selbstsicheren genauso Katz und Maus spielt wie mit dem Ängstlichen und der den Verbrecher zwingt, sich zu verplappern; der ihn zur Vertrauensseligkeit verlockt, der heimlich für Schuldbeweise sorgt und sich zum Polizeispitzel macht‹. Ihr Tagebuch sollte zuerst ein Sicherheitsventil für Ihr Gewissen sein. Aber dann, als Sie Ihre Pläne änderten, *als Sie erkannten, daß Sie einen Menschen, des-*

sen Schuld unbewiesen war, nicht töten konnten, wurde das Tagebuch in Ihrem neuen Plan zum wichtigsten Bestandteil – und da hat es Sie verraten.«

»Ja. Ich sehe, Sie wissen alles.« Felix blickte ihn mit verzerrtem Lächeln an. »Ich fürchte, ich hatte Ihre Intelligenz unterschätzt. Ich hätte einen etwas beschränkteren Detektiv hinzuziehen sollen. Nehmen Sie eine Zigarette. Wer verurteilt ist, darf ja eine letzte rauchen, nicht wahr?«

Nigel sollte diese Szene nie vergessen – das Sonnenlicht, das durchs Fenster hereinströmte und auf Felix' bleiches, bärtiges Gesicht fiel, den Zigarettenrauch, der sich langsam zur Decke emporringelte, die ruhige, fast wissenschaftliche Art, in der sie über Felix' Verbrechen sprachen, als sei es bloß die Fabel eines seiner Detektivromane.

»Sehen Sie«, sagte Nigel, »bis zu dem Augenblick, als Ihr Versuch, Rattery in den Steinbruch hinabzustoßen, mißlang, spricht Ihr Tagebuch von Ihrer tiefen Besorgnis darüber, daß Sie Georges Schuld an Marties Tod nicht beweisen konnten. Danach jedoch schienen Sie diese Schuld als erwiesen zu betrachten. Das war der Widerspruch, der mich auf die richtige Spur gebracht hat.«

»Ja, ich verstehe.«

»Wir waren immer von der Annahme ausgegangen, Ihr Mißerfolg im Steinbruch sei daher gekommen, daß Rattery geahnt hatte, was Sie vorhatten. Warum log er und behauptete, er sei nicht schwindelfrei? Weil ihm ein mehr oder weniger bestimmter Verdacht gegen Sie gekommen war, sagten wir uns, und weil er Zeit gewinnen wollte. Aber heute nacht, als ich das Tagebuch noch einmal durchlas, kam mir plötzlich der Gedanke, daß vielleicht doch Sie gelogen hatten. Vielleicht, dachte ich, hatten Sie Rattery bis an den Rand des Steinbruchs herangebracht, aber dann, als sie ihn hinunterstoßen wollten, mit einemmal gemerkt, daß Sie es nicht fertigbrachten – weil Sie keinen richtigen Beweis dafür hatten, daß er tatsächlich der Mörder Ihres Sohnes war. Ist es nicht so gewesen?«

»Ja. Sie haben völlig recht. Es war meine verfluchte Weichheit«, sagte Felix bitter.

»Keine unbedingt verächtliche Charaktereigenschaft. Sie hat Sie allerdings verraten, fürchte ich. Auch später hat sie das getan, als Sie es ablehnten, mit Lena zusammenzukommen, und sogar an dem Abend im Garten, als Sie von Ihrem Tagebuch und dem wahren Grund Ihres Hasses auf George Rattery erzählt hatten: Sie wollten mit ihr brechen, weil Ihnen der Gedanke unsympathisch war, daß sie mit einem Mörder in Verbindung stand. Phil ist nicht der einzige bei diesem Fall, der an Don Quichotte erinnert.«

»Sprechen wir nicht mehr von Lena. Es ist das einzige, weswegen ich mich schäme. Ich habe sie nämlich sehr liebgewonnen, wissen Sie. Und dabei habe ich sie als Schachfigur benutzt…«

»Also, kehren wir zu den anderen zurück. Ich betrachtete alle ihre Handlungen nach der Steinbruchepisode im Lichte meiner neuen Theorie, nämlich daß Sie darauf abzielten, zuerst die Wahrheit aus George herauszubringen und ihn erst dann – wenn er gestanden hatte – zu töten. Das Schuldbewußtsein offenbarte sich in Ihrem Zögern, einen Menschen umzubringen, der womöglich schuldlos war.

Sie konnten ihn nicht offen fragen, ob er Martie getötet habe: er hätte es einfach geleugnet und Sie vor die Tür gesetzt. Infolgedessen gingen Sie dazu über, Argwohn bei ihm zu erwecken, seine Neugier zu reizen, ihm durch Andeutungen zu sagen, daß Sie vorhätten, ihn zu töten.«

»Ich verstehe nicht, wie Sie das herausfinden konnten.«

»Erstens ließen Sie sich einladen, bei Ratterys zu wohnen, obwohl Sie kurz vorher gesagt hatten, nichts auf der Welt könne Sie dazu bewegen, unter seinem Dach zu leben, und obwohl die Gefahr, daß Ihr Tagebuch gefunden würde, dadurch außerordentlich wuchs. Aber vielleicht gehörte es gerade zu den wesentlichen Bestandteilen Ihres neuen Plans, *daß George das Tagebuch entdeckte?* Nach dem, was Sie selber schreiben, reizten Sie ihn mit Absicht, danach zu suchen. An dem Tag, als Mr. und Mrs. Carfax zum Essen da waren, erzählten Sie, Sie schrieben einen Detektivroman; Sie taten sehr erregt, als jemand vorschlug, Sie sollten daraus vorlesen. Sie brachten George sehr geschickt zu der Meinung, er käme in Ihrem Buch vor: ein Mann von der Art George Ratterys konnte daraufhin gar nicht anders, als nach dem Manuskript zu stöbern – besonders nachdem Sie ihn wenige Tage vorher auf elegante Weise hatten merken lassen, daß ›Felix Lane‹ nicht Ihr richtiger Name ist.«

Felix starrte ihn einen Augenblick völlig ungläubig an; dann sah man, daß er begriff.

»General Shrivenham erzählte mir heute vormittag, daß er Sie am 12. August, einem Donnerstag, im Café in Cheltenham gesehen habe – oder geglaubt habe, Sie zu sehen. Sie seien mit einem großen Mann mit dickem

Schnurrbart zusammengewesen – einem Proleten, wie der General ihn bezeichnete. Offensichtlich Rattery. Nun geht Shrivenham regelmäßig donnerstags in das Café; da Sie mit ihm befreundet sind, war anzunehmen, daß Sie das wußten; und daß Sie infolgedessen niemals an einem Donnerstagnachmittag mit Rattery dort hingehen würden – außer wenn Sie von Shrivenham erkannt und als ›Cairnes‹ begrüßt werden wollten. Genau das geschah. Rattery hört, wie der General ›Cairnes‹ ruft, als Sie forteilen, und sofort überlegt er, ob Sie nicht vielleicht etwas mit dem Martin Cairnes zu tun haben, den er überfahren hat. Als Shrivenham mir dies erzählte – er kam übrigens von sich aus darauf zu sprechen –, wußte ich sofort, warum Sie nicht wollten, daß ich mit ihm zusammentraf.«

»Es tut mir furchtbar leid, daß ich Ihnen diese Nacht so auf den Kopf gehauen habe. Mein eigener war eben völlig durcheinander. Es war nur ein sinnloser Versuch, Ihre Unterredung mit Shrivenham hinauszuzögern: er ist eine alte Plaudertasche – ich hatte Angst, er könnte Ihnen von der Sache im Café erzählen. Aber ich habe mich wirklich sehr bemüht, nicht zu fest zuzuschlagen.«

»Es war nicht so schlimm, ich nehme es Ihnen nicht übel. Blount dachte, Phil hätte mir den Schlag versetzt, als er weglief diese Nacht. Blounts ganze Theorie war sehr sauber durchdacht; aber sie gab keine Erklärung dafür, daß mein Hemd offen war, als ich wieder zu mir kam. Man knöpft einem Menschen normalerweise nicht das Hemd auf, um zu fühlen, ob sein Herz noch schlägt – nur wenn man fürchtet, man hätte zu fest zugeschlagen. Phil wäre viel zu ängstlich gewesen, die daliegende ›Leiche‹

anzurühren – wie Blount selber zugab. Und wenn nicht Sie, sondern ein anderer George getötet hätte und jetzt glaubte, ich sei der Wahrheit auf der Spur, dann hätte dieser andere so fest zugeschlagen, daß ich tot gewesen wäre; auf jeden Fall hätte er mich mit einem zweiten Schlag getötet, nachdem er festgestellt hatte, daß mein Herz noch schlug.«

»Ergo: Der Mann, der nach Ihrem Herzen tastete, war ich. Und ergo war ich auch Georges Mörder. Ja, ich fürchte, es war ein schlechter Schlag, den ich da getan habe.«

Nigel bot Felix eine Zigarette an und gab ihm Feuer. Seine Hand zitterte weit schlimmer als die seines Freundes; er konnte das Gespräch nur weiterführen, indem er sich einredete, es sei eine wissenschaftliche Diskussion über ein erfundenes Verbrechen. Obwohl sie beide alles schon wußten, fuhr er fort, immer weitere Einzelheiten aufzuzählen und so den unabwendbaren Moment, wo man sich über den nächsten – und letzten – Schritt schlüssig werden mußte, noch hinauszuschieben.

»Der 12. August war der Tag, an dem Sie Shrivenham im Café Banners trafen. In Ihrem Tagebuch ist über diese Begegnung nichts vermerkt. Sie schreiben vielmehr, Sie hätten einen angenehmen Nachmittag auf dem Fluß verbracht. Es ist interessant – ich fürchte, es ist abscheulich gefühllos, darüber zu sprechen –, daß Sie hier etwas Falsches eingetragen haben. Es hatte eigentlich keinen Sinn, da George das Tagebuch ja lesen sollte. Und außerdem war es gefährlich, so zu tun, als wenn Sie nicht in Cheltenham gewesen wären, weil die Polizei Nachforschungen anstellen und den Widerspruch entdecken konnte.«

»Ich war ziemlich aufgeregt und durcheinander an dem Abend, als ich dies schrieb. Die Begegnung im Café war nämlich das erste Unternehmen innerhalb meiner neuen Kampagne gegen George, und es war eine sehr brenzlige Angelegenheit. Sie muß meine Urteilsfähigkeit getrübt haben.«

»Ja, ich dachte mir, daß es so etwas gewesen war. Bei Ihrer Eintragung vom 12. August hatte ich schon vorher den Eindruck gehabt, daß sie etwas aus dem Rahmen fiele, wissen Sie. Sie entwickeln dort eine Theorie über Hamlets langes Zaudern. Sie protestieren eine Spur zu laut; das Ganze klang ein wenig künstlich, literarisch: man hatte das Gefühl, Sie wollten einem imaginären Leser den wahren Grund Ihres eigenen Zauderns verheimlichen – nämlich die Tatsache, daß Sie sich nicht überwinden konnten, jemanden zu töten, bevor Sie nicht von seiner Schuld überzeugt waren. Das war natürlich auch bei Hamlet der wirkliche Grund der Unentschlossenheit. Aber indem Sie diese Theorie von der Verlängerung der ›süßen Vorfreude der Rache‹ entwickelten, hofften Sie zu verhindern, daß irgendein neugieriger Mensch auf den Gedanken käme, daß das wirkliche Motiv bei Ihnen ein zu empfindliches Gewissen war.«

»Sehr schlau von Ihnen, daß Sie das durchschaut haben«, sagte Felix. Für Nigel lag etwas außerordentlich Rührendes in der Art, wie er dies zugab – ruhig und doch leicht enttäuscht, als wenn Nigel eine schwache Stelle in einem seiner Bücher gefunden hätte.

»Bei einer späteren Eintragung kamen Sie noch einmal auf die gleiche Sache zurück; es heißt dort ungefähr: ›Die leise Stimme im Innern, glaubst du vielleicht, geneigter Leser. Du täuschst dich. Ich mache mir nicht die geringsten Gewissensbisse, wenn ich George Rattery töte.‹ Sie versuchten, so zu tun, als wenn Sie kein Gewissen hätten: aber das Wort Gewissen stand groß über allen Ihren Handlungen und zwischen den Zeilen Ihres Tagebuchs. Hoffentlich kränkt es Sie nicht, wenn ich immer weiterrede. Aber Sie verstehen, ich muß alles aufklären – in meinem eigenen Kopf wenigstens.«

»Reden Sie, solange Sie mögen«, sagte Felix, wieder mit verzerrtem Lächeln. »Je länger, desto besser. Denken Sie an Scheherazade.‹

»Also gut. Wenn Sie jetzt wollten, daß George das Tagebuch las, so mußte Ihr Plan mit dem Segelboot ein Vorwand für etwas anderes sein. Hätten Sie tatsächlich vorgehabt, George im Fluß ertrinken zu lassen, dann hätten Sie nicht sämtliche Einzelheiten in Ihr Tagebuch geschrieben und ihn dann ermuntert, es zu lesen. Ich fragte mich daher: Wozu überhaupt die ganze Sache mit dem Segelboot? Und die Antwort war, daß Sie es taten, um George ein Geständnis zu entlocken. Stimmt das?«

»Ja. Ich war übrigens schon ziemlich fest überzeugt, daß George angebissen hatte: das Tagebuch lag nämlich eines Tages etwas anders da als vorher. Natürlich genügte es für George nicht, zu wissen, daß ich Cairnes war und ihm nach dem Leben trachtete. Da die Gefahr einer Anklage wegen fahrlässiger Tötung über seinem Haupt schwebte, wagte er natürlich nicht, mich zu entlarven, solange es für ihn nicht um Leben oder Tod ging. Deshalb ließ er mich meinen Plan ungehindert durchführen, bis zu dem Augenblick, als ich mit ihm den Fluß hinaufgesegelt war und vorschlug, er solle zurücksegeln. Natürlich hatte er sich abgesichert – wie er glaubte –, indem er vor unserem Start das Tagebuch an den Rechtsanwalt geschickt hatte. Ich hatte damit gerechnet, daß er das tun würde. Die Bootsfahrt war für uns beide eine ziemlich heikle Sache. George fragte sich wahrscheinlich, ob ich wirklich den Mut haben würde, meinen Plan durchzuführen; und ich selber saß auch wie auf Kohlen und war gespannt, ob er sich der Gefahr, in der er schwebte, auch bewußt war und ob ich ihn im letzten Moment dazu zwingen könnte, zuzugeben, daß er Martie überfahren hatte. Einer war nervöser als der andere, kann ich Ihnen sagen. Natürlich, wenn er auf meinen Vorschlag, die Führung des Bootes zu übernehmen, eingegangen wäre, hätte das bedeutet, daß er das Tagebuch gar nicht gelesen hatte: in dem Fall hätte ich nach der Rückkehr die Medizinflasche ausgegossen.«

»Er hat zum Schluß also doch gestanden?«

»Ja. Als wir wendeten und ich ihn aufforderte, selber zu segeln, konnte er nicht mehr an sich halten. Er wisse, was ich im Schilde führe, und er habe das Tagebuch an seinen Rechtsanwalt geschickt mit der Anweisung, es im Falle seines Todes zu öffnen, und dann versuchte er, mich zu erpressen, daß ich ihm das Tagebuch wieder abkaufte. Das war der schlimmste Augenblick für mich. Sehen Sie, ich war ziemlich sicher, daß er Martie getötet hatte, denn sonst hätte er sich nicht so lange zurückgehalten. Ich war nicht der einzige, der durch sein Zögern seine Schuld offenbarte. Aber ich hatte keine absoluten Beweise. Und als ich ihn darauf aufmerksam machte, daß mein Tagebuch wegen der darin enthaltenen Enthüllungen über Marties Tod für ihn genauso gefährlich war wie für mich, hätte er mich bluffen können – indem er so tat, als wisse er gar nichts von Martie. Aber es kam anders, er fiel um. Er gab zu, daß er in der Zwickmühle saß, und gestand dadurch stillschweigend seine Schuld an Marties Tod ein. Damit war sein Todesurteil unterzeichnet, wie man so sagt.«

Nigel stand auf und ging zum Fenster. Ihm war etwas schwindlig, und er fühlte sich ein wenig elend. Die so mühsam unterdrückte seelische Anspannung der Unterhaltung machte sich bemerkbar. Er sagte: »Von meinem Standpunkt aus gesehen war die Annahme, daß der Plan mit dem Ertrinken nur eine Finte war und gar nicht durchgeführt werden sollte, die einzige Theorie, die einen weiteren, ebenfalls sehr schwierigen Punkt erklärte.«

»Und das war?«

»Leider muß ich dabei doch wieder von Lena sprechen. Sehen Sie, wenn Sie tatsächlich die Absicht gehabt hätten, den Plan mit dem Bootsunfall durchzuführen, dann wären Sie nicht darum herumgekommen, bei der gerichtlichen Untersuchung Ihre wahre Identität aufzudecken. Lena hätte dann gewußt, daß Sie Martie Cairnes' Vater sind, und sofort geahnt, daß der ›Unfall‹ nicht so echt war, wie er aussah. Vielleicht hätte sie Sie nicht verraten; aber ich konnte mir nicht denken, daß Sie Ihr Leben so in ihre Hand legen würden.«

»Ich glaube, ich hatte mich absichtlich darüber hinweggetäuscht, wie sehr sie mich liebte«, sagte Felix sachlich. »Am Anfang hatte ich sie hintergangen, und ich konnte mir nichts anderes vorstellen, als daß auch sie mich hinterging – daß sie in Wirklichkeit nur mein Geld wollte. Das zeigt, was für eine nichtswürdige Kreatur ich bin. Die Menschheit wird an mir nichts verlieren.«

»Auf der anderen Seite, wenn Sie Rattery vergifteten und wußten, daß das Tagebuch als Beweismittel herangezogen würde, hätten Sie die Aufdeckung der ganzen Geschichte von Frank Cairnes in Kauf nehmen müssen. Sie dachten, niemand werde daran zweifeln, daß Ihr Plan mit dem Bootsunfall Ihren wirklichen Absichten entsprach. Da Sie George an jenem Nachmittag ertrinken lassen wollten und nur durch sein plötzliches Wissen um Ihr Vorhaben davon abgehalten wurden, war es undenkbar, daß Sie Vorbereitungen getroffen hatten, ihn am Abend desselben Tages zu vergiften – das ist der Gedankengang, den Sie der Polizei suggerieren wollten, nicht wahr?«

»Ja.«

»Es war eine glänzende Idee. Mich haben Sie damit getäuscht, aber für Blount, wissen Sie, war sie ein wenig zu raffiniert. X. gibt zu, daß er Y. töten wollte; Y. wird getötet; das Nächstliegende ist, daß X. es getan hat. Das war die simple Formel, mit der er operierte. Es ist immer gefährlich, die Scharfsinnigkeit eines Polizeibeamten zu überschätzen – oder seinen gesunden Menschenverstand zu unterschätzen. Und dann noch etwas: Sie haben der Polizei sehr wenig Möglichkeit gegeben, einen anderen in Verdacht zu haben.«

Felix errötete. »Aber hören Sie, so schlecht bin ich nicht. Sie glauben doch nicht im Ernst, ich würde jemals versuchen, einen unschuldigen Menschen in Verdacht zu bringen?«

»Nein. Mit Absicht nicht. Ich bin fest überzeugt, daß Sie das nie tun würden. Aber in Ihrem Tagebuch stehen Dinge, die mich dazu brachten, eine Zeitlang die alte Mrs. Rattery für die Mörderin zu halten. Auch Blounts Verdacht gegen Phil stützte sich größtenteils auf Ihr Tagebuch.«

»Wenn Ethel Rattery gehängt worden wäre, hätte ich nichts dagegen gehabt, muß ich sagen: sie hat Phil in scheußlichster Weise schikaniert. Aber daß ich sie in Verdacht brachte, ist mir gar nicht aufgegangen. Und was Phil betrifft – nun, Sie wissen ja, daß ich lieber gestorben wäre, als daß ich ihm irgend etwas Böses zugefügt hätte. Übrigens«, fuhr Felix etwas leiser fort, »in gewisser Weise *war* es Phil, der George Rattery getötet hat. Vielleicht hätte ich den Mut verloren oder zuviel Angst gehabt und deshalb den Mordgedanken aufgegeben, wenn ich nicht jeden Tag Georges verderblichen Einfluß auf Phil gesehen hätte. Es war so, als wenn ich hätte zusehen müssen, wie mein Martie gequält und innerlich verbogen worden wäre. Ach Gott, und wenn ich es nun umsonst getan habe! Wenn Phil jetzt wirklich...«

»Nein, Phil ist nichts passiert. Ich bin fest überzeugt, daß er keine Dummheiten gemacht hat«, sagte Nigel und versuchte mehr Überzeugung in seine Stimme zu legen, als er empfand. »Aber was haben Sie sich denn gedacht, wie man George Ratterys Tod auffassen sollte?«

»Ja – als Selbstmord natürlich. Aber Lena nahm die Flasche weg und gab sie Phil zum Verstecken. Die ausgleichende Gerechtigkeit sozusagen.«

»Und wo war Georges Motiv für Selbstmord?«

»Ich wußte, er würde nach der Segelfahrt sehr erregt nach Hause kommen. Es wäre aufgefallen. Solche Fragen stellen Untersuchungsrichter immer – befand sich der Verstorbene in normaler Verfassung? Ich stellte mir vor, die Polizei würde annehmen, er habe es in einer Art von geistiger Umnachtung getan – weil er gefürchtet habe, daß die Zusammenhänge von Marties Tod ans Licht kämen. So ähnlich. Ich wußte außerdem, daß er auf dem Nachhauseweg in die Werkstatt gehen und seinen Wagen holen würde, so daß er das Gift dabei leicht hätte mitnehmen können. Eigentlich habe ich mir jedoch wegen des Motivs nicht sehr den Kopf zerbrochen. Das einzige, was ich wollte, war, Rattery aus dem Weg räumen, bevor er Phil noch mehr schaden konnte.« Felix zögerte. »Es ist merkwürdig. Die ganze Woche habe ich mich abgeplagt: und jetzt, wo ich weiß, daß mein Schicksal besiegelt ist, berührt es mich kaum.«

»Es tut mir verdammt leid, daß es so ausgehen mußte.«

»Sie können nichts dafür. Sie waren eben stärker als ich. Will Blount mich jetzt mitnehmen?«

»Blount weiß vorläufig noch gar nichts davon«, sagte Nigel langsam. »Er glaubt noch immer, Phil hätte es getan. Aber das ist gerade gut – er wird um so eifriger nach ihm suchen: er muß ja seinen Ruf wahren.«

»Blount weiß nichts?« Felix stand an der Kommode, mit dem Rücken zu Nigel. »Also – vielleicht... vielleicht waren Sie doch nicht stärker als ich.« Er öffnete eine der Schubladen und drehte sich rum, mit einem fiebrig erregten Ausdruck in den Augen. Er hielt einen Revolver in der Hand.

Nigel saß ganz still und ruhig: er konnte sowieso nichts dagegen tun: die Breite des Zimmers lag zwischen ihnen.

»Als Phil heute morgen verschwunden war, ging ich zu Ratterys, um ihn zu suchen. Ich fand ihn nicht. Dafür fand ich diesen Revolver. Er hat George gehört. Ich dachte, er könnte sich als nützlich erweisen.«

Nigel kniff die Augen zusammen. Er sah Felix interessiert und etwas ungeduldig an.

»Sie haben doch nicht vor, mich zu erschießen? Wirklich, es wäre völlig sinnlos, wenn Sie –«

»Aber, Nigel, ich bitte Sie!« sagte Felix mit einem traurigen Lächeln. »Ich glaube, das habe ich nun doch nicht verdient. Nein, ich hatte an mich gedacht: ich habe einmal einem Mordprozeß beigewohnt; es reizt mich nicht sehr, noch mal einem beiwohnen zu müssen. Hätten Sie etwas einzuwenden, wenn ich der Einladung nicht Folge leiste und das hier benutze?« Er sah den Revolver an und zog eine verächtliche Grimasse.

Nigel dachte: Es ist eine unerhörte Willensanstrengung für ihn; er hat einen ungeheuerlichen Stolz; der Stolz und ein sozusagen künstlerischer Sinn für dramatische Steigerungen befähigen ihn, sich der Situation gewachsen zu zeigen, die Ängste des schwachen Fleisches zurückzudrängen: wenn wir einer unerträglichen inneren Anspannung ausgesetzt sind, neigen wir alle dazu, die Situation zu einer dramatischen Szene zu steigern – wir mildern damit die Härte der grausamen Wirklichkeit und machen die übergroße Seelenqual erträglich. Nach einer Weile erwiderte er: »Ich will Ihnen etwas sagen, Felix. Ich möchte Sie nicht Inspektor Blount ausliefern, weil ich finde, daß die

Menschheit an George Rattery nicht viel verloren hat. Aber schweigen kann ich auch nicht: es geht ja um Phil. Und außerdem hat mir Blount bisher immer Vertrauen geschenkt. Wenn Sie ein Geständnis schreiben würden – am besten diktiere ich es Ihnen, damit alle wesentlichen Punkte berücksichtigt sind, adressiere es an Blount und stecke es in den Hotelbriefkasten –, wenn Sie das tun würden, dann werde ich mich für den Rest des Nachmittags aufs Ohr legen. Ich brauche sowieso etwas Schlaf, bei dem Schädelbrummen, das ich habe.«

»Die geniale Begabung des Engländers für Kompromisse«, sagte Felix mit einem leisen, spöttischen Lächeln. »Ich müßte Ihnen dankbar sein. Aber bin ich das auch? ... Ja, ich bin es. Besser als der Revolver ... eine unsaubere, eklige Sache. Lieber kämpfend untergehen, in meinem Element.«

Felix' Augen flackerten wieder vor Erregung. Nigel sah ihn fragend an.

»Wenn ich bis Lyme Regis käme. Dort liegt mein Segelboot. Die Polizei würde nie auf den Gedanken kommen, ich könnte versuchen, ihnen auf diese Weise zu entkommen!«

»Aber Felix, mit einem Segelboot haben Sie doch keinerlei Chancen, nach –«

»Ich glaube, ich will im Grunde keine Chance. Mein Leben war mit Martie zu Ende. Ich weiß das jetzt. Ich kehrte nur für eine Weile ins Leben zurück, um Phil zu retten. Ich möchte draußen auf dem Meer sterben – im Kampf mit einem sauberen Feind diesmal – im Kampf mit Wind und Wellen. Aber werden sie mich so weit kommen lassen?«

»Die Möglichkeit ist durchaus vorhanden. Blount und die übrigen Polizeibeamten sind alle auf der Suche nach Phil. Wenn Blount Sie hat überwachen lassen, so hat er die Anordnung inzwischen sicher rückgängig gemacht. Sie haben Ihren Wagen hier, und...«

»Und ich kann meinen Bart abnehmen! Mein Gott, vielleicht komme ich tatsächlich durch! Ich habe damals gesagt, eines Tages würde ich mir den Bart abrasieren und durch den Polizeikordon hindurchschlüpfen – an dem Abend im Garten, wissen Sie noch?«

Felix legte den Revolver wieder in die Schublade, nahm eine Schere und sein Rasierzeug heraus und machte sich ans Werk. Dann schrieb er, während Nigel neben ihm stand, sein Geständnis. Nigel ging mit ihm zur Treppe und sah zu, wie er den Brief in den Kasten warf. Sie waren einen Augenblick allein im Zimmer.

»Ich werde mit dem Wagen ungefähr dreieinhalb Stunden bis dorthin brauchen.«

»Es wird alles gutgehen, wenn Blount vor heute abend nicht hierher kommt. Ich gebe Lena einen Wink, daß sie nichts sagt.«

»Danke. Sie sind sehr freundlich gewesen. Ich wünschte... Ich hätte gerne die Gewißheit, daß Phil nichts passiert ist, bevor ich starte.«

»Wir sorgen für Phil.«

»Und Lena – sagen Sie ihr, daß dies viel, viel besser ist, und so weiter. Nein. Grüßen Sie sie herzlich von mir. Sie war besser zu mir, als ich es verdient habe. Also, leben Sie wohl. Diese Nacht oder morgen sollte mein Leben zu Ende sein. Oder ist auch nach dem Tode noch etwas? Es wäre schön, wenn man den Grund verstünde, warum alle diese abscheulichen Dinge geschehen.« Er sah Nigel mit einem flüchtigen Lächeln an. »Dann wäre ich *Felix qui potuit rerum cognoscere causas*.« ...

Nigel hörte, wie er den Motor anließ. Armer Kerl, murmelte er, er glaubt wohl tatsächlich, er hätte Chancen – in einem Segelboot und bei dem Wind, der jetzt aufkommt. Er ging hinaus, um Lena zu suchen...

Nachbemerkung

Zeitungsausschnitte aus Nigel Strangeways Akten zum Fall Rattery.

Gloucester Evening Courier. »Der seit gestern morgen vermißte Philipp Rattery aus Severnbridge wurde heute in Sharpness gefunden. Dazu Mrs. Violet Rattery, die Mutter des Jungen, in einem Gespräch mit unserem Berichterstatter: ›Philipp war als blinder Passagier auf einem Schleppkahn auf dem Severn mitgefahren. Man fand ihn heute morgen, als der Kahn in Sharpness entladen wurde. Er hat keinen gesundheitlichen Schaden davongetragen. Er war verstört gewesen durch den Tod seines Vaters.‹

Philipp Rattery ist der zwölfjährige Sohn George Ratterys, eines angesehenen Geschäftsmannes in Severnbridge, dessen Todesfall von der Polizei untersucht wird. Oberinspektor Blount von New Scotland Yard, der die Untersuchung leitet, teilte unserem Korrespondenten heute morgen mit, daß er an eine baldige Verhaftung glaube.

Noch nichts gehört hat man von Frank Cairnes, der gestern nachmittag aus dem Hotel zum ›Angler‹, wo er gewohnt hatte, verschwunden ist und den die Polizei im Zusammenhang mit dem Tod George Ratterys vernehmen will.«

Daily Post. »Gestern nachmittag wurde in Portland eine männliche Leiche an Land geschwemmt, die als Frank Cairnes identifiziert wurde, nach dem die Polizei im Zusammenhang mit dem Mordfall Rattery fahndete. Da man nach dem Sturm am vorigen Wochenende die Trümmer von Cairnes' Segelbott ›Tessa‹ am Strand gefunden hatte, war die Suchaktion auf diesen Küstenabschnitt konzentriert worden. Cairnes war unter dem Pseudonym Felix Lane als Kriminalschriftsteller bekannt.

Die vertagte Gerichtsverhandlung über den Fall George Rattery findet morgen in Severnbridge (Glos.) statt.«

Anmerkung von Nigel Strangeways: Hiermit ist mein bisher unglücklichster Fall abgeschlossen. Blount betrachtet mich noch immer mit einigem Argwohn, glaube ich. Auf die denkbar höflichste Art gab er mir zu verstehen, es sei ›sehr schade, daß Cairnes uns durch die Lappen gegangen‹ sei, wobei er mich kurz mit einem jener kalten, durchdringenden Blicke ansah, die einen mehr beunruhigen als eine offene Beschuldigung. Trotzdem bin ich froh, daß ich Felix den Abgang ermöglichte, den er wollte; eine sehr, sehr unsaubere Angelegenheit hat so wenigstens ein sauberes Ende gehabt.

Im ersten seiner ›Vier ernsten Gesänge‹ bringt Brahms die Worte des Predigers aus dem 3. Kapitel, Vers 19. Ich möchte sie zusammenfassen: ›Das Vieh muß sterben, der Mensch auch.‹ Das soll der Grabspruch für George Rattery und Felix sein.